L'islâm:
les valeurs communes
au judéo-christianisme

Diane Steigerwald

L'islâm:
les valeurs communes
au judéo-christianisme

MÉDIASPAUL

Les Éditions Médiaspaul remercient le ministère du Patrimoine canadien, le Conseil des Arts du Canada et la Société de développement des entreprises culturelles du Québec (SODEC) pour le soutien qui leur est accordé dans le cadre des Programmes d'aide à l'édition.

Le présent ouvrage a bénéficié d'une subvention du Fonds Gérard-Dion de l'Université Laval.

Données de catalogage avant publication (Canada)

Steigerwald, Diane, 1961-

    Islâm: les valeurs communes au judéo-christianisme

    (Notre temps; 53)
    Comprend des réf. bibliogr. et un index.

    ISBN 2-89420-390-X

    1. Islâm — Doctrines. 2. Révélation. 3. Morale islamique. 4. Islâm — Relations — Judaïsme. 5. Islâm — Relations — Christianisme. 6. Judaïsme — Relations — Islâm. 7. Christianisme — Relations — Islâm. I. Titre. II. Collection: Notre temps (Médiaspaul (Firme)); 53.

BP166.S83 1999   297.2   C99-941294-9

Composition et mise en page: *Médiaspaul*

Maquette de la couverture: *Summum*

ISBN 2-89420-390-X

Dépôt légal — 4ᵉ trimestre 1999
Bibliothèque nationale du Québec
Bibliothèque nationale du Canada

© 1999 Médiaspaul
    3965, boul. Henri-Bourassa Est
    Montréal, QC, H1H 1L1 (Canada)
    www.mediaspaul.q.ca
    mediaspaul@mediaspaul.qc.ca

    Médiaspaul
    8, rue Madame
    75006 Paris (France)

À la mémoire de:

Michel Allard
Régis Blachère
Robert Brunschvig
Bernard Carra de Vaux
Henry Corbin
Louis Gardet
Maurice Gaudefroy-Demombynes
Amélie-Marie Goichon
Henri Laoust
Henri Massé
Louis Massignon
Sylvestre de Sacy
Georges Vajda

qui ont été des phares lumineux tout au long
de mon apprentissage de la sagesse musulmane.

PRÉFACE

La crise du pétrole, la révolution islamique en Irân, la guerre du Golfe, l'imposition de la Loi islamique à des populations non musulmanes au Soudan, les massacres de civils en Algérie, l'attentat terroriste contre le World Trade Center, la prise du pouvoir par les talibans en Afghanistan, ce sont là quelques-uns des événements qui ont propulsé l'islâm à l'avant-plan de la scène politique internationale.

Cette notoriété plus ou moins enviable et dont la plupart des musulmans se passeraient volontiers, a donné de l'islâm une image empreinte de distorsion. En effet, en observant ces événements de l'extérieur, on croit apprendre quelque chose sur l'islâm, comme si l'islâm était la cause de ces événements, alors qu'en réalité, ce à quoi on se trouve confronté, c'est l'habileté avec laquelle des êtres humains, musulmans ou non musulmans, croyants ou non croyants, utilisent la religion et manipulent le sentiment religieux à des fins politiques ou pour étancher leur soif de pouvoir.

L'islâm dont se réclament ces personnes et qu'elles présentent comme étant «le vrai islâm», c'est une sorte d'idéologie qui rompt l'équilibre interne de l'islâm en faisant un découpage arbitraire, en ne retenant que certains éléments d'un ensemble et en amplifiant ces éléments, au point de défigurer la tradition religieuse et sociale de l'islâm. L'image qui en résulte et qui fait le bonheur des détracteurs de l'islâm, c'est celle d'une religion guerrière, intolérante et inhumaine, qui prétend glorifier Dieu en bafouant la dignité humaine et en piétinant les droits de la personne.

Dans un tel contexte médiatique, il faut une bonne dose de courage et d'optimisme pour entreprendre l'exposé de thèmes comme la tolérance, la fraternité et la justice en islâm, en signalant en quoi l'islâm se rapproche des conceptions judéo-chrétiennes. C'est pourtant ce que fait l'auteure de ce livre, madame Diane Steigerwald. Sa formation poussée en études islamiques la sert bien et son approche humaniste ouverte lui permet d'esquisser des convergences significatives entre des traditions religieuses et philosophiques dont les atomes crochus sont loin d'être toujours évidents.

Sans être ni strictement historique ni proprement structurale ou comparative, l'approche utilisée procède par touches successives en signalant les ressemblances et les différences de conceptions. Pour un thème donné, l'auteure guide le cheminement du lecteur, de la pensée des philosophes grecs à la pensée judaïque, des affirmations des écrits bibliques néotestamentaires à celles du Qur'ân, des élaborations des philosophes et théologiens musulmans de la période classique à celles de la théologie scolastique chrétienne, puis à celles de philosophes musulmans ultérieurs.

Le résultat d'un tel exercice n'est pas une fresque historique aux contours étanches et rigides, mais plutôt une succession de tableaux thématiques impressionnistes mettant en relief les différences des conceptions et surtout leurs convergences. L'image de l'islâm qui en ressort favorise une impression de rapprochement, d'apprivoisement. Cela tient en bonne partie au fait que l'auteure accorde une place importante au versant «ésotérique» de l'islâm que représentent la pensée shî'ite, particulièrement ismaélienne, et la pensée des mystiques sûfîs. L'abondance des citations met en relief l'interaction et, par certains côtés, la continuité, entre la pensée grecque hellénistique, la pensée judéo-chrétienne, les conceptions mises de l'avant par le Qur'ân et la tradition islamique, interprétécs de façon souvent originale par les penseurs shî'ites, sûfîs et ismaéliens.

Aux lecteurs préoccupés de la dimension proprement spirituelle et éthique du fait religieux, ce livre offre l'occasion d'élargir l'horizon de leur réflexion. Il s'avère en même temps un excellent antidote aux préjugés encore trop courants sur l'islâm et un utile complément aux ouvrages d'introduction à l'islâm. La plupart de ces ouvrages mettent en effet l'accent sur l'islâm sunnite, sans toujours évoquer suffisamment ce qu'on pourrait appeler la version shî'ite de l'islâm, version qui laisse entrevoir de façon encore plus suggestive l'interaction et les connivences avec la pensée judéo-chrétienne au niveau des valeurs religieuses et morales dont la société actuelle a plus que jamais besoin de s'imprégner.

Jean-René Milot

PROLOGUE

Tous les Prophètes en effet, ainsi que la loi,
ont mené leurs Prophéties jusqu'à Jean [le
Baptiste]. Et lui, si vous voulez m'en croire,
il est cet Élie qui doit revenir. Que celui qui
a des oreilles entende!

Mt 11, 13-15

Les grandes religions affirment la nécessité de guides divinement inspirés pour expliquer la temporalité de ce bas-monde et l'éternité de l'au-delà. Leur fondement repose sur la croyance que l'être humain a un corps et une âme. Le corps a besoin d'une nourriture physique alors que l'âme a besoin d'une nourriture spirituelle obtenue grâce à la science, la dialectique, la prière, la méditation... Cette croyance était déjà affirmée par Platon dans *Phédon*[1]. Le corps appartient au monde visible qui est en perpétuel changement alors que l'âme appartient au monde invisible et immuable.

---

[1]   78d-80a, cf. *Œuvres complètes de Platon*, traduites et annotées par Léon Robin, Paris, Gallimard, 1950.

Socrate, homme profondément religieux, révèle à ses disciples qu'il détient un don prophétique. Il n'était pas un être humain ordinaire, car il croyait être divinement choisi pour transmettre la meilleure guidance à ses disciples. Comme dans la tradition des grandes religions, Simmias constate qu'un être humain ne peut choisir, parmi les doctrines humaines, la meilleure à moins d'être guidé par une révélation divine (*Phédon*, 84e-85d).

Socrate apporte des arguments abstraits sur l'immortalité de l'âme. Il prend pour exemple les notions de chiffres pairs et impairs; l'idée d'impair est contraire à l'idée de pair. Le chiffre trois ne participe jamais à la notion de pair; le contraire n'admet donc pas son contraire. Puis, il applique ce même raisonnement en opposant la vie à la mort. Que doit avoir un corps pour être vivant? Une âme; par conséquent, l'âme vient toujours dans le corps en apportant la vie. Le contraire de la vie, c'est la mort. On ne peut craindre que l'âme reçoive le contraire de ce qu'elle apporte toujours. Ainsi, l'âme qui ne reçoit jamais la mort est immortelle (*Phédon*, 104d-105e). Mais si l'âme est immortelle, il faut en prendre soin pour qu'elle devienne la plus sage; car à la mort du corps physique, elle ne conserve que l'éducation (*Phédon*, 107c).

Cette croyance en une âme éternelle n'est pas partagée unanimement. Pour les athées, la vie après la mort n'est qu'utopique. Apparemment, il n'existe pas au sens propre d'athées qui auraient réussi à démontrer l'impossibilité de l'existence de Dieu. Mais, plusieurs agnostiques posent l'existence de Dieu comme invraisemblable[2]. Saint

---

[2] Fernand Van Steenberghen, *Dieu caché*, Paris, Éditions Béatrice-Nauwelaerts, 1966, pp. 10, 13.

Thomas d'Aquin (1225-1274), dans son raisonnement au début de la *Somme théologique*, prend comme point de départ la remise en question de l'existence de Dieu. Il relève les raisons s'opposant à l'affirmation de l'existence de Dieu comme:

1. le règne du mal dans le monde exclut la possibilité de l'existence d'un Dieu essentiellement bon;

2. tous les phénomènes du monde peuvent trouver une explication dans les lois naturelles ou par les actes humains sans recourir à l'hypothèse divine[3].

Les principales causes de l'athéisme sont, entre autres, le rejet de l'explication théiste, la révolte contre le mal et le développement de certaines doctrines humanistes athées (c'est-à-dire le marxisme, l'existentialisme de Jean-Paul Sartre, la doctrine de Nietzsche...). Certains savants, au nom de la science, rejettent l'explication théiste prétendant trouver dans l'univers même une explication satisfaisante. Ainsi, Auguste Comte (1798-1857) a conçu l'évolution de l'humanité par la «loi des trois états»: l'état théologique ou mystique (passage du fétichisme au polythéisme, du polythéisme au monothéisme), l'état métaphysique et l'état positif ou scientifique. À cet égard, les hommes de l'«état théologique» attribuaient l'explication des choses à des divinités ou esprits. Les scolastiques du Moyen

---

[3]   Saint Thomas d'Aquin, *Summa theologiae*, première partie, question 2, article 3, édité et traduit par Antonin-Dalmace Sertillanges dans *Somme théologique — Dieu*, vol. 1, Paris, Desclée & Cie, 1925, pp. 75-83; Fernand Van Steenberghen, *Le problème de l'existence de Dieu dans les écrits de Saint Thomas d'Aquin*, Louvain-la-Neuve, 1980, pp. 326-327.

Âge interprétaient ces choses par des entités métaphysiques alors que les savants de la période moderne les expliquent par les lois de la nature[4].

Issu du positivisme d'Auguste Comte, le scientisme prétend que la science fait connaître la totalité des choses et apporte la réponse à tous les maux de l'humanité. Il considère la philosophie et les religions comme des stades dépassés pour satisfaire aux interrogations des êtres humains. Le scientisme est centré sur lui-même et affirme tout pour l'homme et par l'homme. Toute chose doit aboutir à lui. La science revêt les formes du sacré en s'érigeant en dogme. Elle se présente comme une nouvelle religion. C'est ainsi que Jules Ferry (1832-1893), inspiré par Auguste Comte, développa une théorie du colonialisme politique, économique et humanitaire. Il cherchait à propager la civilisation positiviste dans des contrées qu'il considérait comme arriérées, encore à l'âge théologique. Certains Occidentaux cherchaient à imposer cette idéologie sans tenir compte des aspirations du peuple colonisé, ni de son épanouissement dans son intégralité.

À côté de la science empirique, une autre façon de cerner la réalité émerge de l'Orient qui tient compte de l'intégralité de la personne humaine. L'être humain a plusieurs dimensions, il ne suffit plus de se contenter de la forme de ce que l'on étudie, mais il faut aussi tenir compte de l'esprit, le principe même de toute chose. René Guénon (1886-1951), un spécialiste de l'hindouisme, a fort bien compris les problèmes posés par la science moderne par

---

[4] Auguste Comte, *Cours de philosophie*, vol. 1, Paris, Garnier Frères, 1949, pp. 4-5.

rapport à la conception traditionnelle des sciences. Il affirme que

> la conception traditionnelle rattache toutes les sciences aux principes comme autant d'applications particulières, et c'est ce rattachement que n'admet pas la conception moderne. Pour Aristote, la physique n'était que seconde par rapport à la métaphysique, c'est-à-dire qu'elle en était dépendante. [...] La conception moderne, au contraire, prétend rendre les sciences indépendantes, en niant tout ce qui les dépasse. [...] En voulant séparer radicalement les sciences de tout principe supérieur sous prétexte d'assurer leur indépendance, la conception moderne leur enlève toute signification profonde. [...] La science, en se constituant à la façon moderne, n'a pas perdu seulement en profondeur, mais aussi, pourrait-on dire, en solidité, car le rattachement aux principes la faisait participer de l'immutabilité de ceux-ci dans toute la mesure où son objet même le permettait, tandis que, enfermée exclusivement dans le monde du changement, elle n'y trouve plus rien de stable, aucun point fixe où elle puisse s'appuyer; ne partant plus d'aucune certitude absolue, elle en est réduite à des probabilités et des approximations[5].

À l'opposé de certains hommes modernes qui rejettent toutes les religions au nom de «l'esprit scientifique», les croyants fondent leurs explications du monde sur des Livres révélés à travers une exégèse rationnelle. Cela ne veut pas dire que la religion rejette les données scientifiques. Au contraire, celles-ci apportent une articulation aux lois naturelles qui règlent le cosmos alors que les révélations concernent plutôt l'âme humaine et son périple phy-

---

[5] René Guénon, *La crise du monde moderne*, Paris, Gallimard, 1946, pp. 73-76.

sique et spirituel. L'explication théiste des grandes religions (hindouisme, taoïsme, judaïsme, christianisme, islâm...) sur l'existence de Dieu peut se résumer brièvement en trois points:

1. l'existence de Dieu s'impose parce qu'il faut expliquer l'existence de l'univers. L'interdépendance entre les êtres indique que les êtres ne peuvent s'expliquer par eux-mêmes; il faut donc remonter à une Cause première (*preuve cosmologique*);

2. il existe un ordre universel révélant l'activité d'une Intelligence créatrice (*preuve théologique*);

3. Dieu existe parce qu'Il est le fondement de l'ordre moral. La vie humaine n'aurait pas de sens si les actions bonnes ou mauvaises ne recevaient pas, après la mort, leur rétribution selon l'Équité divine.

Toute religion pivote autour de la Déité — l'ultime source de connaissances — qui, par sa création, oriente notre vie vers une exaltante expérience. Cette expérience se manifeste et se déploie à travers une multitude d'expressions aussi bien religieuses que profanes. Mais toutes ces manifestations sont des signes évidents pour alimenter l'esprit à la dimension intégrale du message, sensible au cœur et à l'intellect humain.

À travers ce livre, nous amènerons nos lecteurs aux traditions islamiques méconnues et mal dépeintes par les différents médias. Ce livre n'a aucune prétention de corriger les stéréotypes, mais peut-être de sensibiliser à une réalité plurielle de l'islâm. Exception faite des spécialistes de l'islâm, cette réalité plurielle est ignorée par un grand nombre de personnes qui se contentent de lire ce qui est à la portée de la main, sans user de l'esprit critique pour vérifier l'information diffusée. Nous voudrions que ce livre soit un effort de compréhension des principes éthiques de l'islâm à travers quelques thèmes spécifiques: la tolérance, l'esprit de fraternité, la foi, la prière, la Prophétie, la Justice et la mort. Nous proposons d'examiner en quoi l'islâm se rapproche de la conception judéo-chrétienne. C'est pourquoi tout au long de notre cheminement nous nous référons aussi à la Bible. Bien que l'islâm s'inscrive dans la continuité du judaïsme et du christianisme dans la grande famille abrahamique, il conserve son originalité propre. Le Qur'ân est une révélation divine authentique. Le musulman, lorsqu'il se réfère à la Bible, cite le plus souvent des extraits qui confirment le Qur'ân. Son exégèse biblique diffère de celle du juif ou du chrétien, mais demeure néanmoins originale. L'islâm a développé son propre dynamisme et fait rayonner sa lumière dans le cœur des musulmans.

La méthode utilisée n'est ni exclusivement normative ni descriptive. Elle essaie de dégager les principes éthiques sans porter de jugement sur la croyance, tout en cherchant à découvrir l'essence de celle-ci. Cet ouvrage montre les grands courants de pensée de l'intérieur même de l'islâm à partir de la tradition des Prophètes et des penseurs musulmans influents. Nous avons voulu rester fidèle aux sources scripturaires afin d'inviter le lecteur à la réflexion en le laissant libre d'interpréter ces sources. Nous privilégions et reconnaissons que les Écritures saintes ont des sens multiples et nous ne voulons pas réduire leur portée en donnant une seule interprétation.

Nous analysons dans cet ouvrage les principes éthiques, qui constituent le fondement des valeurs, communs à tous les croyants de la grande famille abrahamique. Les juifs, les chrétiens et les musulmans suivent des principes éthiques qui remontent à une même racine (soit la révélation divine). D'une époque à l'autre, chaque Prophète révèle une facette de la Vérité divine. Selon Muhammad, l'islâm est la religion par excellence, la seule conforme à la nature originelle. Il reproche à certains juifs et chrétiens d'avoir falsifié des extraits de la Bible et d'avoir ainsi corrompu les principes de la religion originelle d'Abraham. Pour les musulmans, la révélation atteint sa perfection avec Muhammad, le Sceau des Prophètes, qui est venu restaurer la religion originelle d'Abraham.

Concernant la structure de l'ouvrage, nous n'avons pas toujours divisé de la même manière chaque chapitre. La majorité des chapitres sont divisés par écoles (*firaq*) de pensée. Dans les sept chapitres, nous n'avons pas toujours choisi des écoles identiques, car certains thèmes ne constituent pas le centre de leur préoccupation. Pour préserver l'équilibre des chapitres, nous avons préféré nous limiter à un maximun de trois groupes. Parfois nous avons donné la préférence à un groupe plutôt qu'à un autre, car ce groupe est plus représentatif de l'islâm spirituel. Nous avons préféré diviser les chapitres concernant la tolérance et la mort par thèmes au lieu de les diviser par écoles, tout simplement parce que ces notions ne sont pas développées d'une manière systématique dans chacune des écoles et aussi pour éviter les répétitions.

Nous tenons à remercier Pierre Senay, directeur des *Cahiers des études anciennes*, et Brigitte Achard, rédactrice en chef, de la *Revue scriptura*, pour nous avoir permis de rééditer quelques articles que nous avons revus, corrigés et transformés en une version améliorée. La recherche sur la fraternité a été expressément écrite à la demande de François Paquette ofm, président de la Commision internationale franciscaine pour les relations avec les musulmans. Nous tenons à exprimer notre gratitude au professeur Jean-René Milot qui a lu attentivement notre ouvrage et écrit une préface.

Le système de transcription utilisé dans cet ouvrage est celui de la nouvelle édition de l'*Encyclopédie de l'islam* sauf pour le dj et le k que nous avons remplacés respectivement par le j et le q. Nous n'avons pas souligné le dh, kh, sh... Concernant les mots hébreux, nous avons suivi le système de transcription de Ephraim Urbach[6], sauf pour le š que nous avons remplacé par sh. Les symboles diacritiques ont été omis, nous nous excusons auprès des spécialistes. Lorsque nous donnons des dates, nous indiquons en premier la date hégirienne suivie de la date chrétienne correspondante. La majorité des versets qur'âniques viennent de la traduction de Denise Masson[7], sauf dans le cas où le contexte de la traduction ne convenait pas. Les ex-

---

[6]   Ephraim E. Urbach, *The Sages*, Cambridge (Massachusetts), Harvard University Press, 1979, p. XII.

[7]   Cf. *Le Coran*, 2 vol., Paris, Gallimard, 1967.

traits de la Bible viennent de *La Bible de Jérusalem*[8]. Les chapitres du Qur'ân sont toujours indiqués en chiffres romains alors que les chapitres de la Bible sont en chiffres arabes.

D.S.

---

[8]   *La Bible de Jérusalem*, traduite en français sous la direction de l'École biblique de Jérusalem, Paris, Cerf, 1973.

INTRODUCTION

Croyants de toutes religions unissez-vous!

Depuis plusieurs décennies, les valeurs traditionnelles et religieuses ont joué un rôle de second plan dans la société québécoise et la nouvelle génération s'est vue privée de cette richesse à cause de divers facteurs. Le bouleversement économique, technique, social et culturel a entraîné une remise en question de l'échelle des valeurs. Certains jeunes n'ont reçu de leurs parents aucun système de valeurs et il n'y a plus rien qui les rattache à la vie; certains essaient d'oublier par la consommation de drogues ou même de se suicider car leur vie n'a plus de sens. Un système de valeurs est essentiel dans la vie de chaque individu et pour le bien-être de la société. C'est un cadre social bénéfique et c'est principalement dans la religion que tout système de valeurs trouve son fondement et tout son sens.

Le monde occidental, depuis très longtemps maintenant, suit une voie où le sacré n'a plus sa place. La société actuelle cherche à aplanir la réalité spirituelle en mettant l'accent uniquement sur le développement matériel. Cette tendance rend la tâche ardue pour les pratiquants juifs, chrétiens, musulmans, etc. Ils ont de la difficulté à maintenir l'équilibre entre le spirituel et le matériel. Ce déséquilibre est malsain, car l'oubli de la dimension spirituelle rend l'être humain malheureux.

Dans ce monde matérialiste, il devient de plus en plus urgent de nous interroger sur le sens de la foi. Il est important de préciser le caractère *sui generis*, propre à sa nature profonde, de la connaissance de foi. Que signifie croire à notre époque? Croire n'a rien à voir avec la crédulité. La foi est la faculté proprement humaine de regarder la réalité avec les yeux du cœur. Cette faculté permet d'accéder à une connaissance certaine et à une intuition ou perception directe de l'objet. La connaissance de foi implique une ascèse préalable puisqu'elle ne se révèle qu'à celui qui s'en est rendu digne. C'est par un effort d'intériorisation que l'on accède à la foi, fondement même de l'essence de la religion. Car la Grâce a mis dans le cœur de chaque être humain une étincelle divine que chacun se doit de ranimer. La foi fait appel à l'intellect et son objet est la recherche de la Vérité. Bien qu'elle ait une dimension rationnelle, la connaissance de foi reste en soi une quête continuelle et mystérieuse.

Ceux qui croient en Dieu écoutent l'enseignement des Prophètes et le suivent. Ils recherchent l'union mystique avec Lui. Le lien entre Dieu et le croyant se réalise par le *Logos* divin qui l'élève vers Lui. La foi chrétienne consiste avant tout à enlever les poutres de nos yeux, tout en cherchant à regarder la réalité dans sa vraie nature. Ce n'est pas croire en une vérité impersonnelle, mais c'est croire en une connaissance personnelle à la fois transcendante et immanente. «Aimer son prochain comme soi-même» est le *leitmotiv* de cette foi. Le salut implique une transformation intérieure du croyant. La liberté signifie avant tout vivre en harmonie avec son entourage. Le croyant doit donc purifier son cœur et vaincre ses passions. Comme l'esclave affranchi accède à un nouveau statut, de même le fidèle, par une transformation intérieure, renaît à nouveau spirituellement en devenant un vrai croyant.

La foi dans l'islâm repose sur les mêmes grands principes judéo-chrétiens. L'islâm se présente comme étant une religion en continuité du judaïsme et du christianisme. Les travaux de recherche de Louis Massignon (1883-1962) ont contribué à améliorer la compréhension de l'islâm. Son érudition laissa une trace indélébile qui permit une grande ouverture du Concile Vatican II. Le Pape Paul VI était pleinement conscient de l'importance de l'islâm dans le monde. Il s'est inspiré de l'approche de saint Thomas d'Aquin (m. *circa* 1274) pour saisir tout ce qu'il y a «de vrai, de bon et d'humain» dans les autres religions:

L'Église catholique [...] doit imiter l'amour de Dieu le Père, qui fait pleuvoir ses grâces sur tous les hommes (Mt 5, 48). [...] L'Église porte donc son regard, au-delà de sa sphère propre, vers les autres religions qui gardent le sens et la notion du Dieu unique, suprême et transcendant, Créateur et Providence. Ces religions rendent à Dieu un culte par des actes de piété sincère qui, ainsi que leurs convictions, sont à la base de leur vie morale et sociale. [...] Le catholicisme estime, comme il se doit, tout ce qu'elles possèdent de vrai, de bon et d'humain[1].

Dans un autre de ses discours, il invite les chrétiens à respecter les autres religions et à constater qu'elles possèdent un fondement qui est aussi bon. Dans un message de Pâques, il indique que:

> Toute religion possède un rayon de Lumière que nous ne devons ni mépriser ni éteindre. [...] Toute religion nous élève vers l'Être transcendant, unique raison d'être de l'existence, de la pensée, de l'action responsable, de l'espérance sans illusion. Toute religion est une aube de foi, et nous nous attendons à ce qu'elle s'épanouisse en aurore[2].

Afin de saisir l'islâm, il n'est pas nécessaire de faire *tabula rasa*, car l'islâm a plus en commun avec la foi judéo-chrétienne que ce que l'on pourrait penser. Il suffit d'avoir une ouverture d'esprit, d'être à l'écoute, de lire avec attention et surtout ne pas porter de jugement de valeur sans avoir compris les grandes articulations de l'islâm. Il faut en d'autres mots devenir l'hôte de cette noble tradition religieuse et se laisser guider, sans pour autant abandonner ses convictions profondes. Cet esprit d'ouverture nécessite une tolérance vis-à-vis de l'autre et d'accepter que d'autres religions puissent bénéficier de la Grâce divine pour l'évolution spirituelle de l'humanité.

---

[1] *Vatican II, Les relations de l'Église avec les religions non chrétiennes*, éd. A.-M. Henry, Paris, Cerf, 1966, p. 52, n.18 (discours livré le 28 septembre 1963).

[2] *La documention catholique*, Paris, c. 484, cité dans *Vatican II, Les relations de l'Église avec les religions non chrétiennes*, p. 52 (message livré le 29 mars 1964).

Pour entrer dans le vif du sujet, cet ouvrage a été divisé en sept chapitres; chacun d'eux développe un thème spécifique qui revient dans les grandes religions.

LA TOLÉRANCE. Le premier thème que nous allons analyser est la notion de tolérance dans le Qur'ân. Pour les musulmans, l'islâm est la religion droite et immuable révélée dès l'origine. Ils s'opposent fermement à l'idolâtrie, car un des piliers de leur foi repose sur l'existence d'un Dieu unique. Le Qur'ân explique l'existence du pluralisme et des divergences entre les humains par l'attitude de rébellion humaine et la Volonté divine désirant éprouver les fidèles (II: 213; V: 48, etc.). Il accorde aux gens du Livre (*ahl al-Kitâb*), juifs et chrétiens, un statut spécial; par la suite ce bénéfice sera accordé à d'autres groupes religieux comme les mazdéens, les sabéens, les hindous... La position de l'islâm face au polythéisme et aux autres religions monothéistes sera analysée dans un cadre bien délimité: le Qur'ân et quelques traditions prophétiques. L'attitude de l'islâm est-elle tolérante face au polythéisme et aux autres religions monothéistes? Pour les musulmans, y a-t-il une distinction qualitative entre les gens du Livre et les polythéistes?

LA FRATERNITÉ. Dans notre monde cosmopolite, il devient urgent de reconnaître que tous les êtres humains font partie de la famille de Dieu. Par conséquent, ils devront chercher à vivre en paix dans un esprit de fraternité et de solidarité. Les musulmans insistent sur la notion de fraternité tout comme les juifs et les chrétiens. Le Qur'ân explique que tous les croyants sont frères et doivent établir la paix entre eux. Les musulmans empruntent leur modèle à Abraham et mettent en relief ses vertus sociales comme le pardon, la longanimité, la sagacité, la douceur, la générosité et le souci des autres.

La foi. Dans l'islâm, la foi est aussi définie comme un don de Dieu. La véritable connaissance du sacré ne se révèle qu'à ceux qui ont reçu la Grâce. Conformément aux traditions judéo-chrétiennes, le Qur'ân vénère Abraham comme modèle à suivre dans la voie de la foi. Il existe une grande diversité dans l'islâm et la conception de la foi peut varier d'un groupe à l'autre. Essentiellement la science et la foi ne s'opposent pas mais se complètent.

La prière. La prière est une conversation intime avec la Déité permettant la purification de l'âme. Elle est la colonne vertébrale de toute religion et consolide la foi du fidèle. Son omission mène à la perte de la foi ou à l'athéisme. La vitalité de l'islâm repose sur le maintien fondamental du juste équilibre entre la vie matérielle et la vie spirituelle. La prière joue un rôle primordial dans cette quête d'équilibre.

La Prophétie. Les religions invitent les croyants à suivre l'exemple des Prophètes décrits comme des êtres supérieurs à l'humanité par leurs vertus intrinsèques (générosité, véracité, équité, etc.). Le Qur'ân accepte la majorité des Prophètes de la Bible et relate les récits prophétiques de façon très similaire. Dans la tradition musulmane, Muhammad est le Sceau des Prophètes (*Khâtam al-Nabiyyîn*). Quant à Jésus, il a vraiment un statut particulier (IV: 171). Il est le seul Prophète né de la Vierge Marie, à qui Dieu a insufflé son Esprit (LXVI: 12). Il conserve son titre de Messie et il est décrit comme le *Logos* (*Kalima*) d'Allâh. Les traditions musulmanes confirment que Jésus aura un rôle particulier au Jour de la Résurrection.

La Justice. La Justice est une source d'harmonie et d'équilibre. Le Qur'ân reprend le symbole de la balance (*mîzân*) de l'Ancien Testament servant à peser les actions humaines au Jour du jugement où la Justice par excellence s'accomplira. La Justice est souvent associée à un ensemble de vertus améliorant nos relations avec notre prochain. Elle fait évoluer l'humanité vers une société équitable.

La mort. Parmi les questions existentielles, il y a celle de la mort. Toutes les religions confirment l'existence d'une vie après la mort. La vie terrestre est très courte, il faut nourrir spirituellement l'âme avant que la mort ne l'emporte. En continuité avec le judaïsme et le christianisme, l'islâm rejette le suicide, car l'être humain a une mission sur terre, il doit lutter loyalement dans le but de retourner à la Déité. Conformément au judaïsme et au christianisme, la majorité des musulmans ne croient pas à l'idée de réincarnation du bouddhisme et de l'hindouisme.

Par ces sept thèmes, il est possible d'apprécier et de pressentir la grandeur des valeurs spirituelles de l'islâm, de constater qu'elles sont véhiculées très différemment d'un groupe à l'autre à l'intérieur de la communauté musulmane. Cette pluralité de l'islâm est là et restera, car elle représente sa force vitale, mais c'est aussi une source de renouvellement pour ne pas sombrer dans une voie monolithique et rigide. Avant d'entamer notre analyse thématique, il convient d'avoir une idée claire des grandes lignes de l'histoire musulmane.

Survol historique

Au début du I/VIᵉ siècle, l'islâm surgit en Arabie à l'époque des mérovingiens et des invasions lombardes. L'Arabie se situe entre Byzance, l'Irân sâsânide et l'Abyssinie chrétienne. Les habitants de la péninsule arabe étaient en majorité polythéistes tout en ayant une vague notion d'un Dieu inconnu et éloigné. À La Mecque, l'économie de marché nuit au tribalisme, les tensions sociales se développent, la polygamie est admise.

C'est dans ce milieu social qu'apparaît une religion apparentée au judaïsme et au christianisme. Muhammad est un orphelin appartenant au clan hâshimite de la tribu des Quraysh. Il est élevé par son oncle Abû Tâlib. Il épouse une riche veuve, Khadîja. Il est apprécié pour sa droiture, son honnêteté et sa sagesse, on le surnomme al-Amîn, l'homme de confiance. À l'âge de quarante ans, il reçoit sa première révélation sur le mont Hirâ'. Sa femme Khadîja croit aussitôt à l'authenticité de sa mission et devient la première musulmane. Mais Muhammad se heurte à l'opposition mecquoise. Un petit groupe de croyants se forment autour de Muhammad. Pendant environ dix ans, Muhammad prêche inlassablement l'Unicité (*Tawhîd*) de Dieu, le Bienfaiteur miséricordieux, le Juge du dernier Jour. Mais l'hostilité des marchands mecquois ne fait que s'accroître, car ils sentent que la structure traditionelle de leur société est menacée. En 1/622, Muhammad doit s'expatrier à Médine avec ses fidèles, c'est l'hégire: le point de départ du calendrier musulman. Les émigrés et les partisans médinois (*ansâr*) doivent par la suite se heurter aux juifs et aux hypocrites arabes. Muhammad gagne la bataille contre les

Mecquois à Badr, puis il est défait à Uhud, mais il triomphe à la bataille du fossé autour de Médine. Vers l'an 7/628, il a gagné presque tous les Mecquois à sa cause. En l'an 10/631, il conclut un pacte de protection avec les Nestoriens du Najrân (Yémen), puis il fait le pèlerinage de La Mecque. À sa mort à Médine le 8 juin 11/632, l'Arabie est presque entièrement convertie à l'islâm.

C'est au Prophète Muhammad et aux premiers disciples que l'on doit la grande expansion de la religion qui s'adresse à toute l'humanité. Le Qur'ân a été révélé en arabe à Muhammad par l'ange Gabriel, dans une admirable perfection stylistique. Cette révélation est difficilement traduisible à cause de l'agencement de sa formulation poétique. Elle contient à la fois les règles de la vie sociale et le chemin de perfectionnement du croyant sur la voie spirituelle tracée par Dieu. Le Qur'ân encadre la vie sociale et la pensée humaine. Il couvre tous les aspects de la vie, aussi bien le monde profane que sacré. Pour le musulman, toute la vie est dictée par sa responsabilité religieuse. Il n'y a pas de dichotomie entre le monde spirituel et le monde matériel, ni entre la foi et la vie. Les réformes que Muhammad propose dans la vie matérielle étaient bien adaptées au contexte de l'Arabie d'il y a 1 400 ans, et celles-ci ont amélioré la vie sociale de cette époque. Mais ces réformes sont difficilement applicables telles quelles dans le contexte complètement différent de la vie actuelle.

Les quatre Califes bien dirigés (*râshidûn*) Abû Bakr, 'Umar, 'Uthmân et 'Alî succèdent à Muhammad. C'est l'époque de l'État de Médine (11/632-41/661) et du grand schisme entre les shî'ites, les khârijites et la majorité sunnite. L'islâm se propage en Syrie, en Égypte, en Mésopotamie, en Irân et aux frontières de l'Indus. Par la suite se constitue l'Empire umayyade de 41/661 à 133/750 dont la capitale est Damas (Syrie). L'expansion territoriale est menée en Afghanistan, en Arménie, en Transoxiane, jusqu'aux frontières de la Chine et de l'Inde, en Afrique du Nord, en Espagne, jusqu'en Gaule, puis arrêtée par la bataille de Poitiers en 114/732.

Puis les insatisfaits du régime se soulèvent en proclamant Calife un descendant d'Ibn 'Abbâs, oncle du Prophète, qui fonde la dynastie des 'Abbâsides de 133/750 à 656/1258. C'est l'époque de l'humanisme classique; Baghdâd s'imprègne de la pensée grecque en encourageant un grand mouvement de traductions. À cette époque rayonnent l'Empire ismaélien fâtimide en Afrique du Nord, à partir de sa capitale au Caire, et l'Empire umayyade d'Espagne, à partir de sa capitale à Cordoue. La cour de Baghdâd est soumise à des dynasties de vizirs shî'ites tout en étant secouée de mouvements sociaux. C'est l'époque des croisades qui eurent pour résultat la réunification de l'islâm sunnite par le principal artisan kurde Salâh al-dîn. Les Mongols en 656/1258 s'emparent de Baghdâd et se convertissent avec le temps à l'islâm. En Égypte les mamlûk, des affranchis, prennent le pouvoir. Les Turcs ottomans sunnites d'Anatolie conquièrent la Bulgarie au VII/XIVᵉ siècle. Ils s'emparent de Constantinople en 857/1453.

À partir du X/XVIᵉ siècle, quatre grands Empires musulmans se constituent. 1) Les safavides ont régné en Perse en imposant le shî'isme duodécimain comme religion d'État. Par la suite la Perse est successivement dominée par les Turcomans et la dynastie Qâjâr qui permet à la

Russie et à l'Angleterre de s'ingérer dans les affaires du pays. Les Anglais créent l'*Anglo-Persian Oil Company* en 1909. Dans les années cinquante, les Américains prendront la relève des Britanniques jusqu'en 1979 où Âyat Allâh Khumaynî est porté au pouvoir. 2) L'Empire indien des grands Mongols est principalement sunnite, mais le sultân Akbar (949/1542-1014/1605) est ouvert à l'hindouisme et au shî'isme. À partir de 1763, l'Empire britannique étend son contrôle sur les États désunis de l'Inde après avoir défait les Français lors d'une guerre de sept ans. Des traités sont signés avec les différents princes moyennant leur acceptation de la suzeraineté de l'Angleterre. L'influence de l'Angleterre s'amenuise graduellement jusqu'à la proclamation de l'indépendance le 15 août 1947, sous la forme de deux dominions séparés, l'Inde et le Pakistan. 3) Le Maroc a été gouverné par plusieurs dynasties dont l'actuelle est 'Alawîte. 4) L'Empire ottoman atteignant son apogée avec Sulaymân le Magnifique s'étend en Asie Mineure, en Mésopotamie, dans les Balkans, en Crimée, en Égypte et en Afrique du Nord.

En dehors des quatre cités ci-dessus, il y eut bien d'autres empires de moindre importance.

L'Empire ottoman était un vaste monde rural dominé par une caste militaire qui détenait les concessions d'impôt (*timar*) accordées par l'État en échange du service militaire. Le monde rural a beaucoup souffert des différentes invasions, des fléaux naturels: la sécheresse, la peste, la malaria, etc. Les paysans sont écrasés par les taxes de plus en plus nombreuses. L'asphyxie maritime est le mal le plus profond provoqué par les grandes découvertes. La pénétration européenne dans l'océan Indien entraîne une baisse considérable du commerce. Les Portugais ravissent aux Turcs le rôle d'intermédiaire entre l'Extrême-Orient et l'Occident. Il y a des révolutions de palais, la corruption s'installe. Les janissaires montrent leur force en mettant sur le trône ou en déposant des sultâns.

En 1875, l'Empire ottoman fait banqueroute. L'Allemagne a pour mission de réorganiser l'armée turque. En 1914, l'Empire est dominé économiquement par les étrangers qui détiennent les ports, le téléphone, le commerce et les richesses minières. L'armée arabe dirigée par Faysal, fils de Husayn, passe à l'action le 5 juin 1916 et participe à la prise de Damas aux côtés des Anglais. Par les Accords Sykes-Picot-Sazonov, la Russie obtient l'Anatolie, la France, la Syrie et la haute Mésopotamie, et finalement l'Angleterre, l'Irâq et la Palestine.

Par la déclaration de Balfour du 2 novembre 1917, l'Angleterre envisage l'établissement en Palestine d'un foyer national juif. En 1945, elle veut arrêter l'immigration juive en Palestine. Les attentats se multiplient, la situation devient intolérable. En 1947, l'Angleterre annonce qu'elle se retire de la Palestine et remet le sort des pays à l'ONU qui propose un plan de partage. Dès l'annonce du partage, la guérilla fait rage. En 1948, le jour où le haut-commissaire anglais quitte la Palestine, Ben Gourion proclame la naissance d'Israël. Depuis lors, le conflit israélo-arabe se poursuit.

À travers son histoire, l'islâm s'est répandu rapidement et sur de vastes territoires. En Afrique du Nord, les Berbères auraient été séduits par l'esprit égalitaire de l'islâm. Les conversions permettaient aux classes défavorisées — notamment aux esclaves — l'accès à un statut supérieur. L'islâm apparaît comme une religion simple, plus rationnelle que le christianisme. Il enseigne une démocratie profondément internationale. Il n'y a ni discrimination raciale, ni classe sociale, tous sont égaux devant la foi. L'islâm accepte plusieurs éléments des religions antérieures, la conversion n'implique pas une rupture radicale. Les mystiques musulmans (sûfîs) ont contribué à la propagation en donnant une image positive et tolérante de l'islâm. Tous ces facteurs, entre autres, ont facilité les conversions.

La pensée musulmane a rayonné en dehors de ses frontières. «Entre le monde antique et le monde moderne, ils ont été les grands civilisateurs. Les ouvrages d'Aristote ou de Platon, ils les ont traduits. L'astrologie, la chimie et la médecine grecques, ce sont eux qui les ont reprises. [...] Traités de géographie ou d'histoire, contes, poésies, ils ont tout écrit[3].»

L'islâm a de multiples visages, chacun d'eux reflète le milieu social et culturel. Les particularités géographiques, là où se propage l'islâm, sont déterminantes dans l'expression de la foi. Les musulmans ne sont évidemment pas majoritairement arabes. Ces derniers ne représentent que le cinquième du monde musulman. On a eu tendance à confondre islâm et arabisme. Bien que la culture arabe soit imprégnée à divers degrés dans différentes cultures de ces États musulmans, chacun a préservé une identité culturelle propre.

Aujourd'hui, la majorité des musulmans se retrouve dans des États indépendants, représentant plus de vingt

---

[3]   Jean-Paul Roux, *L'islam en Asie*, Paris, Payot, 1958, p. 15.

pour cent de la population mondiale. Il est à prévoir, à cause de plusieurs facteurs (taux de natalité très élevé, sous-estimation de leur nombre dans les anciennes républiques musulmanes d'URSS et en Chine, taux de conversion, etc.), que leur population doublera dans un avenir rapproché. Les musulmans se répartissent en plusieurs grandes branches. Les sunnites[4] constituent la grande majorité groupée sous quatre écoles juridiques (mâlikite, hanafite, shâfi'ite, hanbalite).

Une autre branche importante est constituée par les shî'ites. Ils se distinguent des sunnites par leur croyance ferme que le Prophète Muhammad a désigné explicitement (*nass jalî*) son cousin et gendre 'Alî comme premier Imâm (Guide divin) et sa descendance comme Guides privilégiés de la communauté (*umma*). Les shî'ites[5] et les sunnites croient à la nécessité de l'*Imâma*[6] qui fait partie de la loi divine. Mais l'*Imâma* a été une source de division dans la communauté musulmane. Pour les shî'ites, l'investiture

---

[4]   Cf. Annemarie Schimmel, *Islam: an Introduction*, New York, State University Press, 1992; Louis Gardet, *L'islam: religion et communauté*, Paris, Desclée de Brouwer, 1967; Abû al-A'lâ Mawdûdî, *Risâla-i dîniyât*, traduit de l'urdu à l'anglais par Khursid Ahmad dans *Toward Understanding Islam*, Salimia (Kuwait), IIFSO, 1986; Fazlur Rahman, *Islam*, Chicago, The University of Chicago Press, 1979; Henri Massé, *L'islam*, Paris, Armand Colin, 1930.

[5]   Cf. Seyyed Hossein Nasr, *Ideals and Realities of Islam*, Londres, Unwin Paperbacks, 1979, (chapitre 6, pp. 147-178); Moojan Momen, *An Introduction to Shi'i Islam,* New Haven, Yale University Press, 1985; Syed Husain Muhammad Jafri, *The Origins and Early Development of Shi'a Islam*, New York, Longman, 1979; Henry Corbin, *En islam iranien*, 4 vols, Paris, Gallimard, 1971.

[6]   L'*Imâma* est l'institution des Guides (Imâms) qui dirigent la communauté après la mort du Prophète.

de l'Imâm est divine, alors que chez les sunnites le choix de l'Imâm est laissé à la discrétion des hommes.

Chez les shî'ites, l'*Imâma* est permanent et éternel suivant la Prophétie (*Nubuwwa*); les Imâms sont les Amis de Dieu (*Awliyâ' Allâh*) à travers lesquels se révèle le sens ésotérique (*bâtin*) des révélations. Chez les sunnites, les Imâms ou les Califes s'occupent principalement du pouvoir et de la gouverne du monde islamique. Les shî'ites se regroupent principalement en deux branches: les duodécimains et les ismaéliens. Les shî'ites duodécimains et les ismaéliens suivent la même lignée[7] d'Imâms jusqu'à Ja'far al-Sâdiq (m. 147/765). Après l'Imâm Ja'far al-Sâdiq, une scission survient: les duodécimains suivent la lignée de Mûsâ al-Kâzim (m. 183/799) alors que les ismaéliens[8] suivent la lignée d'Ismâ'îl (m. *circa* 158/775). À la fin du V/XIe siècle, l'État ismaélien fâtimide commence à se désintégrer à cause de conflits internes. Une grave scission survient: les ismaéliens occidentaux (Musta'liens) suivent la lignée d'al-Musta'lî alors que les ismaéliens orientaux (ismaéliens nizâriens) donnent leur allégeance à la lignée de Nizâr (m. 489/1096).

Parmi les autres groupes musulmans, il y a les mystiques sûfîs[9] qui se rattachent à la branche sunnite ou shî'ite.

---

[7]   À l'exception de Hasan b. 'Alî chez les ismaéliens nizâriens.

[8]   Pour plus de détails sur l'ismaélisme et ses subdivisions, cf. Wilferd Madelung, «Ismâ'îliyya», *Encyclopédie de l'islam*, vol. 4, 1978, pp. 190-192; Farhad Daftary, *The Ismâ'îlîs*, Cambridge, Cambridge University Press, 1990; Asaf 'Alî Fyzee, «The Religion of the Ismailis» dans *India and Contemporary Islam*, Simla, Indian Institute of Advanced Study, 1971, pp. 71-85.

[9]   Tor Andrae, *In the Garden of Myrtles, Studies in Early Islamic Mysticism*, traduit du suédois à l'anglais par Birgitta Sharpe, New York,

Ils se caractérisent par leur aspiration à dépasser la stricte observation des simples règles de la loi religieuse (*sharî'a*) en cherchant à s'unir à Allâh. La mystique musulmane a son originalité propre et prend racine dans le Qur'ân. Dans ses *Prolégomènes* (*Muqaddima*)[10], Ibn Khaldûn (m. 737/ 1336-7) décrit les points communs entre le sûfisme et le shî'isme. Il constate que les sûfîs se sont inspirés de la notion shî'ite de l'Imâm infaillible pour développer leur théosophie. Il relève que Hasan al-Basrî et al-Junayd remontent leur chaîne de *mashâyikh* (pl. de *shaykh*) au premier Imâm shî'ite 'Alî. Cette thèse a été développée par Henry Corbin[11] et Seyyed Hossein Nasr[12]. Ainsi, de nombreux parallèles peuvent être tracés entre ces deux *tarâ'iq* (voies).

Les premiers théologiens musulmans (mutakallimûn) sont les mu'tazilites. Ils poussent très loin leur rationalisme en mettant au même niveau l'intellect (*'aql*) humain et la révélation. Mais leur doctrine ne s'accorde pas avec l'«orthodoxie» sunnite. Par la suite, une série de théolo-

---

State University of New York Press, 1987; Reynold A. Nicholson, *The Mystics of Islam*, Londres, Arkana, 1989; Annemarie Schimmel, *Mystical Dimensions of Islam*, Chaptel Hill, The University of North Carolina Press, 1975; Constance E. Padwick, *Muslims Devotion*, Londres, 1960.

[10] Walî al-dîn Ibn Khaldûn, *Muqaddima*, édité par Nasr al-Hûrînî, Bulaq, 1274/1857, vol. 2, pp. 164-166; traduit et présenté par Franz Rosenthal dans *The Muqaddimat: An Introduction to History*, vol. 2, New York, Pantheon Books, 1958, pp. 186-188.

[11] Henry Corbin, *Histoire de la philosophie islamique*, Paris, Gallimard, 1986, pp. 263-269; Henry Corbin, *En Islam iranien*, Paris, Gallimard, 1971, vol. 3, pp. 149-190.

[12] Seyyed Hossein Nasr, *Living Sufism*, Londres, Unwin Paperbacks, 1980, pp. 89-105.

giens sunnites redonnent à la tradition (*sunna*) la primauté sur l'intellect. Les théologiens sont des apologistes, c'est à partir d'une problématique musulmane qu'ils intègrent des influences étrangères comme l'héritage grec. Alors que les philosophes musulmans (falâsifa) sont les disciples des philosophes grecs, ils sont philosophes d'abord, puis des hommes de religion. Ils ne se préoccupent de la religion que là où leurs conclusions philosophiques apparaissent être en désaccord avec le Qur'ân; ils cherchent à s'harmoniser au sens obvie de la révélation.

TABLEAU SYNOPTIQUE DE QUELQUES BRANCHES DANS L'ISLÂM

Muhammad (m. 11/632)

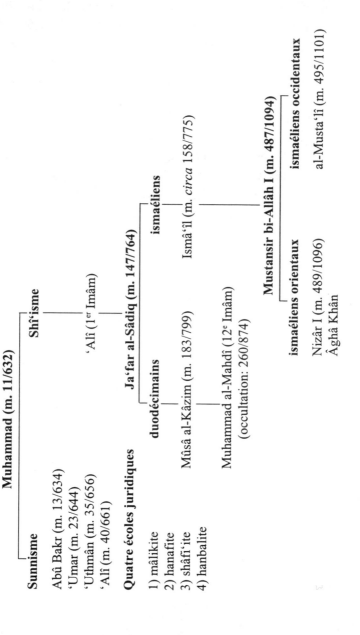

Sunnisme

Abû Bakr (m. 13/634)
'Umar (m. 23/644)
'Uthmân (m. 35/656)
'Alî (m. 40/661)

Quatre écoles juridiques

1) mâlikite
2) hanafite
3) shâfi'ite
4) hanbalite

Shî'isme

'Alî (1er Imâm)

Ja'far al-Sâdiq (m. 147/764)

duodécimains

Mûsâ al-Kâzim (m. 183/799)

Muhammad al-Mahdî (12e Imâm)
(occultation: 260/874)

ismaéliens

Ismâ'îl (m. *circa* 158/775)

Mustansir bi-Allâh I (m. 487/1094)

ismaéliens orientaux

Nizâr I (m. 489/1096)
Âghâ Khân

ismaéliens occidentaux

al-Musta'lî (m. 495/1101)

LA TOLÉRANCE DANS LE QUR'ÂN

> Tu constateras que les hommes les plus pro-
> ches des croyants par l'amitié sont ceux qui
> disent: «Oui, nous sommes chrétiens!»
> parce qu'on trouve parmi eux des prêtres et
> des moines qui ne s'enflent pas d'orgueil.
> Tu vois leurs yeux déborder de larmes lors-
> qu'ils entendent ce qui est révélé au Pro-
> phète à cause de la Vérité qu'ils reconnais-
> sent en lui.
>
> (V: 82)

Aujourd'hui, chaque personne a le devoir de chercher
la vérité et de s'engager dans la voie de la religion qu'elle
estime la meilleure. Elle peut affirmer et vivre selon ses
convictions, mais elle ne doit pas oublier qu'elle n'est pas
infaillible. Elle ne doit donc pas brimer le droit des autres
à s'exprimer et à faire le bien dans une autre religion. La
tolérance est une vertu cardinale au cœur de la vie morale
et démocratique comme le courage, la justice, la prudence
et la tempérance. Elle implique une grandeur d'âme et un
sens de la justice pour reconnaître à l'autre le droit à la
différence. La tolérance est indispensable dans notre société de plus en plus cosmopolite. Des communautés jus-

qu'alors monocultuelles, en majorité chrétiennes, doivent accepter la présence d'autres cultes et la possibilité de se voir contester leur monopole religieux. Dans un climat de tolérance et d'échange d'idées, ce pluralisme doit être perçu comme une richesse et une force.

La tolérance est une valeur fondamentale pour une société démocratique moderne qui recherche, dans le pluralisme des idées, un plus grand humanisme. Elle pose comme principe que tout devient discutable et qu'à travers une nécessaire pluralité de médiations, on peut se rapprocher de la vérité. Le verbe «tolérer» signifie «supporter, soutenir, endurer». La tolérance est la capacité plus ou moins grande de vivre avec ce qui dérange ou ce qui remet en cause nos us et coutumes. Elle est un signe de force; celui dont les convictions sont solides est davantage capable de tolérance que celui dont les convictions sont fragiles. Éric Weil explique bien ce qu'implique la tolérance:

> La tolérance n'est possible que lorsqu'elle est réciproque. Elle doit par conséquent être universelle, et l'universalité est sa condition particulière; elle ne s'applique que là où, au niveau de la réalité quotidienne, aucun groupe n'emploie la violence ou ne se prépare à l'employer au bon moment. La tolérance signifie la discussion et considère la discussion comme la seule méthode par laquelle les convictions d'autrui pourraient éventuellement être changées. Si un individu ou un groupe n'est pas prêt à se soumettre à la discussion, il peut être toléré, mais il n'a aucun droit à la tolérance[1].

---

[1] Éric Weil, «Religion et politique» dans *Le temps de la réflexion*, Paris, Gallimard, 1981, p. 193.

Grâce à la tolérance, on acquiert la capacité d'apprécier et de comprendre ce qui pour nous est inhabituel ou étranger. Mais une mise en garde s'impose: être tolérant ne signifie pas être libertin. La société doit imposer un minimum de savoir-vivre pour permettre la coexistence de différents groupes. La tolérance ne signifie pas l'acceptation résignée de toutes les opinions, mais au contraire elle invite à entrer en dialogue tout en étant à la recherche de la vérité. Elle fait appel à l'intelligence et à toutes les autres vertus. C'est avant tout s'efforcer de discerner avec un esprit critique les éléments qui rassemblent de ceux qui distinguent les différents groupes. La tolérance s'abreuve à la science et aux recherches approfondies des religions. Elle fait appel aussi à la justice et à la droiture incitant à vivre en communauté tout en respectant la différence.

L'islâm face au polythéisme

Nous allons nous interroger en premier lieu sur l'attitude de l'islâm au début de la prédication du Prophète. A-t-elle été tolérante à l'égard des polythéistes ou plus précisément des associateurs? L'analyse du Qur'ân nous met en face d'une difficulté majeure: on ne connaît pas très bien le contexte, ni l'ordre dans lequel les versets ont été révélés. Le Qur'ân reprend principalement les idées judéo-chrétiennes fondamentales concernant la conception de Dieu et du jugement. Il présente des idées judéo-chrétiennes dans une forme arabisée avec plus de précisions et de détails en introduisant le Prophète Muhammad et sa mission. Plusieurs idées du Qur'ân sont analogues à celles que l'on retrouve non seulement dans les livres canoniques de la Bible, mais aussi dans les œuvres rabbiniques et les apocryphes non orthodoxes du Nouveau Testament. Le Qur'ân reste quand même original dans l'emploi qu'il fait des histoires et dans le choix des sujets.

Il est important de comprendre le contexte dans lequel Muhammad commença sa prédication. «Chez les arabes, humiliés à l'extérieur, l'immoralité ne triomphait-elle pas? Les riches et les puissants opprimaient les pauvres. Les lois immémoriales de la solidarité tribale étaient chaque jour violées. Les faibles et les orphelins étaient souvent réduits en esclavage. Le vieux code non écrit de la morale et de la décence était foulé aux pieds. On ne savait même plus quels dieux adorer. La situation était-elle pire au temps de Noé[2]?» À La Mecque, l'organisation tribale et clanique était toujours importante mais pas autant que dans les autres régions. Un nouvel idéal matérialiste s'était développé fondé sur la fortune plutôt que sur l'honneur. On assistait à un affaiblissement de la solidarité sociale et au développement de l'individualisme. Les intérêts financiers et matériels constituaient le fondement des associations au détriment des liens de parenté. Les premières révélations qur'âniques (LXVIII: 17 ss) dénoncent le fait que la majorité des Mecquois se souciaient principalement d'amasser des fortunes et insistent sur le fait qu'il faut puiser dans la religion de nouveaux fondements de solidarité sociale. Ces révélations font appel à la générosité et proposent d'aider matériellement les pauvres. Le Qur'ân (LXX: 24 ss) introduit la notion de gérance, c'est-à-dire que l'être humain

---

[2]   Maxime Rodinson, *Mahomet*, Paris, Seuil, 1961, p. 91.

n'est pas propriétaire absolu de sa fortune, il doit en réserver une part pour les plus démunis de la société[3].

Nous avons déjà défini la tolérance comme une vertu impliquant un sens de la justice et de la droiture. Les premiers versets qur'âniques vont dans ce sens en dénonçant les abus entraînant un trop grand écart entre les riches et les pauvres. Ils font appel à la générosité des mieux nantis pour fonder une société plus équitable. Il ne s'agit pas d'intolérance, puisque l'objectif n'est pas de favoriser l'individualisme mais le bien-être collectif de l'ensemble de la société. Le Qur'ân était très bien adapté aux conditions et circonstances de l'époque dans une forme littéraire originale et typiquement arabe. Le Qur'ân accepte en partie l'idéal moral du *murûwa* (virilité, maîtrise de soi et dignité) qui fait appel à différentes vertus comme la générosité, la bravoure, la patience et la fidélité. Il est intéressant de constater que les Mecquois n'étaient pas complètement égarés, que Dieu leur parlait à travers leur conscience morale. Comme Paul au début du christianisme, dans l'Épître aux Romains (2, 14-15), constate que «des idolâtres privés de la loi accomplissent naturellement les prescriptions de la loi, ces hommes, sans posséder de loi, se tiennent à eux-mêmes lieu de loi; ils montrent la réalité de cette loi inscrite en leur cœur». Mais le Qur'ân critique l'aspect religieux du *murûwa* qui est centré principalement sur l'homme et sur sa fierté dans ses accomplissements.

Le Qur'ân dénonce la trop grande confiance des Mecquois en l'argent qui les conduit à l'égoïsme et à dé-

---

[3] William Montgomery Watt, *Mahomet*, traduit de l'anglais par F. Dourveil, S.-M. Guillemin et F. Vaudou, Paris, Éditions Payot, 1959, pp. 100-101, 106.

nier leur dépendance envers Dieu. Il rappelle la condition de créature de l'être humain, dans quelle mesure il doit à Dieu la majorité des bienfaits dont il jouit. Il mentionne le Jour du jugement pour rappeler que le destin final de l'être humain est entre les mains de Dieu. L'être humain doit suivre les règles divines. L'accent mis sur les actes de générosité restaure en partie l'idéal tribal du *murûwa*, mais le Qur'ân exhorte à adopter une nouvelle attitude intérieure pour se détacher de l'attraction de l'argent. Un autre verset qur'ânique explique que les Mecquois ne prennent pas leur religion au sérieux et qu'ils sont attirés par la vie matérielle. «Détourne-toi de ceux qui considèrent leur religion comme un jeu et un divertissement. La vie de ce monde les a trompés. Rappelle-leur tout cela de peur qu'ils ne soient entraînés à cause de leurs œuvres.» (VI: 7)

La chronologie des versets qur'âniques de Theodore Nöldeke ou de Richard Bell comporte de nombreux passages avant la mention des idoles. Il semble donc que l'opposition au polythéisme n'ait pas été le principal reproche du Qur'ân à l'égard des Mecquois. La mention la plus notable des idoles durant la période mecquoise se retrouve dans le *sûra* de l'Étoile. Ces versets (LIII: 19-20) interrogent: «Avez-vous considéré al-Lât et al-'Uzzâ et l'autre, Manât, la troisième?» C'est alors que Satan, d'après la tradition, glissa sur la langue de Muhammad cette réponse: «Voici les signes exaltés, espère leur intercession.» Quand Muhammad se prosterna, tous firent de même et les Mecquois se réjouirent. Puis un autre verset (XXII: 51) abrogea les versets sataniques. Par la suite, Muhammad prit conscience que l'acceptation des trois déesses signifiait une réduction d'Allâh à leur niveau et qu'elle conduirait à l'échec de sa mission. Le Qur'ân enseigne que les idoles sont impuissantes et ne peuvent favoriser l'être humain (VII: 46; XVII: 58; XXI: 44; LXX: 10; LXX: 19) ni intercéder pour lui (X: 19; XIX: 90; XXX: 10-12; XLIII: 86). Dans le *sûra* CIX, il n'y a pas de compromis possible avec les incrédules: «Ô vous, les incrédules (*kâfirûn*)! Je n'adore pas ce que vous adorez; vous, vous n'adorez pas ce que j'adore. À vous, votre religion; à moi ma religion.»

Dans un autre verset qur'ânique (VI: 56), il est expliqué qu'il est interdit à Muhammad d'adorer les déesses, sinon il s'égarerait. La tolérance est une vertu qui fait appel à l'intelligence dans sa recherche de la vérité, de même le Qur'ân invite les êtres humains à réfléchir sur la création. Plusieurs versets (II: 164; XXXVI: 81; L: 15; LIII: 45-47; LXXX: 18-22) invitent les êtres humains à observer attentivement la perfection dans les beautés de la création afin de percevoir les Signes divins. Par exemple, les diverses phases du développement de l'homme (du fœtus à la mort en passant par la naissance jusqu'à la maturité) devraient nous inviter à déduire que la création est la preuve évidente de la résurrection. De même, les Actes des Apôtres (14, 15-18; 17, 26-27) expliquent que Dieu n'a jamais abandonné les idolâtres en se manifestant sans cesse auprès d'eux, mais que ces derniers sont coupables de n'avoir pas cru en Lui. La Providence divine s'étend sur tous les hommes, Dieu les a créés pour qu'ils Le cherchent. Mais les idolâtres refusent la révélation et préfèrent garder leurs idées incertaines et confuses sur Lui. Ils se sont égarés du droit chemin.

Paul, dans l'Épître aux Romains (1, 20), explique que Dieu se manifeste à travers les œuvres de sa création: «Ce qu'il a d'invisible depuis la création du monde se laisse voir à l'intelligence à travers ses œuvres, son éternelle puissance et sa divinité, en sorte qu'ils sont inexcusables; puisqu'ayant connu Dieu ils ne lui ont pas rendu comme à un Dieu gloire ou actions de grâces, mais ils ont perdu le sens dans leurs raisonnements et leur cœur inintelligent s'est enténébré: dans leur prétention à la Sagesse, ils sont devenus fous et ils ont changé la gloire du Dieu incorruptible contre une représentation, simple image d'hommes corruptibles, d'oiseaux, de quadrupèdes, de reptiles.» Ainsi l'être humain a la capacité intellectuelle de reconnaître le vrai Dieu à travers la révélation cosmique. Mais certains préfèrent l'idolâtrie, une dégradation pernicieuse de la révélation cosmique.

L'attitude des Mecquois vis-à-vis du message de Muhammad n'est pas tolérante. Ils n'ont aucun respect pour Muhammad, ils remettent en question sa sincérité et refusent de croire à son message. Plusieurs passages du Qur'ân rapportent que les Mecquois refusent de croire à la résurrection et qu'ils se moquent des Signes divins (XXXVII: 13-17; XLV: 23; LVI: 46-48; LXXV: 2 ss; LXXIX: 10). Le Qur'ân reproche aux Mecquois de ne pas croire à la vie future, d'être des libertins qui ne vivent que pour amasser des biens matériels. Il décrit aussi comment les opposants cherchèrent à mettre en doute la conviction de Muhammad d'avoir reçu des révélations de Dieu. Certains l'accusèrent d'être fou (*majnûn*) ou possédé par les *jinn* (LXXX: 22; LXVIII: 2), d'autres d'être un devin (*kâhin*) (LII: 29; LXIX: 42) ou un sorcier-magicien (*sâhir*) (XXXVIII: 4), ou un poète (*shâ'ir*) (LII: 30; LXIX: 41). Les Arabes étaient conservateurs et le Qur'ân les décrit souvent comme n'ayant adhéré au polythéisme que parce que leurs ancêtres y avaient adhéré. Mais un groupe minoritaire ayant vécu avant Muhammad se distinguait, car il recherchait la religion monothéiste (hanîfisme) d'Abraham[4].

Abû Muhammad Ibn Hishâm (m. 219/834) rapporte l'histoire racontée par Muhammad Ibn Ishâq (m. 151/768) selon laquelle Muhammad aurait suggéré à ses disciples d'émigrer en Abyssinie afin d'éviter les tourments et d'autres épreuves (*fitna*[5]) infligés par les Mecquois. L'historien al-Tabarî (m. 310/923) a conservé la lettre de 'Urwa relatant qu'au début de la prédication de Muhammad, plusieurs membres l'écoutèrent. Puis des qurayshites d'al-Tâ'if se dressèrent contre Muhammad et ses disciples, de telle manière que la majorité du peuple se détournât de Muhammad à l'exception de quelques disciples. Par la suite, il y eut une période d'extrême tension et de soulèvement. Lorsque Muhammad vit que ses disciples étaient maltraités, il leur conseilla d'émigrer en Abyssinie[6].

Le principal motif de l'opposition des qurayshites aurait été la peur que Muhammad usurpe leur pouvoir politique. Une vieille tradition arabe encourageait le gouvernement de la tribu à suivre les conseils de l'homme le plus sage. Si les Mecquois acceptaient de reconnaître la véra-

---

[4] Abû Muhammad Ibn Hishâm, *Kitâb Sîrat Rasûl Allâh*, éd. Ferdinand Wüstenfeld, Göttingen, 1859-1860, pp. 143-149; traduit en anglais par Alfred Guillaume dans *The Life of Muhammad*, Oxford, Oxford University Press, 1990, pp. 98-99.

[5] Abû Muhammad Ibn Hishâm, *Kitâb sîrat Rasûl Allâh*, pp. 208 ss; traduit par Alfred Guillaume dans *The Life of Muhammad*, p. 146.

[6] Abû Ja'far al-Tabarî, *Ta'rîkh al-rusul wa al-mulûk* (*Annales*), vol. 3, éd. Michael Jan de Goeje, Leyde, 1879-1901, pp. 1180 ss; William Montgomery Watt, *Mahomet*, p. 131.

cité de la mission de Muhammad, ils devraient par la suite lui céder leur pouvoir politique. Dans son ouvrage *Mahomet à La Mecque,* William Montgomery Watt pense que les passages les plus anciens du Qur'ân n'attaquent pas le polythéisme mais qu'ils semblent plutôt suggérer l'existence d'un «vague monothéisme[7]».

L'islâm face aux autres religions monothéistes

Les versets qur'âniques concernant les deux grandes religions monothéistes portent la marque des vicissitudes historiques de la mission de Muhammad dans ses rapports de sympathie et d'opposition avec les juifs et les chrétiens. Mais il convient de mettre en relief que le Qur'ân distingue nettement le statut des «gens du Livre» de celui des idolâtres. Ces derniers sont appelés à changer de religion alors que les chrétiens et les juifs peuvent garder leur religion. Le Qur'ân recommande aux musulmans d'être respectueux envers les gens du Livre (chrétiens et juifs): «Ne discute avec les gens du Livre que de la manière la plus courtoise. — Sauf avec ceux d'entre eux qui sont injustes — Dites: "Nous croyons à ce qui est descendu vers nous et à ce qui est descendu vers vous. Notre Dieu qui est votre Dieu est unique et nous Lui sommes soumis".» (XXXIX: 46) Car le Qur'ân indique qu'il y a parmi les gens du Livre des croyants sincères (III: 110 et 199).

---

[7]   William Montgomery Watt, *Mahomet,* pp. 48-52, 171, 583; Carl Brokelmann, «Allâh und die Götzen, der Ursprung des islamichen Monotheismus», *Archiv für Religionswissenschaft,* XXI, (1922), pp. 99-121.

Comme le judaïsme et le christianisme, l'islâm confesse un monothéisme strict s'enracinant dans la foi d'Abraham. Il prétend être fidèle à la tradition biblique sans apporter aucune innovation. Il restaure la confession initiale d'Israël: «Écoute Israël, Yahvé notre Dieu est le seul Yahvé.» (Dt 6, 4) L'héritage commun du christianisme et de l'islâm est sans aucun doute le monothéisme, affirmation de la transcendance d'un Dieu unique. Mais leurs conceptions respectives du monothéisme divergent. L'islâm refuse catégoriquement la notion de Trinité.

L'islâm revendique son appartenance à la révélation monothéiste que représente la lignée des Prophètes bibliques. Comment peut-on concilier la conception juive de la révélation divine comme étant exclusivement réservée à Israël, la notion chrétienne de la révélation divine définitive dans la personne de Jésus et la conception islamique du Qur'ân comme le message définitif parachevant la Tora et l'Évangile? Dans cette section, nous allons examiner quelles sont les caractéristiques distinctives de l'islâm et les points doctrinaux sur lesquels il diverge du judaïsme et du christianisme.

Après sa première rupture avec les Mecquois, Muhammad se tourne vers les «gens du Livre»: les juifs et les chrétiens. Ces derniers «méprisaient les arabes. C'étaient pour eux des sortes de sauvages qui n'avaient même pas une Église organisée comme les peuples civilisés[8].» À Médine (Yathrib), Muhammad trouve une communauté juive prospère. Pour les juifs, Muhammad est un personnage étrange qui proclame sa croyance en Dieu, en la loi

___

[8]   Maxime Rodinson, *Mahomet*, p. 90.

morale et aux Prophètes. Il semble ne pas être versé dans l'interprétation des passages de la Tora. De plus, il n'est pas prêt à accepter que Dieu ait choisi la nation d'Israël pour proclamer la loi morale. L'indignation atteint son paroxysme, car Muhammad reconnaît Jésus comme un Prophète authentique. Les moines chrétiens vivant dans les monastères avoisinants ne lui ont porté aucune attention. Ils connaissent très peu de choses de lui et ont des idées préconçues. Pour eux, il n'est qu'un hérétique. Même si Muhammad accepte Jésus, il ne l'appelle pas fils de Dieu, insistant avec entêtement sur le fait qu'un Dieu unique ne peut engendrer un fils par la chair. Muhammad considère le dogme de la Trinité, le plus important du christianisme, comme une conception erronée de la Déité.

Le Qur'ân explique que Muhammad, au début de sa prédication, croyait que le monothéisme qu'il prêchait était identique au monothéisme judaïque ou chrétien. Nous entendons par monothéisme la croyance en un Dieu unique. Par la suite, au fur et à mesure qu'il reçoit de nouvelles révélations, il comprend qu'il ne peut adhérer entièrement à l'enseignement des juifs et des chrétiens sans remettre en cause la véracité de sa propre révélation (XX: 114). Ainsi, Muhammad fait preuve de tolérance, car la tolérance ne signifie pas l'acceptation passive de toutes les opinions, mais l'affirmation de ses propres différences tout en respectant celles des autres.

Dans le Qur'ân, les chrétiens sont décrits comme étant plus amicaux que les juifs (V: 82). En effet, Muhammad eut de bonnes relations avec le roi chrétien d'Abyssinie qui aida et protégea des musulmans. Les versets décrivant Jésus comme le Messie sont utilisés comme des attaques contre les juifs qui refusèrent de reconnaître Jésus et son message (V: 110; LXI: 6). De plus, en portant une attention particulière à la crucifixion de Jésus, on peut constater que le Qur'ân critique la prétention de certains juifs de l'avoir tué.

> Nous les avons punis parce qu'ils n'ont pas cru, parce qu'ils ont proféré une horrible calomnie contre Marie et parce qu'ils ont dit: «Oui, nous avons tué le Messie, Jésus, fils de Marie, le Prophète de Dieu.» Mais ils ne l'ont pas tué; ils ne l'ont pas crucifié, cela leur est seulement apparu ainsi. Ceux qui sont en désaccord à son sujet restent dans le doute; ils n'en ont pas une connaissance certaine; ils ne suivent qu'une conjecture; ils ne l'ont certainement pas tué, mais Dieu l'a élevé vers Lui; Dieu est puissant et juste (IV: 156-159).

Comme les juifs accusaient Marie d'adultère, Muhammad se portait à la défense de la Vierge. Le Qur'ân rejette certains enseignements chrétiens. Jésus le Messie, fils de Marie, n'est pas Dieu (V: 17; V: 72; IX: 31): il est la Parole de Dieu (*Kalimat Allâh*). La pensée philosophique occidentale chrétienne n'aboutit-elle pas à la «mort de Dieu» parce qu'elle associe dès l'origine la divinité à une incarnation charnelle et temporelle menant au vieillissement et à la mort? Henry Corbin explique bien le point de vue des ésotéristes musulmans: «Leur temps ne tombe pas dans le temps de l'histoire. Dieu n'a pas à descendre sur terre, parce qu'Il enlève les siens, comme il a enlevé Jésus à la haine de ceux qui avaient l'illusion de le mettre à mort (IV: 156). Cela, l'ésotérisme de la Gnose en islâm l'a toujours su, et c'est pourquoi l'exclamation fatidique "Dieu est mort", ne peut lui apparaître que comme la prétention illusoire de gens ignorant la Vérité profonde de ce docétisme pour lequel nos histoires ont tant de dérision[9].» La théologie chrétienne incarnationiste, en associant Dieu à une filiation, a préparé le monde occidental à se diriger vers l'athéisme et l'agnosticisme contemporains. Les chrétiens auraient dû réfléchir davantage sur la signification du «mystère de l'incarnation» en tenant compte du point de vue docétiste. Associer Dieu à une incarnation charnelle a contribué à la profanation du sacré. Pour les musulmans, affirmer la «mort de Dieu» est un blasphème. Ni Dieu, ni sa Parole ne peuvent mourir. Jésus qui est la Parole d'Allâh (*Kalimat Allâh*) ne peut mourir, car il est le principe de la vie même.

Lors des différentes controverses avec les juifs de Médine, Muhammad prend conscience qu'il est un descendant direct d'Ismaël, le fils d'Abraham. Il se réclame ainsi, comme les juifs et les chrétiens, de la famille d'Abraham et de sa foi. Il reçoit plusieurs révélations qur'âniques consolidant son point de vue.

> Ils ont dit: «soyez Juifs, ou soyez Chrétiens, vous serez bien dirigés». Dis [-leur plutôt]: «Mais non! Suivez la religion (*milla*) d'Abraham, un vrai croyant (*hanîf*) qui n'était pas au nombre des associateurs (*mushrikîn*).» (II: 135)

Pour les musulmans, les juifs et les chrétiens ont déformé la religion originelle d'Abraham. Leur conception de Dieu est erronée, car ils donnent des associés à Dieu.

> Abraham n'était ni Juif ni Chrétien, mais il était un vrai croyant (*hanîf*) [...]. Les hommes les plus proches d'Abra-

---

[9]   Henry Corbin, *L'imagination créatrice dans le soufisme d'Ibn 'Arabî*, Paris, Flammarion, 1976, p. 73.

ham sont vraiment ceux qui l'ont suivi, ainsi ce Prophète (Muhammad) et ceux qui ont cru (III: 67-68).

La mission du Prophète était de restaurer la religion monothéiste originelle, le hanîfisme d'Abraham (Qur'ân XXX: 30).

Selon Muhammad, l'islâm est la religion par excellence, la seule qui est conforme à la nature originelle. Il accuse certains juifs et certains chrétiens d'avoir falsifié des extraits de la Bible et d'avoir ainsi corrompu les principes de la religion originelle d'Abraham. Il reçoit des révélations confirmant ce point de vue.

> Les Juifs ont dit: «'Uzayr est Fils de Dieu!» Les Chrétiens ont dit: «Le Messie est Fils de Dieu!» Telle est la parole qui sort de leurs bouches; ils répètent ce que les incrédules disaient avant eux [...]. Ils ont pris leurs docteurs et leurs moines ainsi que le Messie, fils de Marie, comme Seigneurs, au lieu de Dieu. Mais ils n'ont reçu l'ordre que d'adorer un Dieu unique: Il n'y a de Dieu que Lui! Gloire à Lui! À l'exclusion de ce qu'ils Lui associent (IX: 30-31).

Certains juifs considèrent 'Uzayr, le père d'Abraham[10], comme Fils de Dieu, alors que les chrétiens reconnaissent Jésus comme Fils de Dieu. Pour les musulmans, il est évident que le Christ ne pouvait être physiquement le Fils de Dieu, simplement parce que la relation physique d'un père et d'un fils est un concept humain. Les musulmans ne doivent pas attribuer de concepts anthropomorphiques à la Déité. L'islâm s'oppose au *credo* chrétien affirmant que

---

[10] Maurice Gaudefroy-Demombynes, *Mahomet*, Paris, Éditions Albin Michel, 1957, p. 381.

le Christ est «vrai Dieu de vrai Dieu, engendré non pas créé» par le *sûra* CXII: «Dieu: "Lui, Dieu est Un! Dieu! L'impénétrable! Il n'engendre pas; il n'est pas engendré; nul n'est égal à lui!"» Il semble que les chrétiens arabes à l'époque de la révélation qur'ânique n'ont pas su expliquer le monothéisme trinitaire. Au milieu du Xe siècle, Sawîrîs Ibn al-Muqaffa', évêque copte d'Égypte, constatait que les chrétiens semblaient impuissants à défendre le monothéisme trinitaire. C'est pourquoi il écrivit un opuscule sur *L'unité et la trinité*. Le contact des chrétiens avec l'islâm eut un effet positif. Il permit aux chrétiens arabes de rendre plus intelligible le dogme trinitaire tout en affirmant l'Unicité absolue de Dieu[11].

Le Qur'ân enseigne que Dieu n'a ni associé (VI: 163; XVII: 111), ni égal (CXII: 4), ni rival (II: 22) et (XX: 14) qu' «Il n'y a de Dieu que Moi». Mais pour les musulmans, l'Unicité divine reste au-delà de l'entendement humain. Une parole attribuée à 'Alî (m. 40/661), cousin et gendre du Prophète, quatrième Calife et premier Imâm des shî'ites, exprime la complexité du sujet:

> Dieu peut être dit un de quatre manières: deux d'entre elles ne sont pas admissibles par rapport à Dieu, et deux peuvent être affirmées en Lui. Celui qui dit que Dieu est Un, entendant par là la catégorie du nombre se trompe. Car celui qui n'a pas de second autre que Lui n'entre pas dans la catégorie du nombre. Celui qui dit que Dieu est Un, entendant par là selon l'espèce ou le genre, son opinion est fausse. Car Dieu est Un, en ce sens qu'il est distinct de toutes choses et transcendant toutes choses. Ou encore que Dieu est Un et

---

[11]   Khalil Samir, «L'unicité absolue de Dieu», *Lumière & vie*, vol. 163 (1983), pp. 35-36.

Unique, en ce sens qu'il ne peut être divisé: ni dans l'existence, ni dans la pensée, ni dans l'imagination[12].

S'il y a des divergences entre le christianisme et l'islâm dans la façon de concevoir l'Unicité divine, il n'y a aucune raison de s'inquiéter, puisque Dieu reste toujours au-delà de l'entendement humain. Comme l'indique le Qur'ân, la «science [des êtres humains] ne peut L'atteindre» (XX: 110).

La tolérance a recours à l'intelligence, elle invite à la réflexion et au dialogue pour avoir une plus grande ouverture d'esprit. Pour susciter la réflexion, le Prophète Muhammad expliquait que les «gens du Livre» n'ont reçu que partiellement la vérité (cf. III: 23, IV: 44). Il invite les juifs et les chrétiens à accepter le Qur'ân qui parachève les révélations antérieures. Les «gens du Livre», en examinant attentivement leurs Écritures, devraient trouver la confirmation de son message (cf. II: 89; II: 101; III: 7; III: 64; IV: 47; VI: 92). Le Prophète Muhammad considère les Écritures judéo-chrétiennes comme corrompues et falsifiées, chaque fois qu'elles ne s'accordent pas avec la vérité qur'ânique (cf. XX: 133).

Bien que les Écritures judéo-chrétiennes soient altérées, il reste dans celles-ci quelques traces de la vérité venue de Dieu. Ainsi le Qur'ân montre un certain respect aux juifs et aux chrétiens en leur accordant un statut spécial; par la suite ce bénéfice sera accordé à d'autres groupes religieux (XXII: 17) comme les mazdéens, les sabéens, les hindous. Le Qur'ân démontre une certaine tolérance

---

[12]   *Ibid.*, p. 45.

en reconnaissant les autres religions et leur différence propre. Les juifs et les chrétiens jouissent d'un «pacte de protection» qui doit assurer leur sécurité s'ils respectent certaines conditions (c'est-à-dire porter un signe distinctif). Ils sont appelés les *dhimmiyyûn* (sujets protégés suivant une religion tolérée par l'islâm), ils ne paient pas l'impôt religieux (*zakât*), mais doivent payer un impôt particulier (*jiziya*)[13]. Certains versets qur'âniques reconnaissent que les croyants chrétiens ou juifs seront sauvés dans l'au-delà. (II: 62): «Ceux qui croient, ceux qui pratiquent le judaïsme, ceux qui sont chrétiens ou sabéens, ceux qui croient en Dieu et au dernier Jour, ceux qui font le bien: voilà ceux qui trouveront leur récompense auprès de leur Seigneur. Ils n'éprouveront plus alors aucune crainte, ils ne seront pas affligés.» La Constitution de Médine[14] établissait une alliance avec les juifs, les confirmant dans leur religion et leurs biens. Elle leur accordait certains droits s'ils respectaient certaines obligations. La tolérance signifie accueillir l'autre dans sa différence propre et reconnaître que les musulmans ont une expérience religieuse originale où des aspects authentiques de la relation avec Dieu sont développés autrement que dans le christianisme. De même, le Qur'ân reconnaît aux juifs et aux chrétiens le droit de pratiquer leur religion.

---

[13] Denise Masson, *Les trois voies de l'unique*, Paris, Desclée de Brouwer, 1983, p. 167.

[14] Norman A. Stillman, *The Jews of Arab Lands*, Philadelphie, The Jewish Publication Society of America, 1979, pp. 115-118; Moshe Gil, «The Constitution of Medina: A reconsideration», *Israel Oriental Studies*, vol. 4 (1974), pp. 49-50; William Montgomery Watt, *Mahomet*, pp. 474-482.

Conclusion

La tolérance: c'est pour l'humanité le moyen de vivre libre et en paix dans notre monde cosmopolite. Elle consiste à savoir raisonner les passions de la différence et à comprendre les idées des autres sans imposer les nôtres. C'est le respect de la vie en reconnaissant à chacun tous ses droits divins. La tolérance: c'est ouvrir son cœur au lieu de le fermer, être indulgent et patient envers son prochain. Malgré les nombreux différends, tout peut se discuter si l'on sait pardonner d'abord[15].

La tolérance est une vertu impliquant un sens de justice et de droiture qui incite à vivre une vie plus équilibrée aussi bien spirituellement que matériellement. C'est pour cette raison que les premiers versets qur'âniques dénoncent les abus entraînant une trop grande disparité entre les riches et les pauvres. La tolérance fait appel à l'intelligence dans sa recherche de vérité, de même le Qur'ân invite les êtres humains à réfléchir sur la création. Elle implique un minimum de respect de l'autre. L'attitude des Mecquois qui remettent en question la sincérité de Muhammad n'est pas ouverte à son message.

L'attitude de Muhammad vis-à-vis du judaïsme et du christianisme est tolérante, car la tolérance ne signifie pas l'acceptation passive de toutes les opinions, mais l'affirmation de ses propres différences tout en respectant celles des autres. Le Qur'ân affirme son point de vue tout en montrant en quoi certaines idées juives ou chrétiennes sont inacceptables. Muhammad invite les juifs et les chrétiens

---

[15] Cf. les paroles de la chanson intitulée «La tolérance», Enrico Macias.

à constater que le Qur'ân s'inscrit dans la continuité des révélations judéo-chrétiennes tout en les parachevant. Malgré tous ses efforts, plusieurs juifs et chrétiens refusent d'accepter l'islâm comme religion révélée. Le Qur'ân accorde aux juifs et aux chrétiens un statut spécial leur permettant de pratiquer leur religion en jouissant d'un pacte de protection. Le Qur'ân précise que l'islâm ne s'impose pas par la force (II: 256), c'est pourquoi il est essentiellement tolérant.

La tolérance ne signifie pas se départir de ses principes moraux, au contraire ceux-ci restent toujours ancrés dans l'esprit. Elle requiert une maîtrise des émotions et des réactions impulsives, afin d'agir et de parler en réfléchissant. Cette tempérance est un atout, car elle suscite la curiosité et une ouverture d'esprit. La tolérance signifie être à l'écoute, être sensible à ce qui se passe et comprendre l'autre comme un frère. C'est en fin de compte accepter que chacun a des valeurs intrinsèques, une sensibilité, une façon de comprendre, des mœurs, une éducation différentes, etc. Ces facteurs externes sont en réalité la source des discordes.

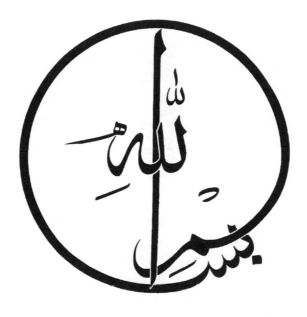

Au Nom d'Allâh

L'ESPRIT DE FRATERNITÉ
ET D'ENTRAIDE

> Je t'aime, mon frère, qui que tu sois. Il n'importe que tu assistes aux cultes dans une église, t'agenouilles dans un temple ou pries dans une mosquée. Toi et moi nous sommes les enfants de la même foi, car les divers sentiers religieux sont chacun un doigt de la main aimante de l'unique Être suprême. Et cette main se tend vers tous, avec ardeur, offrant à tous la plénitude de l'esprit[1].
>
> Kahlil Gibran (1883-1931)

Cette recherche a pour objet de comprendre les principes éthiques constituant le fondement de l'esprit de fraternité dans le Qur'ân, les traditions prophétiques, le sûfisme et le shî'isme. Nous désirons montrer que ces principes sont essentiellement les mêmes que les principes éthiques judéo-chrétiens. La notion de fraternité existe depuis le

---

[1] Kahlil Gibran, *La voix de l'éternelle sagesse*, traduit de l'anglais par Marie-Béatrice Jehl, Paris, Éditions J'ai lu, 1978, pp. 81-82.

début de l'islâm. Le Qur'ân[2] explique que tous les croyants sont frères et qu'ils doivent chercher à vivre en paix et en justice. Comme dans le christianisme, le terme frère désigne des personnes liées par la même foi (Mt 5, 2ss; Mt 7, 3; Ac 7, 23; Rm 9, 3).

> Si deux groupes de croyants se combattent, rétablissez la paix entre eux. Si l'un des deux se rebelle encore contre l'autre, luttez contre celui qui se rebelle, jusqu'à ce qu'il s'incline devant l'Ordre de Dieu. S'il s'incline, établissez entre eux la concorde avec justice. Soyez équitables! Dieu aime ceux qui sont équitables! Les croyants sont frères. Établissez donc la paix entre vos frères (XLIX: 9-10).

Nous constatons que, selon le Qur'ân, ceux qui méritent le titre de frères en religion sont des croyants. Ils ont une conduite exemplaire, ils prient régulièrement, ils sont équitables et craignent Dieu. De même Jésus définit ses véritables frères[3] comme ceux qui font la Volonté de son Père (Mt 12, 50; Mc 3, 35), qui écoutent la Parole de Dieu et la mettent en pratique (Lc 8, 21).

Cette relation fraternelle est la raison de cet amour indéfectible et réciproque qui suscite dans toute interac-

---

[2] Il existe d'autres références qur'âniques sur la notion de fraternité, par exemple lorsque les émigrés qui ont suivi et soutenu le Prophète lors de l'Hégire font une prière: «Notre Seigneur! Pardonne-nous ainsi qu'à nos frères qui nous ont précédés dans la foi...» (LIX: 10) Concernant l'adoption d'orphelins, le Qur'ân recommande: «Appelez ces enfants adoptifs du nom de leurs pères — ce sera plus juste auprès de Dieu — mais si vous ne connaissez pas leurs pères, ils sont vos frères en religion, ils sont des vôtres.» (XXXIII: 5)

[3] Le Nouveau Testament mentionne l'existence de frères de Jésus et en nomme quelques-uns: Jacques, Joseph, Jude et Simon (Mc 6, 3).

tion un désir profond de l'être intérieur de lier une relation pacifique et harmonieuse. Pour saint Thomas d'Aquin, «le véritable amour se révèle et se prouve par les œuvres. [...] Aimer, c'est vouloir du bien à quelqu'un et désirer ce qu'il veut lui-même. Ce ne serait donc pas l'aimer vraiment que de ne pas faire sa volonté et de ne pas exécuter ce qu'on sait qu'il veut. Celui qui ne fait pas la Volonté de Dieu ne l'aime donc pas vraiment, et c'est pourquoi le Seigneur dit: "Celui qui observe mes commandements, c'est celui-là qui m'aime[4]."» (Jn 14, 21) Les enseignements du Talmud encouragent aussi à établir la paix entre les êtres humains. Un mot de Hillel (*circa* un siècle avant J.C.) résume l'essentiel: «Sois un disciple d'Aaron, sois un homme qui aime la paix et poursuit la paix, qui aime les êtres humains et les fait approcher de la Tora[5].» (*Mishnâh 'Avot*, i, 12) Dans le Qur'ân, ceux qui prient et donnent l'aumône deviennent frères en religion (IX: 11). La Bible ordonne de ne pas nourrir en son cœur de haine pour son frère (Lv 19, 18). Ce commandement doit s'appliquer aussi à l'ennemi, car se réjouir de l'infortune d'un ennemi équivaut à renier le Dieu suprême (Jb 31, 28-29). Le Qur'ân, comme la Bible, recommande de rendre le bien pour le mal (XLI: 34): «Rends le bien pour le mal et tu verras ton adversaire se changer en protecteur et ami.»

Toute l'humanité dérive «d'une personne unique» (IV: 1; VI: 98; VII: 189), par extension tous les êtres humains

---

[4]   *In Joann*. XIV, lecture 5, traduit par Paul Philippe dans *Les fins de la vie religieuse*, Rome, Éditions de la Fraternité de la Très Sainte Vierge Marie, 1962, p. 27.

[5]   Ephraim E. Urbach, *The Sages*, Cambridge, Havard University Press, 1979, p. 575.

sont frères. Dans l'essence de l'islâm, aux yeux de Dieu, tous les êtres sont égaux sans discrimination de couleur, de classe sociale et de sexe, mais une hiérarchie spirituelle s'établit dans le degré d'actualisation de la crainte révérencielle (*taqwâ*)[6]. «Ô vous les hommes! Nous vous avons créés d'un homme et d'une femme. Nous vous avons constitués en peuples et en tribus pour que vous vous connaissiez entre vous. Le plus noble d'entre vous, auprès de Dieu, est celui d'entre vous qui craint le plus (*atqâ*[7]). Dieu est celui qui sait et qui est bien informé.» (XLIX: 13)

Être juste est l'acte le plus proche de la crainte révérencielle. «Ô vous qui croyez! Tenez-vous fermes comme témoins, devant Dieu, en pratiquant l'Équité (*Qist*). Que la haine envers un peuple ne vous incite pas à commettre des injustices. Soyez justes! C'est [l'acte] le plus proche de la crainte révérencielle (*taqwâ*). Craignez Dieu! Dieu est bien informé de ce que vous faites.» (V: 8) Le Pro-

---

[6] Une tradition prophétique rapporte la même idée: «Les hommes sont égaux entre eux comme les dents du peigne du tisserand; pas de différence entre le blanc et le noir, entre l'arabe et le non arabe, si ce n'est leur degré de crainte de Dieu.» Cette tradition est traduite par Louis Gardet, *L'islam: religion et communauté*, Paris, Desclée de Brouwer, 1967, p. 276. Cf. Ga 3, 28: «Vous tous en effet, baptisés dans le Christ, vous avez revêtu le Christ: il n'y a ni Juif ni Grec, il n'y a ni esclave ni homme libre, il n'y a ni homme ni femme; car tous vous ne faites qu'un dans le Christ Jésus.»

[7] Ce mot *atqâ*, tout comme *taqwâ* (crainte révérencielle), vient du verbe *taqâ* qui signifie craindre Dieu. Il s'agit de celui qui a reçu l'Esprit de Dieu, l'Esprit de connaissance et de crainte de Dieu (cf. Is 11, 2). C'est une attitude d'esprit respectueuse permettant d'accueillir la présence divine dans son cœur. La crainte est nécessaire avant d'être gratifiée par l'Amour divin. Craindre Dieu ne signifie pas avoir peur de Dieu (cf. 1 Jn 4, 18), mais il s'agit d'une prise de conscience du croyant de la précarité de son existence mystérieuse située entre la vie et la mort. La crainte révérencielle est le «fruit de l'humilité» (Pr 22, 4) et «principe de savoir» (Pr 1, 7).

phète Muhammad disait aussi: «La plus haute vertu est d'être juste dans ton jugement, même s'il va à l'encontre de ton intérêt. Considère ton frère de foi comme un égal et souviens-toi d'Allâh en toutes circonstances[8].»

L'islâm incite à réaliser l'humanisme par la recherche d'équilibre entre la société et l'individu, par le sens de la justice, de l'égalité universelle, de la pauvreté et par la conviction que rien ne compte à côté de la Majesté divine. La liberté, l'égalité et la fraternité se réalisent par l'affirmation de l'Absolu qui donne de la valeur à l'être humain. L'humanité a été créée à l'image de Dieu (Gn 1, 27) et par conséquent la tradition prophétique explique que tous les êtres font partie de «la famille de Dieu[9]». Chaque être a donc une valeur transcendante qui lui confère sa dignité inaliénable. Tous les êtres humains sont les descendants d'Adam et d'Ève.

Le Prophète Muhammad transmit aux fidèles un grand sens de la fraternité liant tous ses membres par la foi[10]. Une tradition prophétique, inspirée de l'Évangile (Mt 7, 12; Lc 6, 31) et du commandement de l'Ancien Testament (Lv 19, 18) — «Tu aimeras ton prochain comme toi-même» —, décrit les relations fraternelles entre les hommes: «aucun de vous ne devient véritablement croyant s'il ne désire pour son frère ce qu'il désire pour lui-même».

---

[8] Muhammad Bihishti et Muhammad Javad Bahunar, *Philosophy of Islam*, Salt Lake City (UT), Islamic Publications, 1982, p. 325.

[9] Émile Dermenghem, «Notes sur les valeurs permanentes et actuelles de la civilisation musulmane» dans *L'islam et l'occident*, Marseille, Éditions Rivages, 1947, pp. 372, 374.

[10] Salomon Nigosian, *Islam the way of submission*, Wellingborough (Angleterre), The Aquarian Press, 1987, p. 40.

Certains commentateurs des traditions prophétiques comme Ibn al-'Amâd croient que le terme frère peut aussi englober les non-musulmans ouverts à l'islâm[11]. Le Prophète aurait dit aussi: «Aide ton frère musulman, qu'il soit opprimé ou oppresseur»; quelqu'un l'interrogea: «J'aiderai mon frère opprimé; mais l'oppresseur, comment l'aiderai-je?» Muhammad répondit: «En l'empêchant de mal faire[12].»

Plusieurs traditions insistent sur le fait que tous les musulmans sont des frères ou sœurs, que tous sont égaux comme les doigts de la main. «Un arabe n'est supérieur à un étranger, ou un blanc à un noir, que par la crainte révérencielle[13].» Dieu envoie sa Grâce (*Rahma*) à toutes les races. Allâh, dans une tradition sainte, disait: «Si vous voulez ma Miséricorde, soyez miséricordieux envers mes créatures. Après la croyance en Dieu, le *summum* de la raison, c'est de montrer de l'affection pour le prochain et de faire le bien à tout homme juste ou pervers[14].» Comme dans la Bible, l'amour du prochain est subordonné à l'amour de Dieu.

[11]   Abû 'Abd Allâh Muhammad al-Bukhârî, *Al-jâmi' al-sahîh*, choix de traditions (*ahâdîth*) traduites et annotées par Georges Henri Bousquet dans *L'authentique tradition musulmane*, Paris, Fasquelle, 1964, p. 159 # 3.

[12]   Tradition prophétique citée par Émile Dermenghem, *Mahomet et la tradition islamique*, Paris, Seuil, 1958, p. 87.

[13]   *Ibid.*, p. 88.

[14]   Cité par Émile Dermenghem dans «Notes sur les valeurs permanentes et actuelles de la civilisation musulmane», p. 375.

Sûfisme (Mysticisme musulman)

L'expérience religieuse et la piété sont omniprésentes dans toutes les religions orientées vers la quête mystique. L'islâm encourage cette recherche spirituelle qui concerne plus l'état intérieur de la personne. Cette expérience décrit l'aspect intérieur de la foi et ne se limite pas aux rituels obligatoires comme la prière (*salât*). Durant tout entretien, Dieu reste toujours proche (II: 186). Le sûfisme, ou *tasawwuf* en arabe, indique la voie (*tarîqa*) de celui qui suit la Sagesse divine (*al-Hikma al-ilâhiyya*). Selon le sûfî Abû Bakr al-Kalâbâdhî (m. *circa* 390/1000), les sûfîs portent ce nom à cause de la pureté (*safâ'*) de leur cœur; ceux qui rattachent la signification de leur nom à laine (*sûf*) ou à sofa (*suffa*)[15] ne se réfèrent qu'à leur aspect extérieur[16].

Les premiers sûfîs suivent diverses voies (*tarâ'iq*) dans leur quête pour arriver à des états spirituels visant à mieux se connaître. Ils mettent des habits de laine (*sûf*) et s'adonnent à divers exercices surérogatoires comme le jeûne. Ils pratiquent la réminiscence (*dhikr*) des beaux Noms d'Allâh. Ces premiers cercles sûfîs préfigurent les confréries. Chacune d'elles a un fondateur dont l'autorité repose sur une tradition remontant à un compagnon du Prophète.

Les sûfîs se sont inspirés des principes de la foi shî'ite pour développer leur théosophie. Plusieurs sûfîs remontent leur chaîne de *mashâyikh* (plur. de *shaykh*) au pre-

---

[15]   Parce qu'ils portent des habits de laine ou parce qu'ils ressemblent par leurs qualités aux gens du *suffa*.

[16]   Abû Bakr al-Kalâbâdhî, *Kitâb al-ta'arruf li-madhhab ahl al-tasawwuf*, traduit en anglais par Arthur John Arberry, Cambridge, Cambridge University Press, 1979, p. 5.

mier Imâm 'Alî ou au Prophète Muhammad lui-même. L'enseignement se perpétue de maître en maître en une chaîne (*silsila*) ininterrompue. Chaque groupe a son *shaykh* (en persan *pîr*) et ses frères (*ikhwân*). À l'époque du Prophète, il y avait des ascètes; le Prophète en était un exemple, il allait régulièrement en retraite dans des grottes où il méditait. Le Prophète vécut plusieurs expériences mystiques, comme le voyage nocturne de La Mecque à Jérusalem (*isrâ'*) et une autre où il s'élève jusqu'au septième ciel (*mi'râj*) (XVII: 1 et *sûra* LIII).

Quand le sûfisme commence à fleurir, les théologiens musulmans (*mutakallimûn*) le regardent d'un œil suspicieux, mais al-Ghazzâlî (m. 505/1111) réussit à lui donner une place honorable dans le monde musulman. Ces sûfîs s'organisent en groupes structurés, ils suivent des disciplines strictes, rendent grâce au Créateur et ont une vie caractérisée par l'amour de la solitude, de la pauvreté et des sacrifices. Dans les confréries, certains sûfîs ont une vie familiale et sociale. Ils se réunissent régulièrement pour suivre les enseignements du *shaykh*[17].

Le pauvre (*faqîr*) est celui qui s'engage sur la voie du *tasawwuf* selon ce verset qur'ânique: «C'est vous qui êtes appelés à dépenser vos biens dans le chemin de Dieu. [...] Dieu est Celui qui se suffit à Lui-même (*Ghanîy*) et vous êtes pauvres[18] (*fuqarâ'*).» (XLVII: 38) Tous les biens ma-

---

[17]   Louis Gardet, *Les hommes de l'islam*, Bruxelles, Éditions Complexe, 1977, pp. 271-272.

[18]   Jésus enseigna que le chemin de la perfection se réalise dans la pauvreté (Mt 19, 21): «Si tu veux être parfait, va, vends ce qui est à toi, et donne-le aux pauvres; et tu auras un trésor dans les cieux; et viens, suis-moi.»

tériels et spirituels que Dieu a mis à notre disposition Lui appartiennent. En réalité nous sommes en dette (*dayn*) de cette Miséricorde, nous devrions constamment le remercier (*shukr*) de sa Générosité. Le *faqîr* prend conscience qu'il n'a rien et que tout vient d'Allâh. Il n'est rien par rapport à l'infinie Majesté d'Allâh. Dans la Bible, Dieu possède toutes choses et tout ce que l'être humain possède, il le tient de Lui. Par conséquent, celui qui possède la richesse doit l'utiliser afin de servir. Tous les enfants de Dieu ont droit à une part de la terre, par conséquent les pauvres ont droit à l'aide des plus fortunés. C'est un devoir d'aider les pauvres (Lv 25, 35). Mettre sa fortune au service des pauvres, c'est apprendre à vivre dans la pauvreté.

Le *faqîr* est aussi appelé en persan *darwish*. Ibrâhîm Ibn Adham (m. 166/783) de Balkh fait de la pauvreté (*faqr*) un mot clé de sa spiritualité. La pauvreté est un trésor du paradis dont Dieu gratifie ceux qu'Il aime. «Écoute, disait-il, moi, je ne possède rien, mais je ne demande rien à personne. Nous, nous avons recherché la condition de *darwish* et nous avons trouvé la richesse; les autres ont recherché la richesse et ont trouvé la pauvreté[19].» Vivre dans la pauvreté matérielle aide à atteindre la richesse intérieure, mais la recherche unique de la richesse matérielle réduit à la pauvreté intérieure. En effet, les pauvres matériellement sont conscients qu'ils n'ont que Dieu pour appui (Es 57, 15; 66, 2; So 2, 3; 3, 12) et Dieu leur voue toute sa sollicitude (1 S 2, 7s; Ps 113, 7s) contrairement aux

---

[19]   Farîd al-dîn ʿAttâr, *Tadhkirat al-awliyâ'*, traduit par A. Pavet de Courteille dans *Le mémorial des saints*, Paris, Seuil, 1976, p. 120.

riches qui croient pouvoir se passer de Dieu (So 1, 8ss). Les disciples d'Ibrâhîm Ibn Adham faisant partie de la fraternité du Khurâsân mirent en honneur les vertus de pauvreté, de confiance et d'abandon à la Volonté divine (*tawakkul*).

Le *sûfî* 'Ayn al-Qudât al-Hamadhânî (m. 525/1131) explique que celui qui cherche la Vérité jusqu'à ce qu'il la trouve, s'engage sur la voie de la pauvreté (*maskanat*). La quête mène à la pauvreté. «Lorsque la pauvreté est accomplie, elle est Dieu» et on l'appelle anéantissement (*fanâ'*). Cette station est celle de la subsistance (*baqâ'*) et de la pauvreté. C'est en vivant dans la pauvreté et par des sacrifices graduels et continuels que l'on se rapproche du Seigneur. Dans une prière, 'Ayn al-Qudât implore: «Ô mon Seigneur! fais-moi vivre pauvre, fais-moi mourir pauvre et ressuscite-moi parmi les pauvres[20].»

Le sûfî Hakîm Sanâ'î (m. 550/1155) décrit ainsi la voie qui mène à la pauvreté:

Si tu demandes, ô frère, quels sont les indices de la voie, je te répondrai clairement et sans ambiguïté. C'est que tu regardes le vrai et rompes avec le faux; que tu tournes ta face vers le monde vivant; que tu poses les pieds sur les dignités; que tu élimines de ta pensée toute ambition de gloire et de réputation; que tu courbes la taille à son service (de Dieu); que tu purifies l'âme des maux et la renforces par la raison; que tu passes du foyer de ceux qui parlent avec abondance à celui de ceux qui gardent le silence; que tu voyages des

---

[20] 'Ayn al-Qudât Hamadhânî, *Tamhidât,* traduit par Christiane Tortel dans *Les tentations métaphysiques*, Paris, Les Deux Océans, 1992, pp. 55-57.

œuvres de Dieu à ses Attributs et de ses Attributs à sa connaissance. À ce moment, tu passeras au monde des mystères pour arriver au seuil de la pauvreté; et quand tu seras l'ami de la pauvreté, ton âme obscure deviendra un cœur repenti. Ensuite, Dieu retirera la pauvreté même de ton cœur, et quand la pauvreté n'y restera plus, Dieu y restera[21].

Avant d'arriver au seuil de la pauvreté, il y a une longue voie à parcourir. Il faut rechercher avant tout la Vérité et abandonner toute ambition de gloire et de réputation.

Il est intéressant de constater que la notion de pauvreté recoupe la notion d'humilité, que pauvre (*'ânâw*) en hébreu vient de la même racine que l'humilité (*'ănâwâh*). La pauvreté est une humilité de l'être qui rend l'humanité consciente de sa dépendance à l'égard de Dieu et l'amène à rechercher en Lui sa sécurité et son bonheur (Ps 9, 11; 14, 2; 22, 27; 34, 5ss). Une personne humble vit en accord avec la Justice et comprend les grandes vérités simples. Elle voit avec clarté que toutes les voies de purification doivent atteindre un état de perfection afin que l'âme accède à la fois au dépouillement et à la plénitude nécessaires pour l'union avec la Déité.

Pour L'aimer parfaitement, la personne ayant une ferme volonté doit se concentrer sur son objectif. Le détachement des biens matériels est nécessaire pour atteindre l'union. C'est en exerçant ses vertus morales qu'on atteint le détachement intérieur. C'est en approfondissant graduellement sa connaissance de Dieu qu'on accède au monde des mystères conduisant au seuil de la pauvreté.

---

[21] Hakîm Sanâ'î, *Haqîqat al-haqîqa*, extrait traduit par Éva de Vitray Meyerovitch dans *Rûmî et le soufisme*, Paris, Seuil, 1977, p. 79.

Jalâl al-dîn Rûmî (m. 672/1273), s'inspirant du Qur'ân (IV: 1) selon lequel tous les êtres humains viennent d'un seul être, explique que l'objectif des êtres humains est de redevenir un avant de retourner vers leur Seigneur.

Quand l'homme et la femme deviennent un, Tu es cet Un; quand les unités sont effacées, Tu es cette Unité. Tu as façonné ce Je et ce Nous afin de pouvoir jouer au jeu de l'adoration avec Toi-même. Afin que tous les Je et Tu deviennent une seule âme et soient à la fin submergés dans le Bien-Aimé[22].

Les créatures ont été créées dans le but d'adorer Dieu (LI: 56). Il est impossible d'aimer vraiment Dieu sans chercher à Le connaître et sans apprendre à aimer son prochain. C'est en voyant Dieu dans son prochain qu'on peut se dévouer pour Lui.

Les êtres humains doivent donc vivre dans un esprit de fraternité pour redevenir une seule âme. Dieu est à la fois l'Adorateur (*'Âbid*) et l'Objet de l'adoration (*Ma'bûd*). C'est par amour qu'Il a créé le monde et c'est par l'amour que les êtres humains peuvent Le rejoindre. À l'origine, la patrie de l'humanité était dans le monde céleste (monde spirituel). Tous les êtres humains faisaient partie de la même Âme, l'Âme universelle (*Nafs-i kullî*). Leur but maintenant est de retourner à leur maison d'origine[23]. Cette

---

[22]   Jalâl al-dîn Rûmî, *Mathnawî*, éd. Reynold A. Nicholson, Leyde, 1925, vol. 1, pp. 1785s; extrait traduit par Éva de Vitray Meyerovitch dans *Rûmî et le soufisme*, p. 108.

[23]   Jalâl al-dîn Rûmî, *Dîwân-i Shams-i Tabrîz*, éd. Badî' al-Zamân Furûzânfar, Téhéran, 1958-1962, traduit partiellement par Éva de Vitray-Meyerovitch avec la collaboration de Muhammad Mokri dans *Odes mystiques*, Paris, 1973, p. 463.

fraternité commence dès la naissance et se poursuit tout le temps jusqu'à la mort; elle est universelle, exigente et requiert des sacrifices. Durant sa vie, l'être humain doit maîtriser les vertus essentielles afin de modeler son âme par les qualités les plus nobles.

Shî'isme

L'Imâm 'Alî (m. 40/661) déconseillait à ses fidèles de nouer des relations amicales et fraternelles avec un menteur. Car un menteur ruine son prestige et sa crédibilité. Il se trahit lui-même en trahissant les autres. Ceux qui font confiance à un menteur le croient et s'égarent[24]. Il faut donc nouer des relations fraternelles avec des gens dignes de confiance et de vrais croyants. Dans un sermon, l'Imâm 'Alî expliquait que tout ce que l'être humain reçoit en richesse et bien-être matériel est prédestiné, abondant pour certains alors que plus restreint pour d'autres. Il ne faut pas envier son frère qui a plusieurs enfants et une grande richesse. Le travail améliore la situation par des compensations pour les efforts consentis.

L'Imâm 'Alî décrivait le comportement de l'homme pieux qui entretient un commerce honnête avec ses semblables. Il est heureux et content de ce que la Grâce divine lui a donné. Il accepte avec joie son destin et l'heure de sa mort. La récompense dans l'au-delà vient grâce à la crainte de Dieu, aux bonnes actions, à la bonté et à l'honnêteté. Dieu n'accorde pas de récompense à l'hypocrisie. Si quel-

---

[24] Muhammad Bihishti et Muhammad Javad Bahunar, *Philosophy of Islam*, p. 304.

qu'un ne fait des bonnes actions que pour accroître sa propre réputation, il ne peut espérer recevoir de récompense que dans ce monde-ci. Quelque riche qu'il soit, un homme ne peut se trouver au-dessus de la bonne opinion que les gens se font de lui, il ne peut se passer de leur sympathie, ils sont ses meilleurs amis dans la malchance et les calamités, et une bonne protection contre la diffamation et les calomnies.

L'Imâm 'Alî disait aussi que la bonne réputation qu'un homme généreux laisse derrière lui est mille fois plus précieuse que les richesses qu'il laisse à ses héritiers. Celui qui trouve de la pauvreté chez son peuple et refuse de l'aider n'accroîtra pas sa richesse en faisant cela; alors que s'il est charitable, cela n'amenuisera pas sa richesse, ni ne le réduira à la pauvreté. Celui qui refuse d'aider son peuple doit se souvenir qu'au moment où il aura besoin d'aide, des milliers de mains s'abstiendront de l'aider. Celui qui est bon pour son peuple gagne un amour durable et de la dévotion[25]. Il ne convient pas de se comparer aux autres puisque chaque personne a une destinée particulière. Chaque personne est responsable et récolte le fruit de ses bonnes actions.

Une idée semblable revient dans le Nouveau Testament: «Portez les fardeaux les uns des autres et accomplissez ainsi la loi du Christ. Car si quelqu'un estime être quelque chose alors qu'il n'est rien, il se fait illusion. Que chacun examine sa propre conduite et alors il trouvera en soi seul et non dans les autres l'occasion de se glorifier; car tout homme devra porter sa charge personnelle.»

---

[25]   'Alî b. Abî Tâlib (?), *Nahj al-balâgha*, *khutba 28*, Qum, 1980.

(Ga 6, 2-5) Chacun doit «porter son propre fardeau», c'est-à-dire faire le travail qui lui a été assigné par Dieu et pour lequel il sera récompensé dans l'au-delà. «Portez les fardeaux les uns des autres» signifie se pardonner et s'aider mutuellement.

L'Imâm Ja'far al-Sâdiq (m. 147/765) décrivait les frères de foi comme étant unis en une seule âme: «Chaque croyant est un frère de foi pour chaque autre croyant. Ils sont comme un corps dont toutes les autres parties se sentent mal, si une partie ressent la douleur. Les âmes de deux croyants proviennent d'une seule âme. Toutes les deux sont reliées à Allâh. L'âme du croyant est plus proche d'Allâh que la lumière du soleil ne l'est au soleil[26].» L'amour fraternel lie les croyants par une affection mutuelle comme dans une grande famille, en vivant ses joies et ses afflictions. Ils sont unis par un seul esprit (Rm 12, 10-16).

L'Imâm Ja'far al-Sâdiq expliquait qu'un musulman a sept devoirs envers un autre musulman pour développer de véritables relations fraternelles. Il faut 1) aimer pour son frère ce que tu aimes pour toi-même, 2) éviter de lui déplaire en accédant à ses requêtes, 3) l'aider spirituellement et physiquement, 4) être ses yeux et son guide sur le droit chemin, 5) ne pas manger ni boire à satiété lorsqu'il a soif et qu'il est nu, 6) si tu as un serviteur, tu dois l'envoyer pour aider ton frère dans ses travaux quotidiens et, finalement, 7) tu dois le croire lorsqu'il a fait un serment, accepter son invitation, lui rendre visite s'il est malade,

---

[26] Muhammad Bihishti et Muhammad Javad Bahunar, *Philosophy of Islam*, pp. 334-335.

aller à son enterrement et le satisfaire avant qu'il ne demande de l'aide[27].

Cette fraternité prend une autre forme; ici la filiation spirituelle joue un rôle déterminant et devient l'exemple type de ce que chaque croyant doit réaliser en lui. Le personnage mystérieux de Salmân le Perse, ce fils d'un mazdéen devenu chrétien, partit à la recherche du véritable Prophète. Une tradition déclare à son sujet: «Salmân fait partie de nous, les membres de la maison du [Prophète] (*Salmân minnâ ahl al-bayt*).» Salmân est devenu «membre de la Famille» du Prophète par une filiation spirituelle (*nisbat ma'nawiyya*). Dieu ne devient objet de connaissance et d'amour qu'à travers la Forme théophanique de l'Imâm. Le shî'ite qui développe son amour et sa dévotion pour l'Imâm devient l'enfant spirituel de l'Imâm, comme Salmân qui a été adopté par les membres de la maison du Prophète[28]. C'est pourquoi Salmân, pour les shî'ites, devient l'exemple à suivre de celui qui a atteint les plus hauts niveaux dans l'évolution spirituelle.

La majorité des islamologues reconnaissent la célèbre *Encyclopédie des frères de la pureté* (*Rasâ'il ikhwân al-safâ'*) comme une œuvre ismaélienne. Cette encyclopédie aurait été rédigée par plusieurs personnes sous la guidance de plusieurs Imâms successifs (Muhammad b. Ismâ'îl (né en 120/738), Wafî Ahmad et Taqî Muhammad). Les ismaéliens, qui étaient souvent persécutés, cachèrent leur

---

[27]   Muhammad Ridâ Muzaffar, *'Aqâ'id al-imâmiyya*, Najaf, 1408/1987, p. 123, ligne 16, à p. 124, ligne 6.

[28]   Henry Corbin, *En islam iranien*, Paris, Gallimard, 1971, vol. 1, p. 298, vol. 3, p. 210; dans la Bible, nous trouvons l'idée que le croyant devient le fils adoptif de Dieu (Rm 8, 14ss; Ga 4, 7).

identité sous le pseudonyme de frères de la pureté (*ikhwân al-safâ'*). Ce nom désigne tous les adeptes de leur théosophie. Les frères sont ceux qui sont unis par la pureté de leur âme, par leur loyauté mutuelle et par-dessus tout par leur loyauté envers l'Imâm véridique[29].

Les frères de la pureté croyaient l'entraide nécessaire puisque la vie du corps doit être assez longue pour permettre à l'âme d'atteindre sa perfection et d'accéder à son salut[30]. L'entraide dans la vie matérielle est efficace; il faut unir les forces corporelles en une seule et même âme[31]. Dans le monde créaturel, tous sont indispensables les uns aux autres[32]. Dans la société, les membres s'unissent pour subvenir à leurs besoins et se partagent le travail.

Une personne qui resterait isolée ne pourrait subvenir à tous ses besoins, elle aurait une vie misérable. «À chacun selon son travail, et son activité dans son métier[33].» L'union des âmes permet d'avoir un seul et même but,

---

[29]   Yves Marquet, «*Ikhwân al-safâ'*», *Encyclopédie de l'islam*, vol. 3 (1971), pp. 1098-1103: l'encyclopédie est un compendium de toutes les sciences et les connaissances connues de l'époque. Ces sciences contiennent les réalités profondes (*haqâ'iq*) de l'univers qui constituent le sens caché des révélations. Cette encyclopédie développe une théosophie émanatiste inspirée du néo-platonisme où l'Imâm joue un rôle primordial dans la remontée des âmes déchues vers la Déité.

[30]   *Rasâ'il ikhwân al-safâ'*, éd. Butrus al-Bustânî, Beyrouth, 1376/1957, vol. 4, pp. 22-23, 134, 169; Yves Marquet, *La philosophie des ikhwân al-safâ'*, Alger, Société Nationale d'Édition, 1971, p. 531.

[31]   *Rasâ'il ikhwân al-safâ'*, vol. 4, pp. 168, 169, 171; Yves Marquet, *La philosophie des ikhwân al-safâ'*, p. 532.

[32]   *Rasâ'il ikhwân al-safâ'*, vol. 2, p. 274; Yves Marquet, *La philosophie des ikhwân al-safâ'*, p. 532.

[33]   *Rasâ'il ikhwân al-safâ'*, vol. 1, p. 99; extrait traduit par Yves Marquet, *La philosophie des ikhwân al-safâ'*, p. 532.

une seule et même puissance. Elle permet que les êtres humains deviennent comme un seul corps et une seule âme qui affrontera tous les adversaires. C'est par l'union de leurs âmes que les frères de la pureté seront vainqueurs de leurs ennemis[34].

L'entraide entre les âmes est le moyen le plus efficace d'exalter la religion afin de suivre la loi religieuse (*sharî'a*) dans son intégralité. On ne peut atteindre seul son salut. On a besoin de l'aide de «frères de bon conseil (*nusâha'*), d'amis vertueux (*fudalâ'*)» à la fois «savants dans les réalités des choses» et «lucides dans les questions religieuses» qui «fassent connaître la voie de l'autre monde[35]». L'entraide est nécessaire aussi dans la vie physique, par exemple «si des médecins, ayant fait un bon diagnostic sont d'accord sur le traitement et s'entraident. [...] Dieu guérit vite la maladie; s'ils sont en désaccord, le malade meurt[36].»

L'objectif de l'union est de «bâtir une cité vertueuse et spirituelle» afin d'atteindre le salut. Les êtres humains ne peuvent s'unir que pour une cause durable, sinon ils se séparent. Toute amitié a une cause et disparaît avec elle. Les dispositions d'un être humain à l'égard des autres changent avec les circonstances. Il en est autrement pour les frères de la pureté, car leur amitié repose sur leur essence; ils sont une seule et même âme dans des corps séparés.

---

[34]   *Rasâ'il ikhwân al-safâ'*, vol. 4, pp. 134, 169, 170; Yves Marquet, *La philosophie des ikhwân al-safâ'*, p. 532.

[35]   *Rasâ'il ikhwân al-safâ'*, vol. 1, p. 199, vol. 4, pp. 126, 134, 137, 167, 187-188; Yves Marquet, *La philosophie des ikhwân al-safâ'*, p. 532.

[36]   *Rasâ'il ikhwân al-safâ'*, vol. 4, p. 17; extrait traduit par Yves Marquet, *La philosophie des ikhwân al-safâ'*, p. 532.

Les corps changent avec le temps, mais pas les âmes. Les causes de leur amitié sont complètes et durables; chacun ne désire pour son frère que ce qu'il désire pour lui-même[37]. «Seul peut t'aimer et t'aider sincèrement quelqu'un qui sait qu'il sera récompensé après la mort[38].» Un ami qui sacrifie sa vie pour nous a plus de valeur que notre propre famille, car nous sommes avec lui une seule âme en deux corps[39].

Les frères de la pureté vivent tous ensemble comme une seule âme. «Nous avons un seul Seigneur qui nous a créés d'une seule et même âme[40].» Ils ont une seule et même religion, une seule et même foi et suivent une seule et même voie (*tarîqa*)[41]. Ne sont admis chez les frères de la pureté que ceux qui sont bons, sages et vertueux et qui ont «une conduite belle, noble et bonne[42]». La pureté des frères est assurée grâce à leur soumission à Dieu, mais il est «impossible de parvenir à la pureté de l'âme avant le stade de la quiétude (*tumâ'nina*) dans les vies religieuse et tempo-

---

[37] *Rasâ'il ikhwân al-safâ'*, vol. 4, pp. 49, 170, 171; Yves Marquet, *La philosophie des ikhwân al-safâ'*, pp. 532-533.

[38] *Rasâ'il ikhwân al-safâ'*, vol. 4, p. 20; Yves Marquet, *La philosophie des ikhwân al-safâ'*, p. 533.

[39] *Rasâ'il ikhwân al-safâ'*, vol. 4, p. 40; Yves Marquet, *La philosophie des ikhwân al-safâ'*, p. 533.

[40] *Rasâ'il ikhwân al-safâ'*, vol. 4, p. 367; Yves Marquet, *La philosophie des ikhwân al-safâ'*, p. 533.

[41] *Rasâ'il ikhwân al-safâ'*, vol. 2, p. 356, p. 367 et vol. 4, pp. 156, 187-188; Yves Marquet, *La philosophie des ikhwân al-safâ'*, p. 533.

[42] *Rasâ'il ikhwân al-safâ'*, vol. 4, p. 171; Yves Marquet, *La philosophie des ikhwân al-safâ'*, p. 534.

relle[43]». On arrive à ce stade par l'acquisition de toutes les sciences[44]. C'est à ce niveau que les membres de la confrérie méritent véritablement le nom d'ikhwân al-safâ'.

Les frères de la pureté ne jalousent pas les rois de la terre, ils ne recherchent pas les honneurs de ce monde et préfèrent le royaume céleste ainsi que les honneurs des anges[45]. Ils cherchent principalement à connaître Dieu et à Le satisfaire dans leurs actes[46]. Ils invitent à reconnaître l'importance de suivre la guidance des ahl al-dhikr (soit la lignée des Imâms descendants de 'Alî et de Fâtima, la fille du Prophète) pour atteindre le salut. «Il te faut, ô frère, rejoindre les hommes de science, t'attacher à ceux qui sont les ahl al-dhikr de la Famille prophétique dressés pour assurer le salut des créatures[47].»

Le juriste ismaélien fâtimide *al-qâdî* al-Nu'mân (m. 363/974) s'inspire du Qur'ân selon lequel les croyants (*mu'minûn*) sont des frères (XLIX: 10). Il décrit le comportement idéal des croyants. Les croyants ne doivent pas se jalouser. Il reprend une maxime de l'Imâm Ja'far al-Sâdiq: «L'envie est à la racine de tous les péchés.» Il s'agit du premier péché commis dans les cieux et sur la terre. Satan (*Shaytân*) envia Adam et l'envie fut la cause de sa

---

[43] *Rasâ'il ikhwân al-safâ'*, vol. 4, p. 41; Yves Marquet, *La philosophie des ikhwân al-safâ'*, p. 537.

[44] *Rasâ'il ikhwân al-safâ'*, vol. 4, pp. 411-412; Yves Marquet, *La philosophie des ikhwân al-safâ'*, p. 533.

[45] *Rasâ'il ikhwân al-safâ'*, vol. 4, p. 167; Yves Marquet, *La philosophie des ikhwân al-safâ'*, p. 538.

[46] *Rasâ'il ikhwân al-safâ'*, vol. 3, pp. 281, 342, 530; Yves Marquet, *La philosophie des ikhwân al-safâ'*, p. 533.

[47] *Rasâ'il ikhwân al-safâ'*, vol. 3, p. 156; extrait traduit par Yves Marquet, *La philosophie des ikhwân al-safâ'*, p. 544.

désobéissance. L'homme est envieux par nature. S'il voit quelqu'un qui possède quelque chose qu'il n'a pas, il désire se l'approprier[48].

Selon *al-qâdî* al-Nu'mân, les caractéristiques des vrais croyants sont l'indulgence, le calme, le respect et le pardon. Les ismaéliens doivent être attachés les uns aux autres comme des frères. Ils ne doivent pas laisser leurs propres intérêts affecter leur amour des uns pour les autres. Ils doivent toujours être prêts à s'entraider. Idéalement, il faut aimer ses frères pour l'amour de Dieu. Mais très peu d'êtres humains sont capables de le faire «à l'exception du petit nombre de ceux qui croient et qui font des œuvres bonnes» (XXXVIII: 24). La majorité des gens aident leurs frères pour satisfaire leurs propres intérêts, pour leur bonne réputation, dans l'espoir que leurs frères leur rendent des services dans l'avenir. La meilleure façon d'agir, explique *al-qâdî* al-Nu'mân, est de rendre un service gratuit sans espérer de récompense que de Dieu seul. Quand quelqu'un aide son frère, il doit le faire avec l'intention de plaire à Dieu et à personne d'autre. Tout ce qu'il fait, il doit le faire pour l'amour de Dieu[49].

La notion de fraternité et d'entraide est universelle. L'humanité partage communément un ensemble de vertus qui aident aux relations respectueuses et courtoises entre les personnes. L'amour du prochain doit se développer graduellement. Pour saint Thomas d'Aquin, «l'état religieux est ordonné à la perfection de la charité, laquelle

---

[48] *Al-qâdî* al-Nu'mân, *Kitâb al-himma fî âdâb al-a'imma*, partiellement traduit par Jawad Muscati dans *Code of Conduct for the Followers of Imam*, Mombassa, 1966, pp. 79, 90-92.

[49] *Ibid.*, pp. 99, 102-104.

comprend l'amour de Dieu et du prochain. [...] De l'amour du prochain relève la vie active, qui se met au service du prochain. Et, de même que la charité aime le prochain pour Dieu, de même le service du prochain prend valeur de service de Dieu, selon cette parole: "Ce que vous faites au moindre des miens, c'est à moi que vous le faites." (Mt 25, 40) C'est pourquoi ces services rendus au prochain, parce qu'ils se réfèrent ultérieurement à Dieu, sont qualifiés de sacrifices, suivant cette parole: "N'oubliez pas la bienfaisance et la mise en commun des biens; c'est par de tels sacrifices qu'on mérite Dieu[50]."» (He 13, 16)

L'esprit de fraternité par excellence se caractérise par une solidarité orientée vers l'amour de Dieu. L'ismaélien nizârien Abû al-Fath Muahammad Ibn 'Abd al-Karîm al-Shahrastânî (m. 548/1153) nous décrit l'esprit de fraternité ismaélienne:

Au contraire, les [fidèles] témoins attestent mutuellement leur véracité, les [vrais] témoins sont en accord. Ils sont disciples, et non pas innovateurs. Ils se reconnaissent, au lieu de se désavouer. Ils s'entraident et se portent secours, au lieu de se détester et de s'envier. Leur religion: c'est l'amour en Dieu et la haine en Dieu. Leur caractère: c'est de pardonner à ceux qui les ont lésés, de faire du bien à ceux qui leur ont fait du mal. Leur science: c'est un verset du Livre de Dieu, ou bien un *khabar* (information traditionnelle) de l'Envoyé de Dieu, ou bien de dire: «Je ne sais pas». Leur connaissance [de Dieu], c'est de ne pas parler sur Dieu et de ne pas discuter de son essence: «Quand le discours en vient à Dieu, n'y prenez pas part.» Leur procla-

---

[50] Saint Thomas d'Aquin, *Summa theologiae*, II-II question 188, article 2, traduit par Paul Philippe dans *Les fins de la vie religieuse*, p. 55.

mation de l'unicité de Dieu, c'est: «Notre Dieu est le Dieu de Muhammad», en sorte que l'unité proclamée avec le charisme prophétique [comme dans la promesse des fils de Jacob à leur père mourant, selon Qur'ân (II: 133)] «Nous adorons ton Dieu, le Dieu de tes pères». Leur obéissance à Dieu, c'est l'obéissance à l'Envoyé de Dieu comme Il en a donné l'Ordre (*Amr*) et la guidance (*hidâya*), non pas selon l'opinion et la fantaisie de la raison[51].

Comme dans les Évangiles, les vrais fidèles vivent dans un esprit de fraternité en rendant le bien pour le mal, en se pardonnant mutuellement et en travaillant ensemble. Selon al-Shahrastânî, les vrais fidèles reconnaissent leurs limites concernant leur compréhension de l'essence de Dieu, car la Déité reste au-delà de l'entendement humain. Ils reconnaissent la nécessité de la guidance des Prophètes et des Amis de Dieu pour arriver à Lui.

L'Imâm Mustansir bi-Allâh II (m. 885/1480) des ismaéliens nizâriens décrit le comportement idéal des croyants qui sont tous frères. Le croyant est celui qui fréquente la société des vrais croyants, qui écoute les paroles véridiques et acquiert la connaissance. Le chevalier (*jawânmard*), engagé sur la voie, est juste et honnête; son amour (*mahabbat*) pour Dieu est plus grand qu'il ne paraît. Il est amical avec chaque personne dans le but de plaire à Dieu, non pas pour obtenir des gains ou avantages matériels. Le chevalier est celui qui, quant aux bonnes actions,

---

[51]   Abû Al-Fath Muhammad Ibn ʿAbd al-Karîm al-Shahrastânî, *Mafâtîh al-asrâr wa-masâbîh al-abrâr*, édition fac-similée de l'Unicum de la Bibliothèque de l'Assemblée consultative islâmique, Téhéran, 1989, p. 266, *recto* lignes 5-17, extrait traduit par Guy Monnot dans «Islam: exégèse coranique», *Annuaire de l'École Pratique des Hautes Études*, vol. 96 (1987-1988), pp. 239-240.

arrive en tête des autres. Il essaie d'exceller tout le temps et fait bien dans tout ce qu'il entreprend. Il s'occupe d'abord des besoins de ses frères avant de satisfaire les siens. Il donne toujours la priorité aux autres. Selon sa capacité, il donne sans prendre. Il se réjouit de la joie de son frère croyant et il est affligé par son chagrin. Il est heureux des gains de son frère et attristé par ses pertes[52]. Il pense d'abord aux autres avant de penser à lui-même. Il a un comportement aimable et exemplaire envers tous.

Conclusion

Le *sûra* XLIX du Qur'ân décrit la conduite des croyants et leur comportement envers le Prophète Muhammad. Il comprend des principes religieux et sociaux. Le comportement doit être réfléchi par crainte de nuire au prochain. Ces versets baignent dans une atmosphère religieuse et spirituelle. Ils établissent les fondements de la foi pour toutes les relations entre croyants dans une fraternité religieuse. «Dieu vous a fait aimer la foi; Il l'a fait paraître belle à vos cœurs.» (XLIX: 7) Les croyants sont frères et doivent établir la paix entre eux (XLIX: 10). Les liens du sang doivent être subordonnés aux liens de la foi. Les principes qui lient les croyants sont ancrés dans la foi abrahamique. Les musulmans empruntent leur modèle à Abraham et mettent en relief ses vertus sociales comme le pardon, la longanimité, la sagacité, la douceur, la générosité et le souci des autres (XI: 77). L'hospitalité musulmane

---

[52]   Mustansir bi-Allâh II, *Pandiyât-i jawân-mardî*, édité et traduit en anglais par Wladimir Ivanow, Leiden, E.J. Brill, 1953, original pp. 7, 15, traduction, pp. 5, 10.

est une vertu essentielle, elle continue la philoxénie d'Abraham fondée sur la foi, ainsi tout étranger qui se présente devient l'hôte de la famille et reçoit un accueil favorable et courtois. «Seuls sont vraiment croyants ceux qui croient en Dieu et en son Prophète — sans plus jamais en douter ensuite — tandis qu'ils luttent dans le chemin de Dieu avec leurs biens et leurs personnes. Voilà ceux qui sont véridiques.» (XLIX: 15)

Dans l'islâm, les êtres humains les plus appréciés de Dieu sont ceux qui actualisent indéfectiblement la crainte révérencielle. Ils reconnaissent l'état précaire de leur existence et ils sont reconnaissants envers les Bienfaits de Dieu. Ils sont aussi équitables envers leurs frères et leurs sœurs. Ils vivent dans un esprit de fraternité et reconnaissent que tous les êtres humains font partie de la famille de Dieu. Ils se respectent mutuellement en tant que créatures de Dieu. Le vrai croyant est altruiste et pense d'abord à son frère avant de penser à lui-même. Le croyant est appelé à dépenser ses biens dans le chemin de Dieu. Il fait du bien à tous et prend conscience qu'il n'a rien et que tout vient de Dieu. C'est en vivant dans la pauvreté que l'on se rapproche de la Déité.

Tous les êtres humains ont été créés à partir d'une personne unique. Ils doivent donc retourner à leur patrie d'origine dans le monde céleste. Pour retourner à leur maison d'origine, ils doivent vivre dans un esprit de fraternité et d'amour pour Dieu. C'est en suivant les directives des révélations divines que s'acquiert l'esprit de fraternité. Les croyants pardonnent à ceux qui leur ont fait du mal. Ils s'entraident et se portent secours, au lieu de se détester et de s'envier. Ils se rendent des services gratuits, sans espérer de récompense de personne d'autre que de Dieu seul.

Calligraphie kûfie
de la profession de foi en forme de mosquée
«Il n'y a pas d'autre divinité que Dieu
et Muhammad est l'Envoyé de Dieu.»

LA FOI

> Ceux qui croient, ceux qui pratiquent le ju-
> daïsme, ceux qui sont chrétiens ou sabéens,
> ceux qui croient en Dieu et au dernier Jour,
> ceux qui font le bien: voilà ceux qui trou-
> veront leur récompense auprès de leur Sei-
> gneur. Ils n'éprouveront plus alors aucune
> crainte, ils ne seront pas affligés.

> (II: 62)

Gabriel Marcel (1889-1973), dans son ouvrage *Être et avoir*, poursuit une réflexion intéressante sur les causes de l'irréligion et de la foi. Il constate que l'extraordinaire perfectionnement des techniques du monde moderne est lié à un appauvrissement de la vie intérieure. La religion se fonde sur la transcendance qui échappe à toute prise. La contemplation, jadis reconnue comme l'activité la plus haute par les Pères de l'Église, n'a plus autant d'impor-tance dans les pratiques religieuses contemporaines. Il fau-drait s'interroger sur la grande perte que cela constitue pour la vie intérieure. L'accent mis presque exclusivement sur la valeur des œuvres de la vie matérielle a certes contribué à discréditer les vertus contemplatives[1].

L'acte d'adoration est difficile à définir. Il consiste à la fois à s'ouvrir et à s'offrir. Mais à qui ou à quoi s'offrir? La société moderne cherche à aplanir la réalité spirituelle, elle considère l'adoration comme une «pure attitude sans adhérence à une réalité quelconque». Selon Gabriel Marcel, il faut donc

> remonter résolument la pente le long de laquelle la pensée moderne glisse depuis plus de deux siècles, [...] rejoindre l'idée fondamentale d'une connaissance sacrée qui seule permet de restituer un contenu à la contemplation [...], reconquérir lentement et péniblement sous les espèces d'une métaphysique de la connaissance ce qui était donné au Moyen Âge sous la forme d'une mystique enveloppée de mystère et de respect. [...] nous avons peut-être perdu contact avec cette vérité fondamentale que la connaissance implique une ascèse préalable — c'est-à-dire au fond une purification — et pour tout dire qu'elle ne se livre dans sa plénitude qu'à celui qui s'en est préalablement rendu digne[2].

L'idéalisme moderne, fondé principalement sur le monde apparent, n'a-t-il pas erré en définissant la connaissance comme un acte transparent à lui-même? La pensée scientifique comprend le monde comme une succession de faits et chaque fait est transparent. Elle n'aboutit qu'aux problèmes parce qu'elle veut délibérément ignorer .

---

[1]   Gabriel Marcel, *Être et avoir: réflexions sur l'irréligion et la foi*, Vienne, Éditions Aubier-Montaigne, 1968, pp. 26, 28-30.

[2]   Gabriel Marcel, *Être et avoir*, pp. 32-33.

que les choses ont un revers. La connaissance est incapable de rendre compte d'elle-même, elle reste en soi un mystère. La connaissance est un don, une grâce. Selon Peter Wust, elle a un caractère «naturellement charismatique[3]».

La foi est une attestation manifestée à chaque instant de la vie. Il n'y a pas de foi sans conviction. Les croyants sont souvent persécutés et victimes de souffrance et d'abus. Un des plus grands obstacles à la foi n'est pas la souffrance mais l'aisance matérielle et la richesse. Comme Jésus nous l'a enseigné: «Il est plus facile à un chameau de passer par le chas d'une aiguille qu'à un riche d'entrer dans le Royaume de Dieu!» (Mt 10, 25) La foi est un «acte libre par lequel l'âme accepte [...] de reconnaître le principe supérieur qui à chaque instant la crée[4]». La foi, partie intégrante de la vie des enfants, se manifeste dans leur regard. L'enfant s'émerveille devant la découverte des beautés de la création. Son visage rayonne d'une allégresse supra-vitale. Par sa naïveté, tout innocente, il jouit d'une confiance heureuse. Jésus admirait les enfants (Mc 10, 15): «En vérité je vous le dis: quiconque n'accueille pas le royaume de Dieu en petit enfant, n'y entrera pas.»

Comme Gabriel Marcel nous le suggère, il faut retourner aux définitions de la foi données par les penseurs du Moyen Âge. Saint Thomas d'Aquin (m. 1274) a consacré plusieurs pages de sa *Somme théologique* à la foi. Il reprend une définition de la foi donnée par l'Apôtre (He 11, 1): «La foi est la substance des réalités qu'on doit espérer,

---

[3]   Peter Wust, *Naivität und Pietät*, Türbingen, Mohr, 1925, p. 184 cité par Gabriel Marcel, *Être et avoir*, p. 84.

[4]   Gabriel Marcel, *Être et avoir*, p. 75.

l'argument de ce qui n'est pas évident[5].» Le mot *argument* dans la définition de l'Apôtre se distingue de la simple opinion pour laquelle il ne pourrait y avoir l'adhésion de l'intelligence. Par l'expression «de ce qui n'est pas évident», l'Apôtre distingue la foi de la science et de l'acte d'intellection par lequel un objet devient évident. Toutes les définitions données par les autres auteurs recoupent la définition de l'Apôtre, comme saint Augustin (m. 430) qui définit la foi comme «la vertu par laquelle on croit ce qu'on ne voit pas», comme saint Jean Damascène (m. *circa* 749) qui affirme qu'elle est «un consentement bien pesé» ou comme saint Denys (m. *circa* 258) qui définit la foi comme «le fondement permanent des croyants, ce qui les met dans la vérité et ce qui met la vérité en eux[6]». La foi a pour objet la Vérité première qui nous échappe et «qu'on doit espérer[7]». Selon saint Thomas d'Aquin, «la foi est une habitude d'esprit qui ébauche en nous la vie éternelle, et qui fait que l'intelligence adhère à ce qui n'est pas évident[8]».

Selon saint Augustin, la foi «réside dans la volonté des croyants». La volonté est définie comme une puissance de l'intelligence[9]. Pour saint Thomas d'Aquin, «croire est immédiatement un acte de l'intelligence parce que l'objet de cet acte c'est le vrai, lequel appartient en propre à l'in-

---

[5] Saint Thomas d'Aquin, *Summa theologiae*, traduit par R. Bernard dans *Somme théologique — La foi*, vol. 1, Paris, Desclée & Cie, 1963, p. 136.

[6] *Ibid*., vol. 1, pp. 142-143.

[7] *Ibid*., vol. 1, pp. 139-140.

[8] *Ibid*., vol. 1, p. 141.

[9] *Ibid*., vol. 1, p. 145.

telligence. C'est pourquoi il est nécessaire que la foi, puis-qu'elle est le principe propre d'un tel acte, réside dans l'in-telligence (*intellectu*) comme dans son siège[10].» Selon lui, saint Augustin avait raison d'affirmer que l'acte de foi ré-side dans la volonté, puisque c'est sous la direction de la volonté que l'intelligence adhère aux réalités. Le siège de la foi, c'est l'intellect spéculatif (*intellectu speculativo*)[11].

Si le christianisme a connu un déclin, l'islâm a aussi perdu du terrain depuis son apogée au Moyen Âge alors que les musulmans étaient les plus avancés dans tous les domaines scientifiques et philosophiques. Ils cherchent eux aussi à remonter la pente. Dans ce chapitre, nous allons examiner les caractéristiques essentielles de la foi[12] dans quelques branches de l'islâm: chez les théologiens (*muta-kallimûn*), les shî'ites et les sûfîs (mystiques). Examinons d'abord comment la foi est décrite dans quelques versets du Qur'ân et quelques traditions du Prophète Muhammad.

Le Qur'ân décrit la proclamation de la foi de l'être humain dans la prééternité (*azal*). Un grand pacte (*mîthâq*) a été conclu entre Dieu et la descendance abrahamique. «Quand ton Seigneur tira une descendance des reins des fils d'Adam, il les fit témoigner contre eux-mêmes: "Ne suis-Je pas votre Seigneur?" Ils dirent: "Oui, nous en té-moignons!"» (VII: 172) Le Qur'ân décrit le croyant (*mu'min*) comme celui qui suit le droit chemin, qui libre-

---

[10] *Ibid.*, vol. 1, p. 148.

[11] *Ibid.*, vol. 1, pp. 148-149.

[12] Pour avoir une bonne idée de la foi dans l'islâm, consulter: Louis Gardet, «Îmân», *Encyclopédie de l'islam*, vol. 3 (1971), pp. 1199-1202; Louis Gardet, «Les noms et les statuts. Le problème de la foi et des œuvres en islam», *Studia Islamica*, vol. 5 (1956), pp. 61-123.

ment croit en Dieu et bénéficie de la Lumière divine. «Pas de contrainte (*ikrâh*) en religion! La voie droite se distingue de l'erreur. Celui [...] qui croit en Dieu, a saisi l'anse la plus solide. [...] Dieu est le Maître des croyants: il les fait sortir des ténèbres vers la Lumière.» (II: 256-257) Une tradition prophétique explique que celui qui détient la véritable foi aperçoit les choses avec la Lumière divine[13]. Celui qui n'a pas de foi est perdu (CIII: 1-3) et ses œuvres sont sans valeur. «Les actions de quiconque rejette la foi, sont vaines et, dans la vie future, il sera au nombre des perdants.» (V: 5) Parmi les piliers de la foi islâmique, il faut croire en Dieu, aux anges, aux Livres sacrés, aux Prophètes et au Jour dernier (cf. II: 136).

Le mot arabe *îmân* (foi) dérive de l'hébreu *'ēmûnah* (foi) qui signifie aussi vérité. Le Qur'ân distingue le niveau spirituel du croyant qui a la foi (*îmân*) du simple musulman (*muslim*) qui accepte l'islâm. «Vous n'avez pas l'*îmân* (foi), dites plutôt que vous avez l'islâm: l'*îmân* n'a pas encore pénétré dans vos cœurs[14].» Une tradition célèbre du Prophète distingue les niveaux de l'islâm (soumission), de l'*îmân* (foi) et de l'*ihsân* (bienfaisance). L'ange Gabriel aurait interrogé le Prophète: «Qu'est-ce que l'*îmân*? — C'est croire en Allâh, en ses anges, en ses Écritures, en ses Envoyés, en le Jour dernier, en la prédestination, bien ou mal. — Et l'islâm? — C'est prononcer la

---

[13] Badî' al-Zamân Furûzânfar, *Ahâdîth-i mathnawî*, Téhéran, 1334HS/1955, p. 14; James Winston Morris, *The Wisdom of the Throne an Introduction to the Philosophy of Mulla Sadra*, Princeton, Princeton University Press, 1981, p. 229.

[14] Extrait du Qur'ân (XLIX: 14) traduit par Henri Massé dans *L'islâm*, Paris, Armand Colin, 1930, p. 103.

profession de foi, célébrer la prière, payer l'aumône légale, faire le pèlerinage (*hajj*) de la maison, jeûner (*ramadân*). — Et qu'est l'*ihsân*? — C'est servir Allâh comme si on le voyait, car Lui nous voit[15].»

Comme la Genèse (12, 4; 15, 6; 17, 3), le Qur'ân (XVI: 120-123) décrit Abraham comme le modèle des croyants représentant vraiment tout un peuple. Reconnaissant envers Dieu, il avait une foi inébranlable, il a même accepté de sacrifier son fils (Ismaël pour les musulmans). Dans le Qur'ân (XVI: 106; XLIX: 7), le siège de la foi est le cœur (*qalb*). La foi est aussi, comme dans le christianisme, décrite comme un don de Dieu (XLVIII: 4).

> Dieu a inscrit la foi dans leurs cœurs et Il les a fortifiés par un Esprit émanant de Lui. [...] Il les fera entrer dans des jardins où coulent les ruisseaux. Ils y demeureront immortels. [...] Tels sont les partisans de Dieu (LVIII: 22).

Des traditions du Prophète décrivent le cœur du fidèle comme le Trône (*'Arsh*) de Dieu[16]. Les fidèles n'agissent que pour contempler la Face (*Wajh*) de Dieu. «Nous ne nous donnons que pour la Face d'Allâh.» (LXXVI: 9) Il faut rechercher leur compagnie: «Reste en la compagnie de ceux qui, matin et soir, invoquent leur Seigneur en désirant sa Face. Que tes yeux ne se détachent pas d'eux en convoitant le clinquant de la vie de ce monde.» (XVIII: 28)

---

[15] Muwaffaq al-dîn Ibn Qudâma, *Kitâb al-'umda*, traduit par Henri Laoust dans *Le précis de droit*, Damas, 1950, 10, 92, cité par Maurice Gaudefroy-Demombynes, *Mahomet*, Paris, Éditions Albin Michel, 1957, p. 500.

[16] Éva De Vitray-Meyerovitch, *Rûmî et le soufisme*, Paris, Seuil, 1977, p. 119: *qalb al-mu'min 'Arsh Allâh*.

Le fidèle ne s'attache pas aux biens de ce monde et sa vie est remplie d'épreuves. Une tradition du Prophète relate que «le croyant est semblable à un champ de céréales que le vent ne cesse de coucher: l'épreuve ne cesse de frapper le croyant. L'hypocrite est semblable au cèdre (*arz*) qui reste inébranlable jusqu'à ce qu'il soit jugé bon à être coupé[17].» Le croyant accepte l'adversité avec patience, il sait que les épreuves sont bénéfiques pour lui. Le Prophète met en relief l'attitude du croyant face à la vie: «Merveille que la situation du croyant! Tout pour lui est un bien! Personne n'est dans ce cas, excepté le croyant. Est-il touché par la joie? Il rend grâces, et c'est un bien. Est-il touché par un malheur? Il le supporte avec patience, et c'est un bien[18].»

Le Prophète disait que «la foi est nue; la crainte de Dieu est son vêtement; la pudeur son ornement; la science son fruit[19]». Aux yeux de Dieu, l'être humain le plus noble est celui qui craint le plus (XLIX: 13). La crainte révérencielle (*taqwâ*) ne signifie pas avoir peur de Dieu (cf. 1 Jn 4, 18), c'est une attitude d'esprit respectueuse permettant d'accueillir la présence divine dans son cœur. La crainte

---

[17] Abû 'Abd Allâh Muhammad al-Bukhârî, *Al-jâmi' al-sahîh*, traduit par Octave Houdas et William Marçais dans *Les traditions islamiques*, 4 vol., Paris, 1904-1914, cité par Roger Arnaldez, *Mahomet*, Paris, Seghers, 1975, pp. 88-89. Dans les traditions juives, le cèdre (*'erez*) en hébreu est masculin alors que le dattier (*tâmâr*) est féminin. Le masculin typifie l'aspect extérieur des choses alors que le féminin symbolise l'aspect intérieur. Un individu qui ne s'occupe que de l'aspect extérieur de la vie est semblable à un hypocrite.

[18] Abû 'Abd Allâh Muhammad al-Bukhârî, *Al-jâmi' al-sahîh* cité par Roger Arnaldez, *Mahomet*, p. 88.

[19] *Ibid.*, p. 90.

révérencielle est aussi le vêtement de la foi. Le croyant qui vit une expérience mystique avec son Seigneur évite de décrire cette expérience indescriptible à ceux qui ne l'ont pas vécue. Il désire préserver l'intimité de sa vision mystique et, s'il décrit son expérience, il utilisera des symboles et des métaphores pour voiler sa foi et ses convictions.

Le croyant est celui qui évite de commettre des péchés et demande souvent pardon à Dieu pour ses erreurs. Son cœur est donc pur. Une tradition met en relief la notion de pureté du cœur: «La pureté (*tuhûr*) est la moitié de la foi (*îmân*) [et la formule] "Louange à Allâh" (*al-Hamdu li-llâh*) remplit la balance[20].» Le cœur pur du croyant est constamment orienté vers la pensée de Dieu. Le croyant est celui qui aime les autres autant que lui-même. Le Prophète confirme: «Aucun de vous n'est croyant tant qu'il ne désire pas pour son frère ce qu'il désire pour lui-même[21].»

Le fondement de l'islâm est la foi en un Dieu unique. Il repose sur «*Lâ ilâha illâ Allâh*, Point de divinité si ce n'est Dieu». L'acceptation de cette affirmation distingue le croyant de l'incroyant. Le croyant sait que Dieu connaît toute chose, il observe ses Commandements puisqu'il croit au Jour du jugement, aussi appelé le Jour de la foi. Le

---

[20]   *Al-arba'în*, compilés par Abû Zakariyyâ' Yahyâ al-Nawawî (m. 676/ 1277), traduits et annotés par Muhammad Tahar dans *Les quarante hadîths: Les traditions du Prophète*, Paris, Les Deux Océans, 1980, p. 60 original, p. 61.

[21]   *Al-arba'în*, compilés par Abû Zakariyyâ' Yahyâ al-Nawawî, traduction p. 38, original p. 39. Cette idée revient dans l'Évangile de Luc et sous une autre forme dans celui de Matthieu (cf. Lc 10, 27; Mt 5, 43-44).

croyant est humble, honnête et vertueux. Il n'est jamais abattu ou découragé, car sa foi lui donne persévérance et détermination. Il est prêt à faire face à l'adversité par son courage. Il sait que le succès ou l'échec dépend de la grâce de Dieu et que le devoir de l'être humain est de lutter loyalement.

Kalâm (Théologie musulmane)

En théologie musulmane, il y eut très tôt un débat sur la foi. La question était de savoir comment distinguer un croyant d'un incroyant. Un des premiers groupes minoritaires à soulever cette question fut les khârijites. Ils concevaient la foi comme étant indissociable de l'observance de la loi religieuse (*sharî'a*). Les actions (*a'mâl*) et les actes d'obéissance (*tâ'ât*) font partie intégrante de la foi. Pour eux, les pécheurs coupables de graves péchés n'ont pas de foi et ne sont pas musulmans. Tout péché grave équivaut à l'infidélité[22] (*kull kabîra kufr*).

En réaction à cette position se développe le courant murji'ite qui n'inclut pas les bonnes actions (*a'mâl*) dans la définition de la foi. La foi consiste en la Connaissance et la profession de Dieu (*al-Ma'rifa bi-llâh, wa al-iqrâr bihi*) ainsi que de ses Envoyés. Un musulman qui satisfait cette condition est un croyant (*mu'min*) même s'il a com-

---

[22]   Abû al-Hasan al-Ash'arî, *Maqâlât al-islâmiyyîn*, Wiesbaden, 1382/1963, p. 86, lignes 4-5; Daniel Gimaret, *La doctrine d'al-Ash'arî*, Paris, Cerf, 1990, p. 469.

mis de graves péchés[23]. Selon le point de vue de plusieurs murji'ites (Abû al-Husayn al-Sâlihî, Abû Shimr, Ghaylân et Abû Hanîfa), la foi ne peut augmenter ni diminuer, personne ne peut être plus croyant ou moins croyant qu'un autre (*lâ yatafâdalu ahluhu fîhi*)[24]. Certains murji'ites (Najjâr et Ghassân) affirment que si la foi ne peut diminuer, par contre elle peut augmenter. Certains seraient donc de meilleurs croyants que d'autres[25].

Entre les positions khârijite et murji'ite sur la foi, se situent les points de vue des hanbalites et des muʿtazilites. Les hanbalites et les muʿtazilites incluent les bonnes actions dans leur définition de la foi et ne taxent pas d'infidélité (*kufr*) celui qui a commis de graves péchés. La position hanbalite est plus proche des murji'ites: le musulman pécheur peut être à la fois croyant (*mu'min*) et pécheur (*fâsiq*). Chez le pécheur, il y a une déficience de la foi (*nâqis al-îmân*)[26].

La position muʿtazilite se rapproche de celle des khârijites: le pécheur (*fâsiq*) n'est pas un croyant (*mu'min*), il est dans une position intermédiaire (*manzila bayna manzilatayn*) entre la foi et l'infidélité. Pour les hanbali-

---

[23] Abû al-Hasan al-Ashʿarî, *Maqâlât al-islâmiyyîn*, p. 138, lignes 10-11, et p. 299, lignes 13-15; Daniel Gimaret, *La doctrine d'al-Ashʿarî*, pp. 469-470.

[24] Abû al-Hasan al-Ashʿarî, *Maqâlât al-islâmiyyîn*, p. 132, ligne 11; Daniel Gimaret, *La doctrine d'al-Ashʿarî*, p. 470.

[25] Abû al-Hasan al-Ashʿarî, *Maqâlât al-islâmiyyîn*, p. 135, lignes 16s, p. 136, ligne 2, et p. 139, lignes 8-10; Daniel Gimaret, *La doctrine d'al-Ashʿarî*, p. 470.

[26] Muhammad b. Husayn b. al-Farrâ' Abû Yaʿlâ, *Al-muʿtamad fî usûl al-dîn*, Beyrouth, éd. Wadîʿ Zaydân Haddâd, 1974, p. 188, lignes 4-5; Daniel Gimaret, *La doctrine d'al-Ashʿarî*, p. 470.

tes, la foi inclut la profession par la parole (*qawl*) et l'action (*'amal*). La foi — qui est parole et action — augmente et diminue (*al-îmân qawl wa 'amal yazîdu wa yanqusu*)[27].

La position d'al-Ash'arî (m. 324/935) sur la foi est énoncée dans le *Kitâb al-luma'* où elle est définie comme «jugement de véracité» (*tasdîq*)[28]. En effet, selon lui, il faut définir la foi en se référant au sens qu'elle a dans la langue arabe[29]. Son point de vue se rapproche du murji'isme puisque la foi consiste à adhérer à un *credo* sans inclure la pratique. Le verbe croire (*âmana*) signifie aussi en arabe tenir pour véridique (*saddaqa*). La foi consiste donc à reconnaître la véracité de Dieu (*al-îmân huwa al-tasdîq bi-llâh*)[30].

La foi est aussi définie comme un acte du cœur, une conviction intime (*tasdîq al-qalb*)[31]. Pour al-Ash'arî, l'at-

---

[27]   Abû al-Hasan al-Ash'arî, *Maqâlât al-islâmiyyîn*, p. 293, ligne 14; Ibn Abî Ya'lâ, *Tabaqât al-hanâbila*, Le Caire, éd. Muhammad Hamîd al-Fiqî, 1371/1952, vol. 1, p. 243, ligne 7; Daniel Gimaret, *La doctrine d'al-Ash'arî*, p. 471.

[28]   Abû al-Hasan al-Ash'arî, *Al-luma'*, éd. Richard J. McCarthy dans *The Theology of Al-Ash'arî*, Beyrouth, 1953, § 180.

[29]   Abû al-Hasan al-Ash'arî, *Maqâlât al-islâmiyyîn*, p. 140, lignes 13s; Daniel Gimaret, *La doctrine d'al-Ash'arî*, p. 473.

[30]   Abû al-Hasan al-Ash'arî, *Al-luma'*, § 180; Muhammad al-Bâqillânî, *Al-tamhîd*, éd. Richard J. McCarthy, Beyrouth, 1957, § 580; Abû al-Ma'âlî al-Juwaynî, *Al-irshâd*, éd. J.D. Luciani, Paris, 1938, p. 224, ligne 9; Daniel Gimaret, *La doctrine d'al-Ash'arî*, p. 474.

[31]   Abû Bakr Ibn Fûrak, *Mujarrad maqâlât al-Ash'arî*, éd. Daniel Gimaret, Beyrouth, 1987, p. 150, ligne 16, et p. 152, ligne 14; Abû al-Yusr al-Pazdawî, *Usûl al-dîn*, éd. Hans Peter Linss, Le Caire, 1383/1963, p. 146, ligne 16; Abû al Fath Muhammad Ibn 'Abd al-Karîm al-Shahrastânî, *Al-milal wa al-nihal*, éd. Muhammad Fath Allâh Badrân, Le Caire, 1366-1375/1947-1955, vol. 1, p. 165, ligne 13; Daniel Gimaret, *La doctrine d'al-Ash'arî*, p. 475.

testation verbale n'est pas une preuve de la foi puisqu'il existe des hypocrites (*munâfiqûn*) qui ne sont pas des croyants mais des infidèles[32]. La foi peut augmenter, mais elle ne peut diminuer. Al-Ash'arî affirmait souvent que «tout croyant est musulman, alors que tout musulman n'est pas [nécessairement] croyant, *kull mu'min muslim wa laysa kull muslim mu'min*[33]». Pour al-Ash'arî, le croyant est celui qui utilise sa raison, il adhère aux vérités de l'islâm en se fondant sur des preuves[34]. La foi ne se distingue donc pas de la science.

Shî'isme

Les shî'ites se fondent sur l'enseignement des Imâms (Guides divins), les descendants directs du Prophète, pour comprendre la foi. Les Imâms sont les détenteurs de la Science infuse (*'Ilm ladunî*) chargés de guider les fidèles dans leur vie matérielle et spirituelle. Le premier Imâm 'Alî (m. 40/661) avait le titre de Prince des croyants (*Amîr al-mu'minîn*). Les maximes qui lui sont attribuées décrivent l'islâm comme une foi de l'intellect. L'intellect est

---

[32] Abû al-Hasan al-Ash'arî, *Maqâlât al-islâmiyyîn*, p. 141, lignes 7-9; Abû Bakr Ibn Fûrak, *Mujarrad maqâlât al-Ash'arî*, p. 150, lignes 17-18; p. 152, lignes 13-18; Daniel Gimaret, *La doctrine d'al-Ash'arî*, p. 476.

[33] Abû Bakr Ibn Fûrak, *Mujarrad maqâlât al-Ash'arî*, p. 155, lignes 2-3; extrait traduit par Daniel Gimaret dans *La doctrine d'al-Ash'arî*, p. 481.

[34] Abû Mansûr al-Baghdâdî rapporte le point de vue d'al-Ash'arî, cf. Abû Mansûr al-Baghdâdî, *Usûl al-dîn*, Istanbul, 1346/1927, p. 255, lignes 1-6; Abû Mansûr al-Baghdâdî, *Tafsîr asmâ'i-llâh al-husnâ*, manuscrit, Londres, British Library Or. 7547, p. 220b, lignes 20-21; Daniel Gimaret, *La doctrine d'al-Ash'arî*, p. 482.

une facette de la foi qui va de pair avec la Sagesse, Dieu n'accepte pas l'une sans l'autre[35]. 'Alî aurait rapporté une tradition prophétique: «L'intellect (*'aql*) dans le cœur est à l'exemple de la lampe au centre de la maison[36].» L'intellect (*'aql*) est le guide intérieur du croyant qui a pour objet l'annihilation (*fanâ'*) dans l'océan divin. Le premier créé est le premier Intellect (*'Aql*) (c'est-à-dire la Lumière préexistentielle). L'Imâm Muhammad al-Bâqir (m. 114/732) disait que «la Lumière de l'Imâm dans les cœurs des croyants fidèles est plus éclatante que celle de l'astre lumineux du jour[37]».

L'Imâm 'Alî expliquait que «l'islâm est la profession (*iqrâr*) alors que la foi (*îmân*) est [à la fois] la profession et la Gnose (*Ma'rifa*). Lorsque Dieu donne la connaissance (*'arrafa*) [à un homme] concernant Lui-même, son Prophète (*Nabî*) et son Imâm — puis par la suite [cet homme] professe sa foi dans cela — il est un croyant (*mu'min*)[38].» La Gnose est le fondement de la foi:

> La Gnose (*Ma'rifa*) est une Preuve (*Hujja*), un Don (*Minna*), une Grâce (*Ni'ma*) de Dieu. La profession (*iqrâr*) est un bienfait (*mann*) gratifié par Dieu à qui Il veut. La Gnose est

---

[35]   'Alî b. Abî Tâlib (?), *Sayyings of Hazarat 'Alî*, traduit en anglais par J.A. Chapman, Karachi, éd. Muhammad Ashraf, s.d., pp. 33-34.

[36]   Muhammad Ibn Babawayh, *'Ilal al-sharâ'i' wa al-ahkâm*, Najaf, 1385/1966, 1/bâb 86, p. 98, n° 1, extrait traduit par Mohammed Ali Amir-Moezzi dans *Le guide divin dans le shî'isme originel*, Lagrasse, Verdier, 1992, p. 125.

[37]   Muhammad al-Kulaynî, *Al-usûl min al-kâfî*, «*Kitâb al-hujja*», éd. J. Mustafawî, Téhéran, s.d., I/276 n° 1, extrait traduit par Mohammed Ali Amir-Moezzi dans *Le guide divin dans le shî'isme originel*, p. 126.

[38]   *Al-qâdî* al-Nu'mân, *Da'â'im al-islâm*, vol. 1, éd. Asaf 'Alî Fyzee, Le Caire, 1951, p. 16, lignes 9-10.

l'Acte créateur (*Sun'*) dans le cœur alors que la profession est un acte du cœur, un bienfait de Dieu, une protection et une Miséricorde (*Rahma*). Celui à qui Dieu n'a pas donné de connaissance n'a aucune preuve. Il devrait s'arrêter et éviter [de faire ou d'affirmer des choses qu']il ne connaît pas. [...] Celui qui est ignorant devrait se tourner vers nous (c'est-à-dire Imâms) [pour comprendre] ce qui est difficile pour lui. Dieu Tout-Puissant a dit [dans le Qur'ân (XXXI: 7)]: «Interrogez les gens de la réminiscence (*ahl al-dhikr*) si vous ne savez pas[39].»

L'adhésion à l'islâm est un bienfait (*mann*) dont Dieu a gratifié les musulmans. Les musulmans qui n'ont pas reçu le don (*Minna*) de la Gnose doivent suivre l'enseignement des gens de la réminiscence (*ahl al-dhikr*), les Imâms.

L'Imâm Muhammad al-Bâqir affirmait que celui qui a la foi peut voir Dieu. Un disciple l'interrogea: «Ô Abû Ja'far, qu'adores-tu? — [J'adore] Dieu le Très-Haut — Est-ce que tu L'as vu? — Il ne peut être vu par le regard des yeux, mais les cœurs peuvent Le voir par les réalités de la foi[40].»

L'Imâm Ja'far al-Sâdiq (m. 147/765) expliquait que la foi se manifeste par des prédispositions propres à la personne: la profession par la parole (*qawl*), l'intention (*niyya*) et l'action (*'amal*[41]). La profession par la parole ne suffit

---

[39] Maxime attribuée à 'Alî rapportée par *al-qâdî* al-Nu'mân, *Da'â'im al-islâm*, vol. 1, p. 16, lignes 11-13 et 16-17.

[40] Muhammad al-Kulaynî, *Al-usûl min al-kâfî*, «*Kitâb al-tawhîd*», bâb 9 I/128 n° 5, extrait traduit par Mohammed Ali Amir-Moezzi dans *Le guide divin dans le shî'isme originel*, pp. 122-123.

[41] *Al-qâdî* al-Nu'mân, *Da'â'im al-islâm*, vol. 1, p. 5, ligne 1.

pas, il faut croire avec conviction tout en ayant une bonne intention. Il faut aussi agir selon ses principes. Selon Ja'far al-Sâdiq: «La foi en Dieu est la plus élevée des actions en degré, la plus digne en statut, la plus splendide en mérite[42].» Il y a des échelons (*darajât*), des niveaux (*tabaqât*) et des degrés (*manâzil*) dans la foi. La foi peut devenir parfaite (*tâmm*) ou elle peut être imparfaite (*nâqis*). La foi peut donc s'accroître ou décroître[43].

Toujours selon Ja'far al-Sâdiq[44], pour accroître sa foi il faut se référer au Qur'ân: «Certains disent quand un *sûra* (chapitre du Qur'ân) est révélé: "Quel est celui d'entre vous dont il augmente la foi?" Elle augmente la foi de ceux qui croient et ils se réjouissent. Elle ajoute une souillure à la souillure de ceux dont les cœurs sont malades et ils meurent incrédules.» (IX: 124-125) Ja'far al-Sâdiq distingue le simple musulman du croyant: «L'islâm consiste en ces aspects extérieurs auxquels adhèrent les gens (*al-islâm huwa al-zâhir alladhî'alayhi al-nâs*), les deux témoignages concernant l'Unicité de Dieu et la mission prophétique de Muhammad, la prière, l'aumône, le pèlerinage à La Mecque et le jeûne du mois de *ramadân*. Or, la foi est, en plus de tout cela, la connaissance de notre Gnose (*Ma'rifa*)[45].» Le croyant se définit donc comme celui qui est initié aux secrets ésotériques à travers l'enseignement des Imâms. D'un point de vue shî'ite ismaélien, Jésus est

---

[42] *Ibid.*, vol. 1, p. 5, ligne 12.

[43] *Ibid.*, vol. 1, p. 5, lignes 16-17, p. 6, ligne 1.

[44] *Ibid.*, vol. 1, p. 11, lignes 5-9.

[45] Muhammad al-Kulaynî, *Al-usûl min al-kâfî*, «*Kitâb al-îmân wa al-kufr*», III/39, extrait traduit par Mohammed Ali Amir-Moezzi dans *Le guide divin dans le shî'isme originel*, p. 31.

lui-même le symbole de l'Imâm de la Résurrection[46]. L'enseignement de Jésus rapporté par les apôtres est une exégèse ésotérique de l'Ancien Testament. En termes shî'ites, l'exégèse (ta'wîl) ésotérique des révélations constitue le rôle propre de l'Imâm. Le rôle de Jésus en tant que Résurrecteur a une transposition shî'ite; il s'agit de l'Imâm de la Résurrection (Sâhib al-Qiyâma) dont Jésus préfigure l'arrivée à la fin des temps. Il existe une consubstantialité entre la Lumière prophétique manifestée en Jésus et la Lumière de l'Imâma transmise d'un Imâm à l'autre. Ainsi, d'un point de vue shî'ite, ce n'est qu'en croyant en l'Imâm, consubtantiel à la Lumière de Jésus, que l'être humain peut croire en Dieu (Jn 14, 1ss), qu'il peut recevoir la vie de Dieu (Jn 6, 35; 20, 31), devenir enfant de Dieu (Jn 1, 12; 3, 3ss; 11, 52; 1 Jn 3, 1ss).

Selon le duodécimain Ibn Babawayh (m. 381/991), la foi (îmân) consiste à faire la profession, à croire dans son cœur et à passer à l'action. La foi s'accroît ou décroît selon les œuvres accomplies. Chaque croyant est musulman, mais chaque musulman n'est pas nécessairement un croyant[47]. L'être humain qui commet des péchés graves n'est plus un croyant bien qu'il garde le nom de musulman. S'il se repent sincèrement, il redevient un croyant[48].

---

[46] Abû Ya'qûb al-Sijistânî, *Kitâb al-Yanâbî*, éd. Henry Corbin dans *Trilogie ismaélienne*, Paris, Adrien Maisonneuve, 1961, p. 143.

[47] Muhammad Ibn Babawayh, *Kitâb al-Yanâbî*, éd. Mahdî al-Wâ'iz al-Khurâsânî dans *Al-muqni' wa al-hidâya*, Téhéran, 1377/1957, p. 10; Martin J. McDermott, *The Theology of Shaikh al-Mufîd (d. 413/1022)*, Beyrouth, 1978, p. 359.

[48] Muhammad Ibn Babawayh, *Kitâb al-tawhîd*, éd. Hâshim al-Husaynî, Téhéran, 1387/1967, pp. 228-29; Martin J. McDermott, *The Theology of Shaikh al-Mufîd (d. 413/1022)*, p. 360.

Pour le duodécimain *shaykh* al-Mufîd (m. 413/1022), l'être humain qui commet de graves péchés est un musulman mais n'est pas un croyant. Sa position se distingue des mu'tazilites qui affirment que le pécheur n'est pas un musulman ni un croyant. Elle diffère aussi du murji'isme qui prétend qu'il est à la fois un musulman et un croyant. *Shaykh* al-Mufîd affirme «à propos d'une portion du territoire d'islâm où se sont répandues les lois religieuses (*sharâ'i'*), mais non la croyance à l'*Imâma* des membres de la Famille (*Âl*) de Muhammad, que c'est un territoire d'islâm et non un territoire de foi, tandis que toute portion du territoire d'islâm — que ses occupants soient nombreux ou peu nombreux — où seront répandues les lois religieuses et la croyance à l'*Imâma* des membres de la Famille de Muhammad est un territoire d'islâm et de foi[49]». Les shî'ites sont donc, pour *shaykh* al-Mufîd, les vrais croyants.

La foi désigne la condition nouvelle de ceux qu'on appelle précisément les croyants (Rm 1, 8; 1 Co 2, 5; Ga 1, 23; Ph 1, 25ss). La notion de croire est associée à la Lumière (Jn 12, 36). Celui qui recherche la connaissance renaît à la vie et ressuscite spirituellement. Cette renaissance ouvre un nouvel horizon pour le croyant dont la vie est orientée vers un objectif particulier; de plus, le croyant a conscience qu'il doit nourrir son âme, source de vie éternelle. Cette notion de Lumière est très chère aux shî'ites;

---

[49] Muhammad b. Nu'mân al-Mufîd, *Awâ'il al-maqâlât fî al-madhâhib wa al-mukhtârât*, éd. 'Abbâsqulî Wajdî, Tabriz, 1371/1952, p. 71, lignes 3-6, extrait traduit par Dominique Sourdel dans «L'imamisme vu par le Cheikh al-Mufîd», *Revue des Études Islamiques*, vol. 40 (1972), p. 84 (nous avons modifié légèrement la traduction).

pour l'ismaélien fâtimide Nâsir-i Khusraw (m. après 465/ 1072), la foi est une Lumière.

> Savoir que la Lumière (*Nûr*), en réalité, est la foi (*îmân*); que doutes et ténèbres, sans conteste, sont synonymes d'ignorance et d'égarement, tels sont les signes par lesquels se distinguent les adeptes de la maison du Prophète (*ahl al-bayt*), que la paix soit sur lui! Dieu dit sous forme de question: «Celui qui était mort, que nous avons ressuscité et à qui nous avons remis une Lumière pour se diriger au milieu des hommes, est-il semblable à celui qui est dans les ténèbres d'où il ne sortira pas? Ainsi, les actions des incrédules sont revêtues d'apparences belles et trompeuses.» (VI: 122) Il appert de ce verset que les croyants sont les vivants et qu'au milieu des hommes ils se dirigent à la Lumière de la science (*'ilm*)[50].

Ceux qui ont reçu le don de la foi sont éclairés par la science qui fait partie intégrante de la véritable foi qui est sa Lumière. L'ignorant qui ne cherche pas à sortir de son ignorance reste dans les ténèbres.

Les sunnites ont souvent accusé les ismaéliens d'imitation (*taqlid*) ou d'obéissance aveugle à leur Imâm, mais pour Nâsir-i Khusraw le mot *taqlîd* n'a pas un sens péjoratif, au contraire, il permet d'accéder à la certitude et à la vraie foi:

> L'imitation est nécessaire au commencement: c'est par l'imitation que l'homme accède à la certitude. [...] Quicon-

---

[50] Nâsir-i Khusraw, *Jâmi' al-hikmatayn*, éd. Henry Corbin et Muhammad Mu'în, Téhéran, 1332/1953, p. 312, ligne 7, à 313, ligne 1; extrait traduit par Isabelle De Gastines dans *Le Livre réunissant les deux sagesses*, Paris, Fayard, 1990, p. 325.

que refuse le *taqlîd*, n'accède pas à la certitude vraie, puisque c'est par le *taqlîd* qu'il est possible d'accéder à l'Unité divine et à la Vérité[51].

Le *taqlîd* constitue une étape importante dans le développement de la foi. Il faut suivre l'exemple et l'enseignement donnés par les Prophètes, les Imâms et les Sages. L'imitation garantit la bonne manière d'agir et de se comporter devant le sacré. Elle permet de cerner les mystères de la foi qui prennent racine à l'intérieur de soi, car la foi n'est pas superficielle mais elle est cachée. Elle nécessite une initiation et un apprentissage pour mieux dompter la raison afin de libérer et d'ouvrir le cœur à une plus grande réceptivité.

Le Sage (*Pîr*) ismaélien nizârien, Shihâb al-dîn Shâh (m. 1302/1884), compare la foi à un arbre qui prend racine dans le cœur; le tronc est l'intellect (*'aql*), les branches représentent les instincts et les feuilles symbolisent l'imagination. Le fondement (*asl*) de la foi est l'amour pour le Seigneur (*Mawlâ*, c'est-à-dire l'Imâm du temps présent). L'amour pour 'Alî efface tous les péchés[52]. Chez les ismaéliens nizâriens, tous les Imâms ne sont en réalité que la manifestation du *Logos* de 'Alî[53] et ils sont les meilleurs interprètes de la quintessence de la foi.

---

[51]   Nâsir-i Khusraw, *Jâmi' al-hikmatayn*, p. 59, ligne 4, et p. 60, lignes 13-14; extrait traduit par Isabelle De Gastines dans *Le Livre réunissant les deux sagesses*, pp. 83-84.

[52]   Shihâb al-dîn Shâh al-Husaynî, *Risâla dar haqîqat-i dîn*, éd. Wladimir Ivanow dans *The True Meaning of Religion*, Bombay, 1947, pp. 70-72.

[53]   Abû Ishâq-i Quhistânî, *Haft bâb*, éd. Wladimir Ivanow, Bombay, 1959, p. 40; Nasîr al-dîn Tûsî, *Tasawwurât*, éd. Wladimir Ivanow, Leiden, E.J. Brill, 1950, p. 94.

Sûfisme

Les sûfis se sont inspirés des principes de la foi shî'ite pour développer leur théosophie. Plusieurs sûfis font remonter leur chaîne de *Mashâyikh* (plur. de *Shaykh*) au premier Imâm 'Alî. De plus, des liens indubitables existent entre les doctrines shî'ite et sûfie. Le sûfî Husayn b. Mansûr al-Hallâj (m. 309/922) affirmait que «l'appel de la foi (*îmân*) appelle à marcher droit. L'appel de la soumission à la loi (*islâm*) appelle à se donner. L'appel de la bienfaisance (*ihsân*) appelle à la contemplation. [...] L'appel de l'intellect ('*aql*) appelle à goûter. L'appel de la science ('*ilm*) appelle à écouter. L'appel de la Gnose (*Ma'rifa*) appelle à la détente et à la paix[54].» Pour al-Hallâj, la Gnose (*Ma'rifa*) est supérieure à la science ('*ilm*), l'amour (*mahabba*) est supérieur à la foi (*îmân*). «Le mystère de la création, c'est l'amour, essence de l'essence divine[55].»

Par sa mort tragique, al-Hallâj est devenu le symbole de la foi. L'essentiel de son enseignement consistait en un appel à une transformation morale menant à une expérience d'intense union avec Dieu. Une phrase prononcée par lui resta célèbre en tant qu'expression de l'annihilation mystique: *Anâ al-Haqq* (Je suis la Vérité). Pour certains musulmans, cette expression équivalait au *shirk* (impiété consistant à donner à Dieu des associés), parfois même à la réapparition de la notion chrétienne d'incarnation (*hulûl*).

---

[54] Abû 'Abd al-Rahmân Muhammad b. al-Husayn al-Sulamî (m. 412/1021), *Jawâmi'*, manuscrit Laléli, *folio* 167a-b; extrait traduit par Louis Massignon, *La passion de Hallâj*, Paris, Gallimard, 1975, vol. 3, p. 33 (nous avons modifié légèrement la traduction).

[55] Louis Massignon, *La passion de Hallâj*, vol. 3, pp. 116, 239.

Durant le règne du Calife al-Muqtadir (296/908-320/932), al-Hallâj passa huit ans en prison avant d'être condamné à être brûlé pour avoir exprimé ses idées. Même lorsque le feu brûlait son corps, al-Hallâj manifestait sa foi inébranlable et continuait sans relâche à affirmer: *Anâ al-Haqq*.

L'effort de plusieurs sûfîs pour légitimer le sûfisme dans l'islâm culmina dans l'œuvre d'Abû Hâmid al-Ghazzâlî (m. 505/1111) qui s'étendit bien au-delà du sûfisme. Al-Ghazzâlî définit la foi par rapport à la science: «La science (*'ilm*) est au-dessus de la foi (*îmân*) et la connaissance intime (*dhawq*) est au-dessus de la science. La connaissance intime est conscience (*wijdân*), la science est raisonnement (*qiyâs*) et la foi est pure acceptation par imitation (*taqlîd*). Aies donc confiance en ceux qui sont conscients ou en ceux qui possèdent la Gnose (*'Irfân*)[56].» Al-Ghazzâlî explique que l'objectif ultime de la vie est la purification aussi bien du corps que de l'âme. Par la religion, l'être humain doit purifier avant tout son être intérieur, son cœur et son esprit (V: 9). Ce n'est que par la purification que l'on parvient à la connaissance plus intime de l'essence de l'être et de son Créateur. La discipline et la concentration sont nécessaires pour se rendre plus disponible et abolir en soi-même toute autre perspective afin d'être libéré du moi-subjectif. Cet état ne serait atteint que si le cœur est pur au préalable. La foi et les vertus sont les éléments clés pour se préparer à recevoir cette Grâce. Les vices et les fausses croyances doivent être

---

[56] Abû Hâmid al-Ghazzâlî, *Mishkât al-anwâr*, Le Caire, 1964, p. 78, lignes 17-19; extrait traduit par Roger Deladrière, *Le tabernacle des lumières*, Paris, Seuil, 1981, p. 78 (nous avons modifié légèrement la traduction).

extirpés afin d'ouvrir notre âme à la vision béatifique. C'est pour cela que la pureté constitue «la moitié de la foi[57]».

La purification se fait graduellement; à chaque niveau, le lien ontologique entre l'âme et Dieu se raffermit. À travers cette ascèse, les divers degrés de purification se soutiennent mutuellement. Par conséquent, on constate chez al-Ghazzâlî comme chez les ismaéliens, qu'il n'y a plus de dichotomie entre le corps et l'âme. C'est par une dialectique ascendante que l'être humain parvient progressivement à une purification intérieure de l'être qui ordonne le corps. La purification est une quête continuelle et perpétuelle vers la Déité. En développant la purification graduelle, al-Ghazzâlî s'est radicalement éloigné de l'ash'arisme, dans lequel il n'y a pas de hiérarchie, et s'est rapproché de l'ismaélisme qu'il a combattu une partie de sa vie[58].

Le sûfî 'Ayn al-Qudât al-Hamadhânî, comme al-Hallâj, était accusé d'avoir des idées hérétiques, la plus grave étant son affirmation d'une identité complète entre Dieu et sa

---

[57]   Abû Hâmid al-Ghazzâlî, *Ihyâ' 'ulûm al-dîn*, Le Caire, 1302/1884, vol. 1, chapitre intitulé «Les mystères de la purification (*asrâr al-tahâra*)», pp. 117ss.

[58]   Al-Ghazzâlî, dans ses dernières œuvres, développe une théosophie imprégnée de la doctrine classique des ismaéliens qu'il a tant combattus au début de sa carrière. Parmi ses dernières œuvres les plus controversées par rapport au sunnisme, il y a le *Mishkat al-anwâr* et son commentaire persan le *Fadâ'il al-anâm*, le *Kimiyâ-yi sa'âdat* (abréviation commentée de son *Ihyâ' 'ulûm al-dîn*) et le *Risâlat al-ladunniyya*. Robert C. Zaehner a constaté que les convictions personnelles d'al-Ghazzâlî étaient beaucoup plus près de la métaphysique ismaélienne que lui-même aurait admis. Cf. Robert C. Zaehner, *Hindu and muslim mysticism*, New York, Schocken Books, 1972, p. 159; Hermann Landolt, «Ghazâlî and Religionswissenschaft: some Notes on the *Mishkât al-anwâr* for Professor Charles J. Adams», *Asiatische Studien-Études Asiatiques*, vol. 45 (1991), pp. 19-72.

création (le panthéisme). Emprisonné, il fut par la suite condamné à mort en 526/1131 à l'âge de trente-trois ans. Pour 'Ayn al-Qudât, la majorité des êtres humains ont une conception erronée de Dieu à qui ils donnent des associés. Seuls les êtres humains qui réussissent à s'élever au niveau de la Lumière de Muhammad comprennent ce que signifie la vraie foi. 'Ayn al-Qudât fait l'exégèse du récit de l'évolution spirituelle d'Abraham telle qu'on la trouve dans le Qur'ân:

Ainsi avons-nous montré à Abraham le royaume des cieux et de la terre pour qu'il soit au nombre de ceux qui croient fermement. Lorsque la nuit l'enveloppa, il vit une étoile et il dit: «Voici mon Seigneur!» Mais il dit, lorsqu'elle eut disparu: «Je n'aime pas ceux qui disparaissent.» Lorsqu'il vit la Lune qui se levait, il dit: «Voici mon Seigneur!» Mais il dit, lorsqu'elle eut disparu: «Si mon Seigneur ne me dirige pas, je serai au nombre des égarés.» Lorsqu'il vit le Soleil qui se levait, il dit: «Voici mon Seigneur! C'est le plus grand!» Mais il dit, lorsqu'il eut disparu: «Ô mon peuple! Je désavoue ce que vous associez à Dieu. Je tourne mon visage, comme un vrai croyant, vers celui qui a créé les cieux et la terre. Je ne suis pas au nombre des polythéistes.» (VI: 75-79)

D'après ce récit, à chaque niveau spirituel qu'il atteint, Abraham se trompe sur l'identité de Dieu, Dieu étant au-delà de l'étoile, de la Lune et du Soleil. 'Ayn al-Qudât explique que le niveau du Soleil est celui de la Lumière préexistentielle muhammadienne. Cette idée est fondée sur la tradition suivante de Muhammad: «Qui m'a vu a vu

Dieu[59].» 'Ayn al-Qudât nous révèle qu'Abraham, à ce niveau, est encore dans une situation d'associationnisme (*shirk*) et d'impiété. Il doit devenir un avec ce niveau pour arriver à pratiquer l'Unicité divine (*Tawhîd*) et la vraie foi en tournant son visage vers le Créateur. Il y a donc pour 'Ayn al-Qudât quatre niveaux d'impiété à traverser avant de devenir un vrai croyant[60].

Le sûfî Farîd al-dîn 'Attâr (m. *circa* 627/1229) est resté célèbre principalement grâce à un récit mythique *Mantiq al-tayr* (*Le langage des oiseaux*). Ce récit relate le pèlerinage d'oiseaux qui partent à la recherche de leur Roi idéal, le Sîmurgh. Les étapes dans l'ascension spirituelle illuminent l'âme le long de la voie mystique. Ce récit développe le thème de l'amour et la recherche de l'Unicité divine. Dans un autre ouvrage intitulé *Asrâr Nâma* (*Le livre des secrets*), Farîd al-dîn 'Attâr enseigne que celui qui possède un seul grain de poussière de foi se met en quête de l'Ami de Dieu ou de son Guide spirituel:

Si tu avais un seul grain de poussière dans la voie de la foi (*dîn*), de ta lâcheté tu éprouverais une douleur. Quiconque est touché par la douleur de l'entreprise a son âme et son cœur entièrement possédés par l'Ami. Si jamais la dolence

---

[59] De même Jésus affirmait: «Qui me voit, voit le Père.» (Jn 12, 45 et 14, 9) D'un point de vue mystique musulman, la Lumière de Jésus est donc identique à la Lumière préexistentielle muhammadienne.

[60] 'Ayn al-Qudât Hamadhânî, *Tamhidât*, éd. 'Afîf 'Usayrân, Téhéran, 1341HS/1962; extrait traduit par Christiane Tortel dans *Les tentations métaphysiques*, Paris, Les Deux Océans, 1992, pp. 196-198.

de la foi te saisit, ta science de certitude deviendra vision de la certitude[61].

Celui qui possède un minimum de foi est insatisfait de sa condition et se met en quête jusqu'à ce qu'il atteigne la vision de la certitude. L'être humain ressemble à un oiseau en cage, il est prisonnier du monde matériel. Farîd al-dîn 'Attâr nous met en garde:

> Avec les biens de ce monde il te faut la foi (*dîn*), le besoin que tu as pour ceux-là, il te le faut pour celle-ci. Tu cherches la foi [mais] ton cœur est ivre de ce monde; ne sais-tu point que tu ne peux concilier les deux? Ton cœur est prisonnier de la dualité, tu es resté sous la montagne de la vanité et du leurre. Tu tournes une de tes faces vers le monde et l'autre vers la foi. Défais-toi enfin de cette duplicité pour un seul [homme], une seule face suffit. La duplicité a rendu ton cœur hideux, le pire des hommes en effet est bien celui qui a deux visages (*dhû al-wajhayn*)[62].

Comme Jésus l'avait déjà indiqué (Mt 6, 24): «Nul ne peut servir deux maîtres: ou il haïra l'un et aimera l'autre, ou il s'arrachera à l'un et méprisera l'autre. Vous ne pouvez servir Dieu et l'argent (*mâmôn*).» L'être humain ne doit pas consacrer toute son énergie à sa vie matérielle. Il doit développer sa foi, source de paix intérieure, par la prière, la lecture des Livres sacrés et les bonnes actions.

---

[61]   Farîd al-dîn 'Attâr, *Asrâr Nâma*, éd. Sâdiq Guwharîn, Téhéran, 1338HS/1959, p. 78, lignes 16-18; extrait traduit par Christiane Tortel dans *Le livre des secrets*, Paris, Les Deux Océans, 1985, p. 119.

[62]   Farîd al-dîn 'Attâr, *Asrâr Nâma*, p. 102, ligne 17, à p. 103, ligne 4; extrait traduit par Christiane Tortel dans *Le livre des secrets*, pp. 151-152.

Une fois qu'il a satisfait ses besoins élémentaires, il doit se consacrer à sa foi.

L'ouvrage sûfî intitulé *Tadhkira* (*Profession de foi*) a été faussement attribué à Ibn 'Arabî, bien qu'il contienne plusieurs extraits d'œuvres d'Ibn 'Arabî (m. 638/1240)[63]. Ce penseur original a fait la synthèse de divers courants de la philosophie mystique. Au sujet de la foi, l'auteur du *Tadhkira* nous explique que

> [Dieu] s'est fait connaître à ses créatures par des Attributs pour qu'elles proclament son Unicité et affirment son existence, et non pour qu'elles Le connaissent par analogie. La foi (*îmân*) affirme ces Attributs par la science de la certitude ('*ilm al-yaqîn*) et par voie de croyance, tandis que la connaissance de leur véritable nature est un mystère (*ghayb*) qu'il est impossible à l'intellect ('*aql*) d'atteindre[64].

La foi (*îmân*) permet à l'être humain d'affirmer les Attributs divins qui transcendent l'intellect ('*aql*) humain. Elle est *tasdîq*, «jugement de véracité». L'auteur reprend les éléments de la définition de l'Imâm Ja'far al-Sâdiq: la foi comprend la profession par la parole (*qawl*), l'intention (*niyya*) ou l'élan du cœur et l'action ('*amal*). Il affirme aussi que la foi peut s'accroître ou diminuer[65].

---

[63] Concernant l'attribution du *Tadhkirat al-khawâss wa 'aqîdat ahl al-ikhtisâs*, voir le compte rendu de Denis Gril dans *Bulletin critique des annales islamologiques*, vol. 20 (1984), pp. 337-339; Michel Chodkiewicz, *Le sceau des saints, prophétie et sainteté dans la doctrine d'Ibn 'Arabî*, Paris, Gallimard, 1986, p. 90, note 1.

[64] *Tadhkirat al-khawâss wa 'aqîdat ahl al-ikhtisâs*, édition critique du texte arabe de Roger Deladrière dans sa thèse de doctorat d'État présentée à la Sorbonne en 1974; extrait traduit par Roger Deladrière dans *La profession de foi*, Paris, Éditions Orientales, 1978, p. 109.

[65] *Ibid.*, p. 153.

La foi est l'expression de la stabilité du cœur (*istiqrâr al-qalb*) et de la quiétude de l'âme (*tuma'nînat al-nafs*). Le serviteur à la recherche de son Seigneur est instable et inapaisé. Il doit traverser les mêmes étapes (étoile, Lune, Soleil) que dans le récit de l'évolution spirituelle d'Abraham. Si son intention est sincère, Dieu répand la Lumière de sa guidance (*Nûr al-hidâya*) sur son cœur qui s'apaise. Son âme ainsi atteint le repos. C'est pourquoi le mot *amn* (sécurité) dérive de la même racine que *îmân* (foi)[66]. La foi est définie comme le plus haut niveau:

La nature véritable (*haqîqa*) de la foi est d'être comme le soleil: elle illumine les regards intérieurs (*basâ'ir*) des cœurs, s'il n'y a aucun voile. Dans ce cas, elle n'augmente pas et ne diminue pas. Le terme technique des sûfîs pour exprimer cela est «lever de l'aurore du dévoilement» (*isfâr subh al-kashf*), et c'est aussi la «station de la vision de la certitude» (*maqâm 'ayn al-yaqîn*). [...] La Lumière est un don que Dieu accorde aux hommes élus de sa grâce à ses bien-aimés, à ses saints et ses serviteurs bienheureux. L'origine (*ma'din*) de cette Lumière est le cœur, qui est la demeure de la Gnose (*Ma'rifa*) et de l'intention (*niyya*). Dieu a affermi les croyants par la Lumière de l'attestation de son Unicité et par l'amour qu'elle implique selon sa parole (XLIX: 7-8): «Mais Dieu vous a fait aimer la foi; il l'a fait paraître belle à vos cœurs, tandis qu'il vous fait détester l'incrédulité, la perversité et la désobéissance; — tels sont ceux qui sont bien dirigés — c'est une Grâce de Dieu, un bienfait de Dieu, de celui qui sait tout, du Sage.»[67]

---

[66] *Ibid.*, pp. 156-157.

[67] *Ibid.*, pp. 157-158 (nous avons modifié légèrement la traduction).

La foi par excellence est un parfait miroir de la Lumière divine, puisqu'il n'y a plus de voile entre Dieu et le vrai croyant. Ce dernier atteint la vision de la certitude. La foi et la science divine sont indissociables:

> La «science» qui concerne Dieu (*al-'ilm bi-llâh*) et la foi ne sont pas séparables, car la science est la balance (*mîzân*) de la foi: elle montre l'accroissement ou la diminution de la foi. L'œuvre est l'extérieur (*zâhir*) de la foi, elle la révèle et la rend manifeste [alors que] la foi est l'intérieur (*bâtin*) de la science, et l'œuvre la stimule et l'attise. La foi est pour la science renfort et assistance, la science est pour la foi puissance et moyen d'expression[68].

La science sert à mesurer le degré de foi, elle protège la foi puisqu'elle en est la forme extérieure. Il n'y a pas de véritable science qui concerne Dieu (*al-'ilm bi-llâh*) s'il n'y a pas de foi.

La science de l'être humain est à la mesure de la pureté de sa foi qui dépend de l'accomplissement de ses devoirs. Le degré le plus élevé de la foi est celui de la vision de la certitude, à ce niveau les preuves rationnelles ne sont plus nécessaires[69]. La foi et la science sont inséparables comme le Qur'ân l'indique: «Dieu placera sur des degrés élevés ceux d'entre vous qui croient et ceux qui auront reçu la science.» (LVIII: 11)

---

68   *Ibid.*, pp. 158-159.
69   *Ibid.*, p. 159.

Conclusion

À l'instar du judéo-christianisme, l'islâm définit la foi comme une Grâce divine. La véritable Connaissance du sacré ne se révèle qu'à ceux qui ont reçu le don de la foi. La science de l'être humain est à la mesure de la pureté de sa foi. L'intellect est une autre facette de la foi. La science fait partie intégrante de la véritable foi qui est sa Lumière.

Il existe différentes façons de définir la foi selon les tendances et les groupes. Certains auteurs incluent les actions dans la foi, d'autres les excluent. Certains points de vue s'opposent concernant l'accroissement ou la diminution de la foi. Il existe plusieurs niveaux de la foi puisqu'il y a une gradation des niveaux spirituels chez l'être humain. L'essence de la foi restera toujours un mystère insondable et supra-rationnel.

Un développement exagéré de la vie matérielle nuit au développement de la foi. La lecture assidue des Livres sacrés et l'accomplissement des devoirs religieux aident à accroître sa foi. Le croyant mène une vie remplie d'épreuves et il accepte avec patience l'adversité. Il est celui qui aime les autres autant que lui-même. Le siège de la foi est le cœur pur du croyant qui oriente constamment sa face vers Dieu. Le croyant n'agit que dans l'espoir de contempler la Déité et devient un participant dans la Nature divine. Le degré le plus élevé de la foi est celui de la contemplation (*mushâhada*) de la Déité sans aucun voile. La foi est l'expression de la stabilité du cœur et de la quiétude de l'âme. Cette quête de quiétude et de stabilité apaîse l'âme.

Les tendances modernes de la pensée occidentale opposent farouchement la science et la foi. Mais dans l'islâm, ce contraste est beaucoup moins accentué, car l'intellect et la raison — qui nous permettent de discerner et d'acquérir la connaissance — font partie intégrante de la création d'Allâh. Par conséquent, la foi devient le trait d'union entre la science et la Sagesse divine. La foi conduit à la connaissance et la connaissance à la foi.

La foi est le lien caché et profond entre le croyant et la Déité. L'acte de foi devrait permettre au croyant d'avoir une meilleure connaissance de lui-même, de découvrir sa véritable grandeur d'âme et de saisir cette relation indescriptible avec la Déité. Quelle que soit la religion que l'on professe, ce n'est pas seulement par l'acte d'entrer dans une église, une synagogue ou une mosquée que l'on accède à la foi. Au contraire, c'est avant tout par une quête intérieure journalière qui accroît notre conviction religieuse que l'on devient digne de la Grâce divine.

Lâ ilâha illâ Allâh
Il n'y a pas de divinité en dehors d'Allâh
Muhammad Rasûl Allâh
Muhammad est le Messager d'Allâh

LA PRIÈRE

Élève ta face en *hanîf*[1] en direction de la religion conformément à la nature originelle (*fitra*) de Dieu, selon laquelle l'être humain a été créé. Nulle modification à la création divine. C'est cela la religion immuable (*al-dîn al-qayyim*).

(XXX: 30)

Les Livres sacrés exposent clairement l'existence de Dieu en indiquant comment se rapprocher de Lui. Ils invitent l'humanité à suivre les principes de générosité, de bonté, de pardon, d'entraide, de fraternité... Et surtout, ils proposent aux êtres humains d'entretenir leur relation avec la Déité par la prière.

Selon Louis Massignon, on peut caractériser les trois religions abrahamiques par trois vertus, «la foi caractérisant plus spécialement l'islâm, l'espérance le judaïsme et la charité le christianisme[2]». La foi est une caractéristique

---

[1] Le croyant qui aspire à la religion éternelle fondée par Abraham.

[2] Louis Massignon, *Les trois prières d'Abraham*, Paris, 1935, p. 41.

évidente de l'islâm, elle s'exprime par diverses pratiques religieuses. Le Pape Pie XI a souligné l'importance de la prière pour les musulmans (*muslimûn*) en décrivant l'islâm comme «l'Orient qui prie[3]». La vitalité de l'islâm nous surprend par le maintien fondamental du juste équilibre entre la vie matérielle et la vie spirituelle. La prière joue un rôle primordial dans cette quête d'équilibre.

L'islâm consiste à accepter le Qur'ân et à reconnaître la Prophétie (*Nubuwwa*) de Muhammad (m. 11/632). Comme il n'y a pas de pouvoir interprétatif reconnu unanimement par tous les musulmans, l'islâm s'est ramifié et diversifié très tôt en un grand nombre de *fîraq* ou écoles. Cette diversité intérieure de l'islâm et son expansion territoriale ont permis à certains rites de prendre une coloration régionale. Il nous est donc impossible de tout couvrir dans le cadre de ce chapitre. Nous allons nous restreindre à décrire, en nous limitant à l'essentiel, quelques branches: les sunnites, les shî'ites et les sûfîs. Nous allons chercher principalement à comprendre quelle est la signification profonde des principales prières pour les croyants de ces trois branches.

Sunnisme

Les sunnites sont groupés sous quatre écoles juridiques (mâlikite, hanafite, shâfi'ite, hanbalite). Or, de légères différences existent dans la façon de pratiquer la prière selon l'école juridique; mais toutes les écoles adhèrent aux

---

[3]   Jean 'Abd el-Jalîl, *Aspects intérieurs de l'islam*, Paris, Seuil, 1949, p. 117.

mêmes grands principes religieux. Parmi les cinq piliers[4] de l'islâm s'établit l'ordre d'importance suivant: professer la foi (*shahâda*), réciter la prière (*salât*), payer l'aumône (*zakât*), faire le jeûne (*sawm*) et le pèlerinage (*hajj*)[5]. La prière rituelle est un acte de louange et de reconnaissance de l'Omnipotence d'Allâh.

Le Qur'ân invite le croyant à invoquer Allâh le soir et le matin: «Invoque le nom de ton Seigneur à l'aube et au crépuscule! [Une partie] de la nuit, prosterne-toi devant Lui! Glorifie-Le de nuit, longuement!» (LXXVI: 25-26) Le Qur'ân accorde plus d'importance à la réminiscence (*dhikr*) qu'à la prière rituelle (*salât*): «Accomplis la prière (*salât*) car la prière interdit la turpitude et le blâmable, [mais] certes la réminiscence (*dhikr*) d'Allâh est plus grande.» (XXIX: 44-45) Le terme *dhikr* dérive de l'hébreu *zâkhar* qui signifie se rappeler. Avant chaque prière, le musulman se purifie par des ablutions, recommandées dans le Qur'ân (IV: 43-46; V: 6).

Dans les traditions (*ahâdîth*) prophétiques, la prière rituelle constitue un élément essentiel pour obtenir le salut. L'omission du *salât* mène à la perte de la foi ou à l'athéisme. Le *salât* est une conversation intime avec la Déité permettant la purification de l'âme[6].

---

[4] Abû 'Abd Allâh Muhammad al-Bukhârî, *Al-jâmi' al-sahîh*, traduit partiellement par Georges Henri Bousquet dans *L'authentique tradition musulmane*, Paris, Fasquelle Éditeurs, 1964, p. 120: «L'islâm est fondé sur cinq éléments: la [récitation de la] Profession de foi, c'est-à-dire l'attestation qu'il n'y a d'autre Dieu qu'Allâh, et que Muhammad est son Prophète, l'accomplissement de la prière rituelle, le versement de la *zakât*, le pèlerinage, et le jeûne en *Ramadân*.»

[5] Un chapitre du Qur'ân (XXII) est intitulé *sûrat al-Hajj*.

[6] Aren Jan Wensinck, «Salât», *Encyclopaedia of Islam*, vol. 4 (1934), pp. 103-104.

Chaque jour, à l'heure de la prière, un muezzin appelle les fidèles. Le terme muezzin correspond au terme arabe *mu'adhdhin* qui signifie «celui qui fait l'appel (*adhân*)». Il se tient debout sur le minaret (*manâra*) d'où jaillit la Lumière (*Nûr*) divine. Les musulmans font leur prière du vendredi à la mosquée (*masjid*) qui dérive de la même racine arabe que prosternation (*sujûd*). La prière commune du vendredi est établie dans le Qur'ân: «Ô vous qui croyez quand on appelle à la prière, le vendredi, accourez à l'invocation (*dhikr*) de Dieu et laissez vos affaires.» (LXXVI: 25-26) Dans chaque mosquée, il y a une niche (*mihrâb*) qui indique la direction[7] du Temple sacré (*Ka'ba*) de La Mecque représentant la «Demeure d'Abraham[8]». La mosquée, définie comme un lieu de rassemblement des fidèles, ressemble à la synagogue ou à une église. Les croyants se réunissent en se disposant en rangées, précédés par l'*imâm* (guide) dont ils doivent reproduire tous les gestes. Tout croyant est apte à accomplir cette fonction[9].

Dans l'islâm sunnite, certains juristes (*fuqahâ'*) ont eu tendance à décourager la pratique de prières privées non obligatoires[10]. La prière rituelle (*salât*) prime sur l'invocation (*du'â'*) libre. Les prières obligatoires se pratiquent aujourd'hui cinq fois par jour, même si le Qur'ân (XI: 116; XVII: 80; XXIV: 57; II: 239) ne décrit que trois périodes

---

[7]   Voir le Qur'ân (II: 142-152), pour le changement d'orientation de la prière.

[8]   Cf. Qur'ân (III: 93-97): Ka'ba = *Maqâm* d'Abraham.

[9]   Louis Gardet, *L'islam: religion et communauté*, Paris, Desclée de Brouwer, 1967, pp. 122-123.

[10]   Jean 'Abd el-Jalîl, *Aspects intérieurs de l'islam*, pp. 141-142.

pour la prière. Apparemment, à l'époque de Muhammad, la prière se pratiquait trois fois par jour. D'après Arend Jan Wensinck, le nombre de prières rituelles a été fixé à cinq vers la fin du VIIᵉ siècle. Plusieurs traditions, reconnues comme authentiques, indiquent qu'il faut prier cinq fois par jour. Les juristes, pour établir le nombre de prières obligatoires, se sont fondés principalement sur les traditions. Une tradition bien connue relate le voyage nocturne (*isrâ'*) de Muhammad. Lorsque le Prophète atteint le plus haut ciel, Allâh indique que sa communauté doit faire cinquante prières. Muhammad quitte la présence d'Allâh; en s'en retournant, il rencontre Moïse. Ce dernier lui explique que sa communauté ne sera pas capable d'accomplir un tel devoir et qu'il doit retourner demander à Allâh de réduire le nombre de prières rituelles. Puis Allâh réduit le nombre à vingt-cinq. Le même processus de va-et-vient se poursuit; Muhammad rencontre plusieurs fois Moïse qui lui conseille, à chaque fois, de retourner voir Allâh pour réduire le nombre de prières obligatoires jusqu'à ce que le nombre soit fixé à cinq[11].

Comme les sunnites accordent beaucoup d'importance au rituel (façon de faire, gestes, habillement...) de la prière, ils ont essayé de reproduire tous les actes de la prière en se fondant sur la *sunna*[12] du Prophète Muhammad. La signification de la prière rituelle repose sur une profonde conviction: ils croient prier Allâh de la même façon que Muhammad priait[13]. Chaque prière est composée d'un certain

---

[11]   Arend Jan Wensinck, «Salât», pp. 97-98.

[12]   La *sunna* est la coutume du Prophète constituée de ses dits et gestes.

[13]   Muzammil H. Siddiqi, «Salât», *Encyclopaedia of Religions*, vol. 13 (1987), p. 22.

nombre de *raka'ât* (unités de mesure de la prière) qui varient selon les différentes heures du jour. Chaque *rak'a* (cf. II: 43) est composé de la récitation du premier chapitre (*sûrat al-fâtiha*) du Qur'ân et d'un autre extrait que le fidèle peut choisir. Voici le chapitre d'ouverture du Qur'ân que le fidèle récite:

> Au nom d'Allâh, le Bienfaiteur miséricordieux. Louange à Allâh, Seigneur des Mondes, Bienfaiteur miséricordieux. Souverain du Jour de la Religion! [C'est] Toi [que] nous adorons, Toi dont nous demandons l'aide! Conduis-nous [dans] la voie droite, la voie de ceux à qui Tu as donné tes Bienfaits, qui ne sont ni l'objet de [ton] courroux ni les égarés (I: 1-7).

Un autre extrait souvent choisi est le *sûrat al-ikhlâs*:

> Au nom d'Allâh, le Bienfaiteur miséricordieux. Dis: «Il est Allâh, unique, Allâh le seul. Il n'a pas engendré et n'a pas été engendré n'est égal à Lui personne.» (CXII: 1-4)

Après la récitation, le fidèle fait la prosternation (*sujûd*)[14] qui symbolise l'acte le plus parfait d'adoration de Dieu[15].

Le *du'â'* est une invocation personnelle adressée à Allâh et est souvent traduit par «prière de demande». L'école théologique ash'arite donne toute sa valeur traditionnelle au *du'â'*[16]. Taqî al-dîn Ibn Taymiyya (m. 728/

---

[14]   Un *sûra* s'intitule la Prosternation (*al-Sajda*) dans le Qur'ân (XXXII).

[15]   Pour avoir une description détaillée de la prière, voir Jean 'Abd el-Jalîl, *Aspects intérieurs de l'Islam*, pp. 127-140; Jean-René Milot, *L'islâm et les musulmans*, Montréal, Fides, 1993, pp. 148-152.

[16]   Louis Gardet, «Du'â'», *Encyclopédie de l'islam*, vol. 2, 1965, p. 633.

1328), théologien sunnite et juriste hanbalite, décrit l'ordre d'importance des prières: «Le *salât* constitue un genre (*jinns*) supérieur à la récitation qur'ânique (*qirâ'a*); la récitation est en soi supérieure au *dhikr*, et le *dhirk* à l'invocation individuelle (*du'â'*)[17].» Ibn Taymiyya ne connaissait pas les versets qur'âniques (XXIX: 44-45) confirmant que le *dhikr* est supérieur au *salât*. Nous allons voir que le *du'â'* est plus mis en valeur par les shî'ites. Cet entretien personnel n'a pas les différentes contraintes d'une prière rituelle (*salât*). Dans cet entretien, l'homme occupe une place privilégiée entre le monde animal et le monde angélique. Sa responsabilité est devenue d'autant plus considérable en acceptant d'assumer le dépôt (*amâna*)[18] qui était proposé aux cieux, à la terre, aux montagnes, mais tous le récusèrent sauf l'homme (XXXIII: 78). Ce dépôt est le secret de l'être qui est en nous[19].

Shî'isme

Les shî'ites duodécimains pratiquent essentiellement les mêmes prières que les sunnites, à l'exception de quelques postures et formulations. Au lieu de faire les cinq prières rituelles séparément, les shî'ites duodécimains com-

---

[17] Taqî al-dîn Ahmad Ibn Taymiyya, *Fatâwâ*, Le Caire, 1326/1908, vol. 1, p. 197; extrait traduit par Henri Laoust dans *Essai sur les doctrines sociales et politiques de Takî-d-dîn Ahmad b. Taimîya*, Le Caire, Imprimerie de l'Institut français d'archéologie orientale, 1939, pp. 328-329.

[18] *Amâna* vient de l'hébreu ' *ămanah* qui signifie confiance, de la même racine que foi.

[19] Osman Yahia, «La condition humaine en islam» dans *Normes et valeurs dans l'islam contemporain*, Paris, Payot, 1966, pp. 60-61.

binent deux prières (la prière du midi et celle de l'après-midi) et deux autres prières (la prière de la soirée avec celle de la nuit); en bref, les cinq prières sont réparties durant les périodes suivantes: à l'aube, à midi et au crépuscule.

Ils accordent beaucoup d'importance à la prière d'invocation (*du'â'*), mise en valeur par les traditions des Imâms. Les prières qui leur sont attribuées constituent une formulation ésotérique de l'essentiel de la relation entre le croyant et la Déité. Ces prières sont récitées par les membres les plus pieux de la communauté lors d'occasions spéciales et, plus particulièrement, lors du mois du *ramadân*. Ces recueils de prières forment des sources de méditation et de principes moraux pour les shî'ites.

L'Imâm 'Alî, Prince des croyants (*Amîr al-mu'mi-nîn*), était un homme qui aimait faire des invocations. Une collection de sermons (*Nahj al-balâgha*) lui est attribuée; ce recueil a été compilé tardivement par Muhammad Sharîf al-Radî (m. 406/1016). Le *Du'â' Kumayl*, attribué à 'Alî, aurait été enseigné à Kumayl b. Ziyâd[20]. Ce *du'â'* enseigne que quiconque accomplit ses devoirs envers Allâh sera pardonné. Ces paroles attribuées à 'Alî implorent:

> Admettons, ô mon Dieu, mon Maître et mon Seigneur, que je puisse supporter la peine [que Tu m'infligerais], comment pourrais-je endurer ma séparation de Toi? Admettons, ô mon Dieu, que je puisse endurer la chaleur de ton enfer

---

[20] Muhammad Ridâ Muzaffar, *'Aqâ'id al-imâmiyya*, Najaf, 1408/1987, pp. 88, 91-92; Kumayl b. Ziyâd était un disciple et compagnon du premier Imâm 'Alî, cf. Henry Corbin, *En Islam iranien*, vol. 1, Paris, Gallimard, 1971, pp. 110-118.

(*nâr*), comment pourrais-je renoncer à la contemplation (*nazar*) de ta Dignité[21]?

Le croyant doit aimer Dieu de toute son âme et de toutes ses forces. Il doit éventuellement faire l'ascèse pour atteindre la proximité divine. Les maximes attribuées à 'Alî décrivent aussi l'islâm comme une foi de l'intellect. Elles définissent l'intellect comme une facette de la foi. La foi va de pair avec la Sagesse, Dieu n'accepte pas l'une sans l'autre[22]. À ce sujet, le Qur'ân nous dévoile qu'Allâh guide les êtres intelligents: «Annonce cette bonne nouvelle à mes serviteurs qui écoutent la Parole (*Qawl*) et suivent le meilleur d'elle! Ceux-là sont ceux qu'Allâh a dirigés. Ceux-là sont ceux doués d'esprit.» (XXXIX: 17-18)

Dans le recueil de prières *Al-sahîfa al-kâmila al-sajjâdiyya*, l'Imâm Zayn al-'Âbidîn (m. 94/713) enseigne comment louer, glorifier et remercier Allâh. Ainsi, la première supplication insiste sur la transcendance d'Allâh et son rôle créateur: «Louange à Allâh, le Premier sans un premier [qui viendrait] avant Lui et le Dernier sans un dernier [qui succéderait] après Lui. [Il est] Celui que les visions de ceux qui [Le] contemplent n'arrivent pas à voir et que les opinions de ceux qui le qualifient restent impuissantes à décrire. Il instaure les créatures par son Pou-

---

[21]   Muhammad Ridâ Muzaffar, *'Aqâ'id al-imâmiyya*, p. 92, lignes 16-18.

[22]   'Alî b. Abî Tâlib (?), *Sayyings of Hazarat Ali*, traduit en anglais par J.A. Chapman, Karachi, Muhammad Ashraf, s.d., pp. 33-34.

voir (*Qudra*) et sa Volonté (*Mashî'a*)[23].» Allâh reste toujours un mystère (*ghayb*) pour ses créatures.

La trente-septième invocation de l'Imâm Zayn al-'Âbidîn insiste sur l'infinie Bonté d'Allâh hors d'atteinte de toute gratitude humaine:

> Ô Seigneur! Personne ne peut atteindre la fin en Te remerciant sans acquérir ta bienfaisance (*ihsân*)[24] qui s'accompagne d'un remerciement. Personne ne peut réussir à T'obéir même s'il lutte, il est loin d'être capable de Te rendre ce que Tu mérites à cause de ta Faveur. Le plus reconnaissant des serviteurs n'a pas la capacité de Te remercier et le plus grand adorateur parmi eux est incapable de T'obéir[25].

L'obéissance de l'être humain ne réussit jamais à être à la hauteur de la Miséricorde divine. Même les plus reconnaissants ne peuvent exprimer pleinement leur gratitude à la mesure de la Bonté divine.

Les shî'ites duodécimains attachent beaucoup d'importance à la visite des mausolées des Imâms. Pour eux, cette visite est une des meilleures façons de se rapprocher d'Allâh et de faire accepter leurs prières. Ils récitent des salutations spéciales lors de la visitation (*ziyârat*) spirituelle. Ce *ziyârat* résume l'enseignement des Imâms et met l'accent sur les principes spirituels et moraux (soit conso-

---

[23]   'Alî Zayn al-'Âbidîn, «*Al-sahîfa al-kâmila al-sajjâdiyya*», éd. William Chittick dans *The Psalms of Islam*, Londres, Muhammadi Trust, 1988, p. 15.

[24]   Niveau spirituel lorsque l'être humain atteint la perfection et la plénitude de son être.

[25]   'Alî Zayn al-'Âbidîn, *Al-sahîfa al-kâmila al-sajjâdiyya*, pp. 123-124.

lider la foi monothéiste, reconnaître la véracité de l'islâm et du Prophète et remercier le Créateur pour ses bénédictions[26]). Le fidèle offre sa prière unique à la Déité:

> Ô Allâh, j'ai offert cette prière à Toi, et c'est devant Toi que je me suis incliné et prosterné. Tu es Unique, et Tu n'as pas d'associé. Mes prières, mes inclinations et mes prosternations sont uniquement pour Toi car Tu es Allâh, et il n'y a pas d'autre Dieu que Toi. Ô Allâh! Bénis Muhammad et la Famille (*Âl*) de Muhammad! Accepte ma visite et exauce ma demande, [au nom de] Muhammad et sa Famille les purifiés (*tâharîn*)[27].

Les ismaéliens occidentaux se fondent principalement sur la doctrine de l'époque fâtimide et particulièrement sur celle d'*al-qâdî* al-Nu'mân (m. 363/974)[28]. Ce dernier distingue plusieurs niveaux de foi; il reprend une tradition de l'Imâm Ja'far al-Sâdiq affirmant que le fondement de la foi est l'action ('*amal*). Il mentionne que certains actes sont ordonnés par Dieu dans le Qur'ân[29]. *Al-qâdî* al-Nu'mân distingue deux niveaux chez les fidèles: l'*islâm* (soumission) et l'*îmân* (foi). L'Imâm Muhammad al-Bâqir (m. après 114/732) aurait dessiné deux cercles concentriques pour expliquer ces deux concepts. Le cercle le plus

---

[26] Muhammad Ridâ Muzaffar, '*Aqâ'id al-imâmiyya*, pp. 101-103.

[27] *Ibid.*, p. 105, lignes 7-10.

[28] Concernant la prière chez *al-qâdî* al-Nu'mân, voir Robert Brunschvig, «*Fiqh* fatimide et histoire de l'Ifriqiya» dans *Études d'islamologie*, Paris, Maisonneuve et Larose, 1976, pp. 66-69.

[29] *Al-qâdî* al-Nu'mân, *Da'â'im al-islâm*, vol. 1, éd. Asaf 'Alî Fyzee, Le Caire, 1951, pp. 4-11; Asaf 'Alî Fyzee, «The Religion of the Ismailis» dans *India and Contemporary Islam*, Simla, Institute of Advanced Study, 1971, pp. 72-73.

large désigne l'*islâm* alors que le plus petit correspond à l'*îmân*. L'*islâm* correspond à l'écorce de l'amande alors que l'*îmân* est l'amande. Une personne peut être musulmane (*muslim*) sans être un croyant (*mu'min*)[30], mais personne ne peut être un croyant sans être d'abord *muslim*[31]. Le niveau de la foi exige nécessairement l'acquisition de la vraie Connaissance divine transmise par le Prophète et l'Imâm du temps présent (*Imâm al-zamân*). Les Imâms sont les gens de la réminiscence (*ahl al-dhikr*) qui sont la Preuve (*Hujja*) de Dieu sur terre[32]. Le salut ne peut être atteint que par la reconnaissance de l'Imâm vivant de l'époque.

Pour les ismaéliens nizâriens, la prière obligatoire est le *du'â'*. Dans cette prière, plusieurs versets qur'âniques sont récités en même temps que des formules de révérence à l'égard de l'Imâm du temps présent. Ils font le *du'â'* une fois le matin et deux fois le soir. Les ismaéliens nizâriens de l'Afghanistan, de l'Irân et de la Syrie récitent aussi des odes mystiques (*qasâ'id*) écrites par différents auteurs comme Nâsir-i Khusraw (m. après 465/1072), Jalâl al-dîn Rûmî (m. 672/1273), Shams-i Tabrîzî (né en 582/1184), Mahmûd Shabistarî (m. 720/1320), etc.

Les ismaéliens nizâriens d'origine indienne reprennent des chants religieux appelés *gnâns*[33], «connaissance con-

---

[30] Un *sûra* est intitulé *al-mu'min* dans le Qur'ân (XL).

[31] *Al-qâdî* al-Nu'mân, *Da'â'im al-islâm*, vol. 1, p. 16.

[32] Asaf 'Alî Fyzee, *Ismaili Law of Wills*, Oxford, 1933, pp. 72-73: Fyzee consulte le second volume du *Da'â'im al-islâm*; Asaf 'Alî Fyzee, «The Religions of the Ismailis», p. 74.

[33] Il existe plusieurs catégories de *gnâns*: 1) certains servaient pour la conversion des hindous à l'ismaélisme et cherchaient à tisser des liens

templative ou méditative». Ils ont été composés par des Sages (*Pîrân*) nizâriens de l'Inde et certains, à caractère mystique, développent l'expérience personnelle de chaque croyant avec l'Imâm[34]. Quelques ismaéliens nizâriens pratiquent à l'aube la méditation dont l'objet est l'union mystique avec la Déité. L'âme s'élève harmonieusement d'échelon en échelon, dépassant les limites de l'individu. Son but ultime est de retourner à son état originel ou initial. Le croyant aspire à une réalisation spirituelle intégrale dans la Déité.

Sûfisme

Sous son aspect intérieur, l'islâm devient une vision et une sagesse exerçant une profonde influence dans le mysticisme musulman (sûfisme). Deux aspects caractérisent la vision islamique: une dimension humaine et une dimension «métaphysique». Cette compréhension de ces deux dimensions s'inspire des passages du Qur'ân qui tracent la voie pour la réalisation de l'union mystique. La réalité transcendante de l'être humain est décrite dans le Qur'ân (XXXII: 7-9; XVII: 85) par l'esprit (*rûh*) qui lui a été insufflé alors que la réalité humaine se concrétise par la création physique de l'homme (XXIII: 14-16).

---

entre l'hindouisme et l'islâm; 2) d'autres développent des thèmes cosmologiques et eschatologiques; 3) une autre catégorie concerne les valeurs d'éthique et les conduites morales.

[34]   Diane Steigerwald, «L'imâmologie dans la doctrine ismaélienne nizârienne», Montréal, mémoire de maîtrise, Université McGill, 1986, pp. 79-80.

Les sûfîs font les prières rituelles; mais, pour eux, elles n'ont de réelle valeur que si elles sont accomplies avec le cœur (*qalb*). Jésus insiste aussi sur la nécessité de prier en esprit et en vérité avec sincérité et confiance, comme un enfant dans les bras de sa mère (Lc 11, 8-10), en étant en communion fraternelle (Mt 18, 19). Il affirme (Mt 21, 22) que «tout ce que vous demanderez dans une prière pleine de foi, vous l'obtiendrez». Le sûfî Abû Tâlib al-Makkî (m. 386/996) affirme que «la prière rituelle, c'est de l'autre monde. Quand on entre en prière, on quitte ce monde[35].» La prosternation est conçue par plusieurs sûfîs comme un moyen de rapprochement de Dieu. Ils se fondent sur le Qur'ân (XCVI: 19): «Prosterne-toi et rapproche-toi [de Dieu].» La raison d'être de la prosternation se traduit par une expérience mystique où le croyant s'efface en toute humilité devant l'infinie Grandeur de la Déité. Le sûfî shî'ite *al-qâdî* Sa'îd Qummî (m. 1103/1691-1692) associe la prosternation à l'«anéantissement total» (*fanâ'*, *halâk*) et à l'«Unicité d'essence» (*Tawhîd al-dhât*)[36]. La prière sollicite la vertu de piété (*birr*) (cf. II: 189) et la crainte révérencielle (*taqwâ*). Jésus explique aussi que la meilleure façon de prier, c'est avec piété et attention (Mt 6, 7-8). Les mystiques insistent aussi bien sur le *du'â'* que sur l'oraison mentale.

---

[35]   Abû Tâlib al-Makkî, *Qût al-qulûb*, cf. Hermann Landolt, «La prière et la vie mystique» dans *Le grand atlas des religions*, Malesherbes, Encyclopédie Universalis, 1990, p. 374.

[36]   Hermann Landolt, «La prière et la vie mystique», p. 374; sur l'annihilation quant à l'essence et le *tawhîd* ontologique, Hermann Landolt, «Der Briefwechsel zwischen Kâšânî und Simnânî über Wahdat al-Wuğûd», *Der Islam*, vol. 50 (1973), pp. 53-56; Hermann Landolt, *Le révélateur des mystères*, Lagrasse, Verdier, 1986, p. 207, n. 112.

L'invocation (*du'â'*), prière personnelle, est encouragée par la promesse qur'ânique que Dieu écoutera (II: 186). Car Dieu écoute ceux qui Le prient: «Loin de moi, tous les malfaisants! Car Yahvé entend la voix de mes sanglots; Yahvé entend ma supplication, Yahvé accueillera ma prière.» (Ps 6, 9-10) De même, Jésus nous rappelle que Dieu est présent quand deux ou trois personnes se rassemblent pour prier (Mt 18, 19-20). Une tradition du Prophète décrit le *du'â'* comme la «moelle de l'adoration». Il existe de nombreux recueils de prières attribués aux saints, «ceux dont la prière est entendue».

L'autre importante forme de prière est le *dhikr* (réminiscence), associé à la louange et à la glorification du Nom de Dieu. Un croyant a souvent le choix de se remémorer, en répétant constamment, un des 99 plus beaux Noms d'Allâh — à savoir *al-Haqq* (la Vérité), *al-Hayy* (le Vivant), *al-Qayyûm* (le Subsistant) —, mentionnés dans le Qur'ân. Certaines confréries sûfîes méditent sur certains *Logoi* (*Asmâ'*) ou formules particulières. Une formule souvent utilisée pour les débutants est le premier segment de la *shahâda* (profession de foi): «*Lâ ilâha illâ Allâh,* Point de divinité excepté Allâh.» Le Qur'ân propose de cultiver une relation réciproque avec Allâh: «Invoquez-Moi! et Je me souviendrai de vous.» (II: 152) Il invite aussi le croyant à invoquer souvent Allâh (XXXIII: 41). Jésus aussi invite ses disciples à prier avec constance et persévérance malgré les obstacles (Lc 11, 5-13). Idéalement, il faut donc prier sans cesse et en tout temps (Rm 1, 10 et Ep 6, 18). Le Qur'ân décrit le *dhikr* d'Allâh comme ayant le pouvoir d'«apaiser les cœurs» (XIII: 28). Car ceux qui prient Dieu reçoivent l'Esprit Saint (Lc 11, 13). Pour les sûfîs, le *dhikr* est un moyen nécessaire de purifier le cœur.

Certains sûfîs privilégient la pratique du *dhikr* collectivement alors que d'autres préfèrent l'isolement. Ils considèrent le *dhikr* comme la voie d'accès la plus sûre. Durant l'époque classique (334/945-505/1111), les sûfîs distinguent plusieurs niveaux de *dhikr* (de la langue, du cœur et d'autres organes[37] plus subtils ou cachés) correspondant à des niveaux spirituels. Chez al-Ghazzâlî (m. 505/1111), le sûfî doit suivre une discipline stricte afin de maîtriser son surmoi. La réminiscence plonge le croyant dans la profondeur de l'âme. Il se trouve dans un état d'âme qui n'est plus affecté par le monde extérieur. Pour le sûfî ou le vrai croyant, la vie tout entière est sacrée. Les périodes de prières sont des moments de rassemblement cruciaux dans une journée, mais chaque moment de la journée est aussi important. Les pensées du croyant doivent être continuellement orientées vers la Déité, source même de la vie. La vie aussi bien spirituelle que matérielle est une étape déterminante dans le cheminement de la personne vers son Seigneur.

Il (le sûfî) ne cesse de dire de bouche (*sic*) Dieu (Allâh), continuellement et avec la présence du cœur. Cela, jusqu'à ce qu'il parvienne à un état où il abandonne le mouvement de la langue, et voie le mot comme coulant sur celle-ci. Puis il en vient au point d'effacer la trace du mot sur la langue, et il trouve son cœur continuellement appliqué au *dhikr*; il y persévère assidûment jusqu'à ce qu'il en arrive à

---

[37]   Il existe des homologations entre les organes intérieurs du corps humain et le macrocosmos. Le symbolisme religieux s'exprime à travers un système de correspondances micro-macrocosmiques (veines et artères/Soleil et Lune, colonne vertébrale/*Axis mundi*, etc.). Cf. Mircea Eliade, *Le sacré et le profane*, Paris, Gallimard, 1946, pp. 142-143.

effacer de son cœur l'image de locution, des lettres et de la forme du mot, et que le sens du mot demeure seul en son cœur, présent en lui, comme joint à lui, et ne le quitte pas. Il est en son pouvoir de parvenir à cette limite, et de faire durer cet état en repoussant les tentations; par contre, il n'est pas en son pouvoir d'attirer à lui la Miséricorde de Dieu très haut[38].

Lors de l'ascension, selon al-Ghazzâlî, le plus haut niveau est atteint lorsque le cœur (*qalb*) est contrôlé par Dieu. Les sûfîs pratiquent aussi le *samâ'* (audition de musique). La musique prépare psychologiquement et mentalement le croyant à se concentrer sur l'au-delà. Ils donnent souvent un sens spirituel à tout discours même s'il est profane. Dhû al-Nûn al-Misrî (m. 245/860) définit le *samâ'* comme

une mention véridique (*wârid haqq*) qui trouble les cœurs [en les incitant à se diriger] vers Dieu. Celui qui entend [le *samâ'*] par la vérité se réalise [lui-même] alors que celui qui l'entend à travers l'âme [charnelle] est hérétique[39].

Le *samâ'*, pour les mystiques, est un moyen de faire l'expérience de l'extase (*wajd*). Selon al-Ghazzâlî, la pure musique sensibilise le fidèle à l'affinité secrète qui existe entre l'esprit humain et le monde angélique. Plusieurs sûfîs

---

[38] Abû Hâmid al-Ghazzâlî, *Ihyâ' 'ulûm al-dîn*, vol. 3, Le Caire, 1352/ 1933, pp. 16-17; extrait traduit par Louis Gardet dans *Mystique musulmane*, Paris, J. Vrin, 1986, pp. 188-189.

[39] 'Alî b. 'Uthmân Hujwîrî, *Kashf al-mahjûb*, Beyrouth, 1980, p. 652, lignes 11-12: Hujwîrî reprend ces paroles attribuées à Dhû al-Nûn al-Misrî; Reynold A. Nicholson, *The mystics of Islam*, Londres, Arkana, 1989, p. 65.

accompagnent le *samâ'* de mouvements de danse comme le célèbre ordre sûfî des derviches tourneurs[40] fondé par le fils de Jalâl al-dîn Rûmî.

Conclusion

La pratique de la prière est indissociable de la foi. Elle repose sur la conviction que Dieu existe et qu'Il a envoyé des Messagers pour guider l'humanité. Ces derniers ont enseigné la nécessité de pratiquer les prières. Dans les grandes religions, la prière est conçue comme un moyen par lequel l'âme se purifie et atteint son salut. Il existe plusieurs sortes de prières: louange, demande, supplication, etc. Mais la prière reste fondamentalement un entretien amoureux entre le croyant et Dieu. Grâce à elle, l'âme s'élève à Dieu et parvient à son *exitus*.

Les sunnites accordent plus de valeur au rituel de la prière que les shî'ites et les sûfîs. Ils insistent sur l'importance de prier de la même façon que le Prophète en reproduisant les mêmes gestes. La prière rituelle occupe une grande place chez les musulmans; elle a une valeur spirituelle très profonde si l'intention pieuse et l'élan mystique l'accompagnent. Cette pratique confère au croyant une dignité sans équivoque et elle est la manifestation d'une communion sincère et d'une union impérissable.

Les shî'ites et les sûfîs, inspirés par les traditions ésotériques des Imâms ou des *mashâyikh* (pl. de *shaykh*), at-

---

[40]   Diane Steigerwald, «La mystique de Jalâl al-dîn Rûmî (m. 672/1273) par la danse cosmique des derviches tourneurs», *Folia Orientalia*, vol. 35 (1999).

tachent plus d'importance à la signification intérieure en pratiquant le rituel. La prière individuelle ou collective est une expression du désir profond de l'être. C'est un moyen unique pour se connaître et découvrir le sens caché de la vie. Le Prophète Muhammad est souvent invoqué dans les prières, car il joue le rôle d'intercesseur entre le croyant et Allâh. Suivant l'exemple des Prophètes antérieurs, Muhammad, à plusieurs moments de sa vie, se retire à l'écart sur une montagne pour prier. La prière est une source universelle de paix intérieure allégeant nos difficultés quotidiennes. Comme ʿUmar Khayyâm (m. *circa* 519/1125) le disait: «Tout cœur où tendresse et affection sont comprises, que ce cœur fréquente la mosquée ou l'église, s'il a inscrit son nom dans le livre de l'amour: il est affranchi des soucis de l'enfer et de l'attente du paradis[41].»

---

[41] Cf. ʿUmar Khayyâm, *Rubâʿiyyât*, traduit par Arthur Guy dans *Les robaï*, Paris, Société Française d'Éditions Littéraires et Techniques, 1935, p. 94; voir aussi la traduction de B.W. Robinson dans *Les rubaïyat*, Genève, Liber, 1978, p. 26.

Muhammad Rasûl Allâh
Muhammad est le Messager d'Allâh

LA PROPHÉTIE

Nous t'(Muhammad) avons envoyé avec la
Vérité comme annonciateur et avertisseur.
Il n'existe pas de communauté où ne soit
passé un avertisseur.

(XXXV: 24)

Les paroles des Prophètes sont parvenues jusqu'à nous
dans le langage d'un monde éloigné et ancien. C'est seulement par un effort intellectuel et intuitif soutenu, qu'im-
parfaitement nous pouvons recapturer les sentiments de
ce moment lorsque le Prophète a transmis à ses contemporains la Parole de Dieu. Les Prophètes sont principalement
des personnages du passé. Leur message, ou ce qui nous
est parvenu, était adressé aux hommes de l'époque dans le
contexte où ils vivaient, dans un langage que seuls les membres de cette nation pouvaient comprendre entièrement.
Le message prophétique contient de nombreuses figures
de style et allusions contemporaines qui restent pour nous
obscures, parce que la Prophétie est un langage rempli de
mystères ésotériques et aussi parce que notre connaissance
de cette époque lointaine est loin d'être complète.

Il est intéressant de constater que le terme Prophète dérive du terme grec *Prophétēs* qui signifie littéralement «celui qui parle à la place de quelqu'un». Cet terme vient du verbe *phèmi* (parler) et du préfixe *pro* (à la place de). Un Prophète parle seulement lorsque Dieu lui ordonne et transmet fidèlement la Parole divine (Am 3, 8). Dieu fait toujours connaître ses intentions aux Prophètes. «Mais le Seigneur Yahvé ne fait rien qu'il n'en ait révélé le secret à ses serviteurs les Prophètes.» (Am 3, 7) Les prédictions prophétiques concernent la condition et l'état d'esprit de ceux qui les entendent; elles sont moralement reliées par ce fait.

Les Prophètes ne sont pas de simples prêtres investis par des religieux ayant étudié les Livres sacrés, ni de simples savants qui auraient acquis leurs connaissances dans des livres. Les Prophètes font partie d'une lignée prophétique et ont été choisis par Dieu (Am 7, 15). Ils sont des Énonciateurs au sens le plus élevé du terme, plutôt que de simples enseignants ou prédicateurs. Ils sont toujours prêts à rendre service à Dieu (Is 6, 8). Les grands Prophètes se sentent extrêmement concernés par les conditions sociales et les états spirituels de leur peuple. On apprend des Prophètes comment la religion peut devenir dynamique et comment son éthique sert de directive à la transformation sociale. La religion vitale qu'ils proclament et les critères de moralité ancrés fermement dans le temps ont une profonde influence sur l'esprit et l'*ethos* de la communauté dans sa façon d'adorer Dieu et ses lois sociales. Chaque Prophète amène une nouvelle façon de comprendre la religion adaptée au peuple et à l'époque.

Dans l'islâm, toute révélation est conçue comme une Prophétie et chaque Prophète met en relief un aspect de la Vérité divine en adaptant son message au milieu et à un peuple particulier. C'est pourquoi Muhammad apparaît être différent de Jésus en apparence. Contrairement à Jésus qui affirmait que son Royaume n'était pas de ce monde, Muhammad avait une vie matérielle et une vie spirituelle intenses et équilibrées. Pour les musulmans, la Prophétie atteint sa perfection avec le dernier Prophète Muhammad qui réalise la parfaite harmonie entre la vie matérielle et la vie spirituelle.

Pour apprécier et comprendre la misssion de Muhammad, il ne faut pas comparer Muhammad à Jésus. Il convient davantage de comparer Muhammad aux Prophètes de l'Ancien Testament comme Abraham, Moïse, David et Salomon. Malgré ses nombreuses activités sociales, économiques et politiques, Muhammad priait régulièrement et s'éveillait la nuit pour méditer et se rapprocher d'Allâh. Plusieurs expériences spirituelles ont marqué sa vie. Parmi celles dignes de mention, notons le «voyage nocturne» (*isrâ'*) dc La Mecque à Jérusalem et l'«ascension» (*mi'râj*) du sommet du Temple de Jérusalem au Trône de Dieu.

Le Prophète est à la fois un Témoin, un Annonciateur et un Avertisseur (XXXIII: 45; XLVIII: 8). Le terme arabe *Nabî* désignant le Prophète dérive de l'hébreu (*Nâbhî'*) et signifie celui qui annonce un message à l'humanité de la part de Dieu. Le Qur'ân distingue entre le Messager (*Rasûl*, «celui qui est envoyé») et le Prophète (*Nabî*). La différence est à l'origine du rôle joué par ces Guides de Dieu. Le Messager (*Rasûl*) est envoyé à une communauté en ayant une mission spécifique, consistant à apporter un nouveau message (*risâla*), alors que le simple Prophète (*Nabî*) est un Prophète, parmi tant d'autres, qui reconfirme ses prédécesseurs en rappelant les anciennes révélations oubliées par le peuple. Dans ce chapitre, nous allons faire une esquisse de comparaison entre les récits des Prophètes de la Bible et ceux du Qur'ân. Nous cherchons principalement à mettre en relief ces points communs. Par la suite, nous examinerons le point de vue ash'arite en théologie musulmane et l'avicennisme en philosophie musulmane. Nous terminerons avec le point de vue shî'ite sur la Prophétie.

Les racines adamiques — Le Qur'ân et la Bible (Gn 2 et 3) relatent l'histoire d'Adam et de son épouse de façon similaire. L'arbre interdit est appelé dans la Genèse l' «arbre de la science du bien et du mal» (Gn 2, 17) et l' «arbre de l'immortalité» (XX: 120) dans le Qur'ân. Le Qur'ân ne relate pas l'incident du serpent qui trompa Ève, mais indique que Satan (Shaytân) trompa Adam. Dans le Qur'ân (XX: 121) et la Genèse (3, 7), Adam et son épouse mangent le fruit interdit et leur nudité leur apparaît. Ainsi Dieu, dans la Genèse (3, 19) et le Qur'ân (VII: 24-25), astreint les êtres humains à mourir.

Noé — Dans la Genèse (6-9) et dans le Qur'ân (XI: 25-48; XXIII: 23-30; LIV: 9-19), l'histoire de Noé et du déluge est relatée avec des différences de détails. Le Qur'ân (LIV: 13) décrit la construction d'un vaisseau en planches et en fibres de palmier. La Genèse (6, 14) décrit la construction par Noé d'une arche faite de roseaux et enduite de bitume. La Genèse précise que trois fils de Noé se sont réfugiés dans l'arche. Le Qur'ân (XI: 42-43) ajoute qu'un des fils de Noé refuse d'entrer dans le vaisseau et il est englouti[1].

Abraham — Dans la Bible et le Qur'ân, Abraham est présenté comme un modèle à suivre dans le chemin de la foi. Le sacrifice de son fils constitue l'exemple par excellence de sa foi inébranlable (Gn 22, 1); Abraham a atteint l'apex dans la perfection de la foi. La Bible le décrit comme «le père des croyants» (Rm 3, 16; Jc 2, 21) tout en ajoutant que «ceux qui se réclament de la foi, ce sont eux les fils d'Abraham» (Ga 3, 7). Le Qur'ân poursuit: «Qui donc professe une meilleure religion que celui qui se soumet à Dieu, celui qui fait le bien, celui qui suit la religion d'Abraham, un vrai croyant — Dieu a pris Abraham pour Ami (*Khalîl*).» (IV: 125) «Lorsque son Seigneur éprouva Abraham par certains ordres et que celui-ci les eut accomplis, Dieu dit: "Je vais faire de toi un Guide (*Imâm*) pour les hommes."» (II: 124)

La Genèse (12, 1-3) et le Qur'ân (XIX: 49) décrivent l'émigration d'Abraham. Le commentaire israélite de la Genèse (*Rabba* 38) explique que le père d'Abraham était un idolâtre et qu' «Abraham prit un bâton, brisa toutes les idoles, puis il mit le bâton dans la main de la plus grande». Le Qur'ân reprend cette histoire et explique: «Les gens dirent: "Est-ce toi, Abraham qui as fait cela à nos dieux?" Abraham dit: "Non, c'est le plus grand d'entre eux. Interrogez-les donc, s'ils peuvent parler."» D'après le commentaire juif cité et le Qur'ân (XXI: 62-63), les idolâtres accu-

---

[1]   Les ismaéliens font une exégèse intéressante de cette histoire. Cf. Diane Steigerwald, «La dissimulation (*taqiyya*) de la foi dans le shî'isme ismaélien», *Studies in Religion/Sciences Religieuses*, vol. 27.1 (1998) pp. 39-59.

sent Abraham de se moquer d'eux[2]. Abraham répond à son père (XIX: 42): «Pourquoi adores-tu ce qui n'entend pas, ce qui ne voit pas, ce qui ne sert à rien?» Cette façon de décrire les idoles était déjà présente dans le Psaume (135, 16-17): «Elles ont une bouche et ne parlent pas, elles ont des yeux et ne voient pas. Elles ont des oreilles et n'entendent pas.» Le commentaire juif de la Genèse (11, 28) et le Qur'ân (XXI: 69; XXXVII: 97) mentionnent que les idolâtres veulent jeter Abraham au feu afin de voir si son Dieu le sauvera. Ainsi Dieu sauve Abraham du feu. La Genèse (15, 8-17) et le Qur'ân (II: 260) comportent des récits similaires concernant des animaux découpés et rendus à la vie.

Le *Midrash Ha-Gadol* et le Qur'ân relatent l'évolution spirituelle d'Abraham de façon très similaire[3]. Voici un résumé d'un extrait du *Midrash Ha-Gadol*: Abraham dit: «La terre a besoin de la pluie pour produire: elle n'est pas digne de notre prosternation. Les cieux? [...] Le Soleil se couche, il n'est pas Dieu; la nuit et les étoiles qui éclairent la nuit disparaissent à l'aube [...]. Il dit alors: "N'y a-t-il pas une puissance qui fait celui-ci se coucher et celui-là se lever?"» De même le Qur'ân raconte: «Lorsque la nuit l'enveloppa, il vit une étoile et il dit: "Voici mon Seigneur!" Mais il dit, lorsqu'elle eut disparu: "Je n'aime pas ceux qui disparaissent." Lorsqu'il vit la Lune qui se levait, il dit: "Voici mon Seigneur!" mais il dit, lorsqu'elle eut disparu: "Si mon Seigneur ne me dirige pas, je serai au nombre des égarés." Lorsqu'il vit le Soleil qui se levait, il

---

[2]   Denise Masson, *Les trois voies de l'unique*, Paris, Desclée de Brouwer, 1983, p. 82.

[3]   *Ibid.*, pp. 82-83.

dit: "Voici mon Seigneur! C'est le plus grand!" Mais il dit, lorsqu'il eut disparu: "Ô mon peuple! Je désavoue ce que vous associez à Dieu. Je tourne mon visage, comme un vrai croyant, vers celui qui a créé les cieux et la terre. Je ne suis pas au nombre des polythéistes."» (VI: 76-79)

La Genèse (17, 12-13) insiste sur la nécessité de circoncire tous les descendants mâles d'Abraham en souvenir d'une «alliance perpétuelle». Le Qur'ân ne mentionne pas formellement la circoncision, mais il mentionne deux fois l'expression «cœurs incirconcis» (II: 18 et IV: 155), reprenant cette image biblique (Ez 44, 9) qui signifie être fidèle intérieurement à la loi divine. La tradition musulmane, par contre, maintient la nécessité de circoncire tous les hommes musulmans.

Ismaël et Isaac — Dans la Genèse, Sara, la femme d'Abraham, est stérile; elle offre à son mari sa servante Hâgar l'Égyptienne pour qu'il ait un fils. Puis Sara la maltraite et Hâgar enceinte s'enfuit au désert. Un ange lui apparaît auprès d'une source. Yahvé dit à Hâgar (Agar): «Je multiplierai beaucoup ta descendance, [...] tu enfanteras un fils, et tu lui donneras le nom d'Ismaël (c'est-à-dire Dieu entend), car Yahvé a entendu ta détresse.» (Gn 16, 10-11) Puis Hâgar retourne auprès d'Abraham. Plus tard, Hâgar et Ismaël seront chassés au désert, mais Dieu veille sur eux et fait apparaître une source. Lors des rites de pèlerinage à la Ka'ba, les musulmans font des tournées entre Safa et Marwa en souvenir de Hâgar et d'Ismaël, l'ancêtre du Prophète Muhammad.

Selon la Genèse (18) et le Qur'ân (XXXVII: 112), Abraham reçoit la visite de «Messagers» qui lui annoncent la naissance de son fils Isaac. La Genèse (18, 16) précise que ces Messagers, après avoir visité Abraham, se dirigèrent vers Sodome. Les Messagers du Qur'ân (LI: 32-37) précisent qu'ils sont envoyés vers un peuple criminel afin de le châtier. La Genèse (19, 15 et 23-26) comme le Qur'ân (XI: 81) affirme que Loth et sa famille furent épargnés, sauf sa femme qui regarda en arrière et fut changée en statue de sel.

La Genèse (22) est consacrée au «sacrifice de son fils unique», alors que le *sûra* (XXXVII) décrit le sacrifice d'un fils sans mentionner lequel. La tradition musulmane considère qu'il s'agit d'Ismaël. Pour les musulmans, certaines parties de la Bible auraient été falsifiées. Il est étonnant de constater que dans la Genèse (22, 12), au moment du sacrifice, l'ange affirme: «N'étends pas la main contre l'enfant! Ne lui fais aucun mal! Je sais maintenant que tu crains Dieu. Tu ne m'as pas refusé ton fils, ton unique.» L'ange insiste sur la notion de fils unique, il s'agit donc fort probablement d'Ismaël car, si c'était Isaac, ce dernier ne serait pas unique puisqu'Ismaël est né avant lui. Du point de vue d'un musulman, le nom d'Isaac aurait très bien pu être substitué à celui d'Ismaël. Dans la Genèse (22, 1-13) et le Qur'ân (XXXVII: 103-109), le fils est racheté juste au moment du sacrifice.

Moïse — L'histoire de Moïse est aussi très similaire dans l'Exode (2) et le Qur'ân (XXVIII). Les deux livres racontent comment Moïse tout bébé a été déposé dans un coffret (XX: 39) ou une corbeille, sur le Nil, pour échapper au massacre des bébés mâles. Le Qur'ân (XVII: 101) affirme: «Nous avons donné à Moïse neuf signes manifestes.» L'Exode (7-11) compte dix plaies d'Égypte. Le

Qur'ân et l'Exode montrent comment Pharaon reste sceptique devant les signes.

L'Exode (15, 28) et le Qur'ân (LI: 40) relatent comment les israélites s'enfuient, comment la mer s'entrouvre pour les laisser passer, engloutissant les Égyptiens. L'Exode (17, 1-6; 15, 27) et le Qur'ân (VII: 160) décrivent comment, dans le désert, Moïse fait surgir douze sources pour abreuver son peuple. Le Qur'ân cite les dix commandements (Ex 20) dans différents chapitres[4]. L'épisode du veau d'or est relaté dans l'Exode (32, 1-8) et le Qur'ân (XX: 85-97).

Le Qur'ân (XVIII: 60-82) expose l'initiation de Moïse par un Serviteur de Dieu. Les sûfîs identifient le Serviteur de Dieu à Khadir, un être immortel supérieur aux Prophètes. Khadir, gratifié de la Science infuse (*'Ilm ladunî*), transmet les secrets de la science ésotérique. L'*Haggâdah* comporte une légende selon laquelle le Rabbin Joshua ben Lévi (IIIe siècle) fut initié par le Prophète Élie et dut traverser les mêmes épreuves que le Moïse qur'ânique. Cette histoire comporte certaines similitudes avec l'épopée de Gilgamesh et le Roman d'Alexandre[5]. L'Exode (33, 11) et le Qur'ân (XXXIV, 10) indiquent que Dieu conversait avec Moïse, nommé par la tradition musulmane l'Interlocuteur (*Kalim*) d'Allâh.

---

[4]   Voir les versets suivants: XX: 14; II: 224; IV: 154; II: 83; VI: 151, II: 84; VI: 151; V: 38, VI: 152; CIV: 1, XXIV: 4; II: 84.

[5]   Cf. B. Meissner, *Alexander und Gilgamos*, Leipzig, 1894; G. Contenau, *L'Épopée de Gilgamesh*, Paris, 1939; le Moyen Âge a conservé des traces de cette histoire dans le fabliau de l'Ange et l'Ermite, d'après G. Paris, *La poésie au moyen âge*, Paris, 1903.

Marie, mère de Jésus — Le Pseudo-Matthieu relate le séjour de Marie au temple. Le Proto-évangile de Jacques explique que «Marie recevait sa nourriture d'un ange». De même, le Qur'ân relate qu'à «chaque fois que Zacharie allait la voir dans le temple, il trouvait auprès d'elle la nourriture nécessaire et il lui demandait: "Ô Marie! D'où cela te vient-il?" Elle répondait: "Cela vient de Dieu."» (III: 35-37) D'après le Qur'ân, les anges annoncent la nouvelle à Marie: «Ô Marie! Dieu t'a choisie, en vérité; il t'a purifiée, il t'a choisie de préférence à toutes les femmes de l'univers [...]. Dieu t'annonce la bonne nouvelle d'un Verbe (*Kalima*) émanant de Lui. Son nom est: le Messie (*Masîh*), Jésus, fils de Marie; illustre en ce monde et dans la vie future, il est au nombre de ceux qui sont proches de Dieu.» (III: 42 et 45) Le Qur'ân (XIX: 18; III: 47) et l'Évangile de Luc (1, 29-34) confirment que Jésus est né de la Vierge Marie.

Jésus — Le Qur'ân explique que Marie et son fils sont «un signe pour les mondes». (XXI: 91) Une tradition prophétique citée par al-Bukhârî ajoute qu'«il ne naît pas un seul fils d'Adam, sans qu'un démon ne le touche (ou le pique) au moment de sa naissance. Il n'y a eu d'exception que pour Marie et son fils.» De même, Ephrem le Syrien dans une Carmina disait: «En vérité, toi, Jésus et ta mère êtes seuls à être beaux d'une façon parfaite. En toi Seigneur (Jésus) n'existe aucune tache; en ta mère nulle souillure. Nul n'est comparable à ces deux perfections[6].» Mais Marie et Jésus sont des créatures que Dieu pourrait

---

[6] Denise Masson, *Les trois voies de l'unique*, sur Marie, pp. 114-115, et sur Jésus, p. 116.

anéantir s'Il le voulait (V: 7), il ne faut pas les considérer comme «deux divinités en dessous de Dieu.» (V: 116)

Le Jésus du Qur'ân, comme celui des Évangiles, fait des guérisons et ressuscite des morts. Le Qur'ân (III: 49; V: 110) évoque parmi les miracles de Jésus la création d'oiseaux. Le Pseudo-Matthieu (26, 26) relate cette histoire:

> Jésus prit le limon des fossés qu'il avait fait et, à la vue de tout le monde, il en façonna douze passereaux. Or c'était le jour du sabbat qu'il agit ainsi, et il y avait beaucoup d'enfants avec lui. Et comme quelqu'un des juifs avait vu ce qu'il faisait, il dit à Joseph: «Joseph, ne vois-tu pas l'enfant Jésus travailler le jour du sabbat, ce qui ne lui est pas permis? Il a façonné douze passereaux avec de la boue.» Joseph alors réprimanda Jésus: «Pourquoi fais-tu le jour du sabbat ce que nous ne pouvons pas faire?» Mais Jésus, entendant Joseph, frappa une main contre l'autre et dit à ses passereaux: «Volez!» Et à cet ordre ils se mirent à voler[7].

Le Qur'ân, comme certains écrits apocryphes, nie la mort du Christ sur la croix. Il affirme: «Nous avons puni les juifs parce qu'ils ont dit: "Oui, nous avons tué le Messie, Jésus; fils de Marie, le Prophète de Dieu." Mais ils ne l'ont pas tué; ils ne l'ont pas crucifié, cela leur est seulement apparu ainsi. Ceux qui sont en désaccord à son sujet restent dans le doute; ils n'en ont pas une connaissance certaine; ils ne suivent qu'une conjecture; ils ne l'ont cer-

---

[7] *Le Pseudo-Matthieu*, éd. C. Michel, d'après Hemmer et Lejay, textes et documents, Évangiles apocryphes, Paris, 1911, p. 125ss, cité dans *Littérature religieuse*, histoire et textes choisis, publiés sous la direction de Joseph Chaine et René Grousset, Paris, Armand Colin, 1949, p. 534.

tainement pas tué, mais Dieu l'a élevé vers Lui: Dieu est puissant et juste.» (IV: 157-158) Jésus, sans mourir, aurait été élevé vers Dieu. L'Évangile de Pierre semble confirmer cette idée (5, 19): «Et le seigneur cria en disant: "Ô ma force! Ô force! Tu m'as abandonné." Et après avoir parlé, il fut élevé[8].» L'auteur de l'écrit apocryphe des Actes de Jean fait dire à Jésus: «Je ne suis pas celui qui est attaché sur la croix[9].» Dans sa lettre aux chrétiens de Smyrne, Ignace d'Antioche (IIe siècle) explique que les docètes croyaient que c'était Simon de Cyrène dont parle l'Évangile (Mt 27, 32), transformé en l'apparence de Jésus et qui aurait été crucifié à sa place.

D'après l'Évangile de Jean (5, 27), Dieu a institué Jésus comme Juge. Le *credo* chrétien affirme que Jésus, avec les apôtres dirigés par Pierre[10] (Mt 19, 28), reviendra à la fin des temps «pour juger les vivants et les morts». De même le Qur'ân (XLIII: 61) désigne Jésus comme un signal (*'ilm*) de l'Heure. Si Muhammad pour l'islâm représente le Sceau des Prophètes, pour les sûfîs Jésus représente le Sceau de la sainteté; Jésus devient le symbole de l'union mystique avec l'Esprit Saint percevant l'opération divine dans toute la personne. L'âme (*nafs*) et l'esprit (*rûh*)

---

[8]   *Évangile de Pierre*, texte original grec traduit et commenté par M.G. Mara, Paris, Cerf, 1973, pp. 48-49.

[9]   Denise Masson, *Les trois voies de l'unique*, p. 119.

[10]   Pierre se voit conférer le pouvoir de lier et de délier dans l'Évangile de Matthieu (16, 18-19): «Tu es Pierre, et sur cette pierre je bâtirai mon Église, et les Portes de l'Hadès ne tiendront pas contre elle. Je te donnerai les clefs du Royaume des Cieux: quoi que tu lies sur la terre, ce sera tenu dans les cieux pour lié, et quoi que tu délies sur la terre, ce sera tenu dans les cieux pour délié.»

de Jésus étaient parfaits dès sa naissance[11], alors que pour le sûfî c'est seulement à la suite d'un effort de persévérance qu'il sera purifié et pourra recevoir la grâce de l'Esprit saint.

Muhammad — L'Évangile de Jean (14, 26) annonce la venue du Paraclet: «Le Paraclet que le Père vous enverra en mon nom, vous enseignera toutes choses». De même le Qur'ân relate que: «Jésus, fils de Marie, dit: "Ô fils d'Israël! Je suis, en vérité, le Prophète de Dieu envoyé vers vous pour confirmer ce qui, de la Tora, existait avant moi; pour vous annoncer la bonne nouvelle d'un Prophète qui viendra après moi et dont le nom sera Ahmad (autre nom de Muhammad)."» (LXI: 6) L'exégèse musulmane affirme que le terme Paraclet (*Paraklētos* signifiant Confortateur), de l'Évangile de Jean, aurait été substitué à *Periklutos*, signifiant le Loué, comme Ahmad. Certains chrétiens auraient volontairement altéré l'Évangile pour empêcher que ces versets soient compris comme désignant Ahmad.

Les musulmans acceptent les Prophètes judéo-chrétiens en y ajoutant le dernier Prophète Muhammad. Le rôle prophétique de Muhammad est dans la continuité de la mission des Prophètes (d'Adam à Jésus); Muhammad, le Sceau des Prophètes (*Khâtam al-Nabiyyîn)* (XXXIII: 40), vient parachever toutes les révélations antérieures. Chaque communauté a eu un avertisseur (XXXV: 24). «Ô toi, le Prophète! Nous t'avons envoyé comme témoin, comme

---

[11]   Louis Massignon, *La passion de Husayn Ibn Mansûr al-Hallâj, martyr mystique de l'islam*, Paris, 1922, vol. 1, p. 379; Miguel Asín-Palacios, «*Logia et Agrapha Domini Jesu apud Moslemicos scriptores*», *Patrologia Orientalis*, vol. 13, fasc. 3, 1916, et vol. 19, fasc. 4, 1920.

annonciateur de bonnes nouvelles, comme avertisseur, comme celui qui invoque Dieu — avec sa permission — et comme un brillant luminaire.» (XXXIII: 45-46) Dans la prochaine section, voyons comment la notion de Prophétie s'est développée dans quelques branches de l'islâm: l'ash'arisme, l'avicennisme et le shî'isme.

Kalâm sunnite (Théologie sunnite)

Abû al-Hasan al-Ash'arî (m. 324/935), un des plus grands représentants du *kalâm* sunnite, cherchant à préserver l'absolu Volontarisme divin, soutient que Dieu n'est pas obligé d'envoyer des Prophètes. En effet, Dieu a la capacité de transmettre directement aux hommes ce qu'Il désire leur faire connaître sans passer par les Prophètes. Chez al-Ash'arî, «tout *Rasûl* (Messager) est un *Nabî* (Prophète) alors que tout *Nabî* n'est pas *Rasûl*[12]». Le *Rasûl* est celui qui est envoyé pour communiquer un message (*risâla*), alors que le *Nabî* (Prophète) n'apporte pas nécessairement de nouveau message abrogeant l'ancien, mais actualise les révélations précédentes.

D'après Arend Jan Wensinck, dès le V/XIᵉ siècle, la majorité des théologiens reconnaissaient la supériorité de quelques Prophètes sur d'autres et la supériorité de Muhammad sur les autres. Un des premiers à accorder la préséance à quelques Prophètes fut Abû Dâ'ûd (m. 275/889),

---

[12] Abû Bakr Ibn Fûrak, *Mujarrad maqâlât al-Ash'arî*, éd. Daniel Gimaret, Beyrouth, 1987, p. 174, lignes 10-11; extrait traduit par Daniel Gimaret dans *La doctrine d'al- Ash'arî*, Paris, Cerf, 1990, p. 456.

dans un chapitre de son ouvrage intitulé *Sunna*[13]. Pour al-Ash'arî, le Prophète est le plus parfait (*akmal*) à tous les niveaux. Muhammad est le plus élevé des Prophètes et «le plus élevé en mérite dans toutes les variétés possibles de mérites[14]». Il bénéficiera du pouvoir d'intercession (*shafâ'a*) au Jour du jugement, car il est supérieur au reste de l'humanité et aux anges mêmes. Ainsi la Prophétie est une «pure Faveur spontanée» (*ibtidâ' Fadl*) de Dieu[15]. Pour les ash'arites, la Prophétie est un état (*hukm*) de soi transitoire où le Prophète devient le transmetteur fidèle du Message divin sans que sa nature soit en rien transformée. Abû Mansûr al-Mâturidî (m. 333/994), fondateur du mâturidisme, affirme aussi la supériorité de Muhammad sur Adam dans le quarantième article de son credo. Sa'd al-dîn al-Taftazânî (m. 792/1390), souvent considéré comme un ash'arite, dans son commentaire de la profession du mâturidite Najm al-dîn al-Nasafî, croit à la supériorité de Muhammad[16].

---

[13] Arend Jan Wensinck, *The Muslim Creed*, Londres, Frank Cass & Co., 1965, pp. 114-115.

[14] Abû Bakr Ibn Fûrak, *Mujarrad maqâlât al-Ash'arî*, p. 180, lignes 9-12; extrait traduit par Daniel Gimaret dans *La doctrine d'al- Ash'arî*, p. 467.

[15] Abû Bakr Ibn Fûrak, *Mujarrad maqâlât al-Ash'arî*, p. 167, lignes 12-13, p. 175, lignes 17-23; Daniel Gimaret, *La doctrine d'al-Ash'arî*, pp. 457-458, 467; Louis Gardet, *Dieu et la destinée de l'homme*, Paris, Librairie Philosophique J. Vrin, 1967, p. 164.

[16] Sa'd al-dîn al-Taftazânî, *A Commentary on the Creed of Islam*, traduit par E.E. Elder, New York, Columbia University, 1950, p. 127.

Al-Ash'arî, al-Mâturidî[17] et al-Taftazânî[18] adoptent la même position que le théologien mu'tazilite al-Jubbâ'î (m. 321/933); antérieurement à leur mission, les Prophètes sont peccables; une fois devenus Prophètes, ils sont impeccables. Les Prophètes bénéficient de cette Grâce renouvelée en permanence qui est l'Impeccabilité (*'Isma*)[19]. Les miracles sont des «événements qui se produisent en contradiction avec l'habitude antérieure[20]». C'est une Faveur divine, car seul Dieu crée le miracle servant à authentifier le Prophète. Il faut donc que le miracle se produise lorsqu'il désire se faire reconnaître comme Prophète. Abû Hâmid al-Ghazzâlî (m. 505/1111), un théologien ash'arite, explique qu'un miracle atteste la véracité des Prophètes parce que tout ce qu'un être humain ne peut faire, doit être l'œuvre de Dieu. Ainsi les signes et les miracles (comme fendre la Lune, faire parler des animaux, l'inimitable Qur'ân, etc.) confirment la mission prophétique de Muhammad en tant que dernier Prophète, parachevant toutes les lois qui l'ont précédé[21]. Al-Taftazânî reprend sensiblement la même définition des miracles qu'al-Ash'arî[22]. Chez

---

[17]   *Islam*, John Alden Williams (éd.), NY, G. Braziller, 1962, p. 186.

[18]   Sa'd al-dîn al-Taftazânî, *A Commentary on the Creed of Islam*, p. 133.

[19]   Abû Bakr Ibn Fûrak, *Mujarrad maqâlât al-Ash'arî*, p. 158, lignes 7-8; Daniel Gimaret, *La doctrine d'al-Ash'arî*, p. 459.

[20]   Abû Bakr Ibn Fûrak, *Mujarrad maqâlât al-Ash'arî*, p. 176, ligne 17; extrait traduit par Daniel Gimaret dans *La doctrine d'al-Ash'arî*, p. 460.

[21]   Abû Hâmid al-Ghazzâlî, *The Foundations of the Articles of Faith*, traduit par N.A. Faris, Lahore, Sh. Muhammad Ashraf, 1963, pp. 99-91.

[22]   Sa'd al-dîn al-Taftazânî, *A Commentary on the Creed of Islam*, p. 21, note 20, et p. 129.

les philosophes musulmans, contrairement aux théologiens sunnites, les Prophètes ont la capacité intrinsèque de faire des miracles.

Falsafa (Philosophie hellénistique de l'islâm)

Tous les philosophes musulmans (falâsifa) affirment l'existence d'un Intellect agent (*al-'Aql al-fa"âl*) qui illumine les intelligences humaines en état de potentialité. Selon l'un des premiers philosophes musulmans Abû Yusûf al-Kindî (m. 257/870), l'intelligence des Prophètes reçoit une illumination parfaite des Intellects séparés. Conformément au Qur'ân, al-Kindî maintient que le Prophète est choisi par Dieu. Par la suite, Muhammad al-Fârâbî (m. 339/950) élabore une théorie de la Prophétie dans une nouvelle perspective, en affirmant que le Prophète est Prophète par ses qualités naturelles propres. Les êtres humains par des efforts, une ascèse et des études approfondies peuvent accéder à la vérité intelligible que reçoit le Prophète.

Pour al-Fârâbî, la connaissance intellectuelle authentique s'acquiert par la jonction (*ittisâl*) de l'intellect humain en puissance avec l'Intellect agent. Grâce à l'illumination de ce dernier, l'intellect patient (*bi al-quwwa*) devient à la fois intellect et intelligible en acte et finalement intellect acquis (*al 'aql al-mustafâd*). L'être humain dont l'intellect et l'imagination reçoivent parfaitement l'influx de l'Intellect agent, mérite à la fois le titre de Sage (*Hâkim*) et de Prophète. Les Prophètes-Législateurs et le Prophète de l'islâm ont atteint ce niveau de perfection.

La philosophie prophétique d'Avicenne (m. 428/1037), inspirée de celle d'al-Fârâbî, servira de modèle aux philosophes musulmans. Pour Ibn Sînâ, la Connaissance mystique de Dieu (*Ma'rifat Allâh*) est dans la continuité de la connaissance ordinaire. La connaissance ordinaire s'obtient grâce à l'illumination de l'Intellect agent et de l'intellect patient. La connaissance mystique du *'ârif* (gnostique) s'obtient par l'illumination de l'Intellect universel (*al-'Aql al-kullî*).

La création et la cosmologie d'Ibn Sînâ sont intimement reliées à sa philosophie prophétique; le moyen de cet *exitus* est la remontée vers le Principe. La loi révélée par les Prophètes n'est pas seulement nécessaire pour l'existence de la société, mais pour la survie de l'humanité. La loi révélée comprend des vérités qui sont présentées dans un langage que la majorité des êtres humains comprennent. Sans les Prophètes, l'ordre ne pourrait se réaliser sur terre. L'existence des Prophètes découle nécessairement de la Connaissance que Dieu a de la bonne organisation des choses, une expression de sa Providence. Ibn Sînâ conçoit le Prophète comme une nécessité métaphysique[23]. La révélation est conçue comme l'émanation de l'Intellect agent. «La révélation (*wahy*) est cette effusion (*ifâda*), et l'ange (*malak*) est cette puissance effusante reçue, comme s'il y avait sur lui une effusion en continuité avec celle de l'Intellect universel et dont elle découlerait, non par essence, mais par accident. C'est lui (l'ange) qui fait voir le récepteur (le Prophète). Les anges ont été appelés de noms

---

[23] Arthur John Arberry, *Avicenna on Theology*, Westport, Hyperion Press, 1992, p. 48: l'auteur traduit un extrait du *Najât*, dans lequel le Prophète est conçu comme une nécessité métaphysique.

divers à cause de significations diverses, mais l'ensemble est un, indivisé par essence, divisé seulement par accident, à cause de la division du récepteur[24].»

Dans le monde avicennien, il existe une progression allant du sensible à l'intelligible et du sens commun à l'intellect pur. Avicenne reprend les principales facultés décrites par Aristote comme l'imagination, l'intellect pratique et la puissance motrice, enfin l'intellect spéculatif. Il élabore sa doctrine prophétique en faisant progresser le Prophète de puissance en puissance, chacune étant portée à un degré de perfection.

Pour les philosophes musulmans (falâsifa), le Prophète représente ce que la nature humaine peut atteindre lorsqu'elle arrive à sa perfection. Dans la hiérarchie des êtres du monde de la génération et de la corruption, le Prophète est au plus haut niveau. L'Intellect saint est «la plus élevée des puissances de la Prophétie» (a 'lâ quwwât al-Nubuwwa)[25]. Le Prophète constitue le lien entre le monde céleste et le monde terrestre. Un homme est Prophète lorsqu'il atteint sa perfection dans trois facultés: la faculté de consentement (ijmâ 'iyya), la faculté imaginative et la perfection de l'Intellect spéculatif qui devient l'Intellect saint. Al-Ghazzâlî rapporte, dans le Tahâfut al-falâsifa, comment se réalisent les miracles pour les falâsifa: «Les philoso-

---

[24]   Ibn Sînâ, *Risâla fî ithbât al-nubuwwât* dans *Tis ' rasâ'il*, Le Caire, 1908, p. 124; extrait traduit par Louis Gardet dans *La pensée religieuse d'Avicenne*, Paris, J. Vrin, 1951, p. 117.

[25]   Abdelali Elamrani-Jamal, «De la multiplicité des modes de la prophétie chez Ibn Sînâ» dans *Études sur Avicenne*, Paris, Les Belles Lettres, 1984, p. 127; Fazlur Rahman, *Prophecy in islam*, Chicago, University of Chicago Press, 1958, p. 32.

phes, dit-il, ne confirment parmi les miracles (*mu'jizât*) qui défient les habitudes, que trois choses: l'une est une propriété de l'imagination [...], la seconde est une propriété de la puissance intellectuelle spéculative (*al-quwwa al-nazariyya*) qui revient à la force de l'intuition (*al-hads*) [...], la troisième est celle de la puissance pratique de l'âme (*al-nafs al-'amaliyya*)[26].»

Shî'isme

La philosophie prophétique shî'ite est très proche de celle des philosophes musulmans, mais elle l'amplifie de quelques éléments shî'ites. La théorie des différents niveaux de l'intellect (*'aql*) des philosophes avicenniens ressemble à la théosophie des différents degrés de l'Esprit (*Rûh*) dans les traditions des Imâms. Les plus hauts degrés de l'Esprit ne sont actualisés que par les Envoyés, les Prophètes et les Imâms.

La théorie shî'ite de la Prophétie et de l'*Imâma* est fondée sur la nécessité continuelle d'un Guide inspiré et impeccable (*ma'sûm*) pour préserver l'humanité du danger d'errer dans le monde. Après le cycle des Prophètes, les Imâms se succèdent pour assurer la guidance. Les Imâms sont les Amis de Dieu (*Awliyâ'*) inaugurant le cycle de la *Walâya*, de l'initiation spirituelle aux sens ésoté-

---

[26] Abû al-Walîd Ibn Rushd, *Tahâfut al-tahâfut*, éd. Maurice Bouyges, Beyrouth, 1930, pp. 192-193; extrait traduit par Abdelali Elamrani-Jamal, «De la multiplicité des modes de la prophétie chez Ibn Sînâ», p. 127; Simone Van Riet, «Averroès et le problème de l'imagination prophétique», dans *Multiple Averroès*, Paris, Les Belles Lettres, 1976, pp. 168-169.

riques du Qur'ân. La Prophétie shî'ite insiste sur la nécessité du *Hujja* (Preuve de Dieu pour les hommes). La présence du *Hujja* doit être continue même si la majorité des hommes l'ignorent. Parfois ce terme est attribué aux Prophètes, parfois aux Imâms ou, dans l'ismaélisme nizârien, aux Sages (*Pîrân*), membres les plus importants de la hiérarchie après l'Imâm.

Pour les shî'ites, le Prophète Muhammad est très près de l'Imâm 'Alî. Plusieurs traditions prophétiques le confirment: «Mais il te suffit que tu fasses partie de moi-même comme je fais partie de toi-même, et que tu sois par rapport à moi comme Aaron par rapport à Moïse, avec cette différence qu'après moi il n'y aura plus de Prophète»; «Je suis la cité de la Connaissance et 'Alî en est le Seuil[27].» «Nous étions, moi (Muhammad) et 'Alî, une seule et même Lumière devant Dieu, quatorze mille ans avant qu'il eût créé Adam[28].» Pour les shî'ites duodécimains, le premier Imâm 'Alî est le Sceau de la *Walâya* absolue, alors que le douzième Imâm, le Mahdî, est le Sceau de la *Walâya* muhammadienne. Pour les ismaéliens nizâriens, le cycle de l'*Imâma* se poursuit jusqu'à la Grande Résurrection, puisque l'humanité a toujours besoin d'un Guide sur terre.

Les plus anciennes théories shî'ites affirment que les Imâms sont impeccables alors que le Prophète ne l'est pas[29].

---

[27] Diane Steigerwald, *La pensée philosophique et théologique de Shahrastânî*, Sainte-Foy, Les Presses de l'Université Laval, 1997, p. 354.

[28] Henry Corbin, *En islam iranien*, Paris, Gallimard, 1971, vol. 1, p. 255.

[29] Abû 'Abd Allâh Ibn Batta, *La profession de foi d'Ibn Batta*, édité et traduit par Henri Laoust, Damas, Institut français de Damas, 1958, original p. 43, traduction p. 71; Abû al-Hasan al-Ash'arî, *Maqâlât al-islâmiyyin*, éd. Hellmut Ritter, Wiesbaden, Steiner, 1963, p. 48.

Pour *shaykh* al-Mufîd (m. 413/1022), tous les Prophètes de Dieu sont prémunis contre les fautes graves avant et après leur mission. Mais ils peuvent commettre des fautes légères, à l'exception de Muhammad[30]. Ibn Babawayh (m. 381/991) et quelques *mashâyikh* (pl. de *shaykh*) duodécimains de Qumm admettaient que Muhammad ait pu commettre des fautes légères. Pour *shaykh* al-Mufîd, les Prophètes sont supérieurs aux anges et la qualité du Prophète résulte d'une Faveur (*Tafaddul*) divine[31].

Dans l'ismaélisme, l'évolution religieuse de l'homme est marquée de cycles (*adwâr* ou *akwâr*) inaugurés par des Prophètes-Énonciateurs (*Nutaqâ'*). Dans le présent cycle, les Prophètes les plus connus sont Adam, Noé, Abraham, Moïse, Jésus et Muhammad; certains d'entre eux ont apporté un message (*risâla*) révélé sous forme de lois. Le cycle comprend sept sous-cycles, chacun inauguré par un Prophète-Énonciateur (*Nâtiq*), suivi d'un Imâm qui constitue le Fondement (*Asâs*) de l'*Imâma*. À l'opposé du Prophète-Énonciateur, l'Imâm est silencieux (*sâmit*), il fait uniquement l'exégèse des révélations précédentes.

La plus fameuse controverse sur la Prophétie, entre l'ismaélien Abû Hâtim al-Râzî (m. *circa* 322/933-4) et le philosophe Rhazès (Muhammad b. Zakariyyâ' al-Râzî, m. 311/923), apporte des éléments importants dans la compréhension du rôle du Prophète. Le grand débat se situe entre le rôle du Prophète et celui du philosophe mettant en cause toute la notion de connaissance et de Providence

---

[30] *Shaykh* al-Mufîd, *Awâ'il al-maqâlât*, éd. ʻAbbâsqulî Wajdî, Tabriz, 1371/1952, pp. 29-30.

[31] *Ibid.*, p. 32s.

divine. Pour Rhazès, tous les hommes sont nés égaux en intelligence, par conséquent Dieu n'a pas pu privilégier quelques hommes pour en faire des Prophètes. Abû Hâtim al-Râzî cherche à montrer la contradiction de la pensée de Rhazès, car il prétend être égalitaire tout en affirmant être un maître et un guide pour les autres. Il doit donc reconnaître que Dieu a créé des êtres humains plus doués que d'autres pour acquérir la connaissance et la transmettre comme les Prophètes et les Imâms.

Abû Ya'qûb al-Sijistânî (m. *circa* 390/1000) développe en profondeur les théories sur la Prophétie dans son livre intitulé *Kitâb ithbât al-nubû'ât*. Il s'inspire d'idées néo-platoniciennes pour expliquer ce concept et constate qu'il est associé à l'idée d'apporter et de révéler une sainte Écriture. Abû Ya'qûb al-Sijistânî décrit le Prophète comme celui qui connaît les choses qui ne sont pas connues de la majorité des gens. Il connaît le vrai sens des choses et celles de l'au-delà. Il est le curateur et le médecin des âmes. Il est le lien vital entre le monde spirituel et profane. Il est inspiré (*mu'ayyad*) de Dieu[32]. Il reçoit l'aide de l'Intellect (*'Aql*). Grâce au *Ta'yîd* (Confortation divine), il est supérieur à l'homme ordinaire. Il appartient à une classe différente de celle des hommes. Il est l'homologue par excellence de l'Intellect (*Sâbiq*) dans le monde physique. Il est aussi le Messager de Dieu (*Rasûl Allâh*).

---

[32]   Abû Ya'qûb al-Sijistânî, *Kitâb al-yanâbî'*, éd. Henry Corbin dans *Trilogie ismaélienne*, Paris, Adrien Maisonneuve, 1961, p. 36, lignes 3-4; Henry Corbin, *Trilogie ismaélienne*, p. 19, n° 23; Paul Ernest Walker, *Early philosophical shiism: the Ismaili Neoplatonism of Abû Ya'qûb al-Sijistânî,* Cambridge, Cambridge University, 1993, p. 117.

Ce n'est pas par l'acquisition intellectuelle ni par l'éducation que l'on peut devenir Prophète, il s'agit plutôt d'une intervention divine; Dieu veut guider l'humanité dans une direction et c'est par l'intermédiaire d'un Prophète qu'Il transmet sa révélation. Le Prophète appartient à une seule lignée (*nasl*) prophétique[33]. Les ismaéliens utilisent fréquemment deux autres appellations: les Prophètes-Énonciateurs (*Nutaqâ'*) et les Détenteurs de la décision (*Ûlû al-'azm*)[34]. Les degrés de la Prophétie augmentent à mesure que le temps progresse. Le Prophète a aussi le titre de *Sâhib al-zamân*, «le Seigneur du temps» et le Modèle du temps (*Zînat al-zamân*)[35]. Il établit la loi divine (*sharî'a*) qui est la fondation de l'ordre moral. Une exégèse d'Abû Ya'qûb al-Sijistânî (m. *circa* 390/1000) du verset (XX: 115) — «Nous avions autrefois confié une mission à Adam, mais il l'oublia, nous n'avons trouvé en lui aucune résolution (*'azm*)» — lui permet de conclure qu'Adam ne fait pas partie des *Ûlûl al-'azm*. Contrairement à Abû Hâtim

[33]   Abû Ya'qûb al-Sijistânî, *Kitâb ithbât al-nubû'ât*, Beyrouth, éd. 'Ârif Tâmir, 1966, pp. 156-159.

[34]   Abû Ya'qûb al-Sijistânî, *Kitâb al-iftikhâr*, Beyrouth, éd. Mustafâ Ghâlib, 1980, fol. 34b et 35a: les *Ûlû al-'azm* sont Noé, Abraham, Moïse, Jésus et Muhammad; selon Abû Ya'qûb al-Sijistânî, Adam ne serait pas porteur d'une nouvelle loi (*sharî'a*), voir *Iftikhâr*, fol. 27a; Paul Ernest Walker, «Abû Ya'qûb al-Sijistânî and the Development of Ismâ'îlî neoplatonism», thèse de doctorat, Chicago, University of Chicago, 1974, p. 174 n. 2 et p. 175 n. 1.

[35]   Abû Ya'qûb al-Sijistânî, *Kitâb ithbât al-nubû'ât,* p. 104; Paul Ernest Walker, «Abû Ya'qûb al-Sijistânî and the Development of Ismâ'îlî neoplatonism», p. 176.

al-Râzî, Abû Ya'qûb al-Sijistânî croit que seulement les *Ûlûl al-'azm* (XLVI: 35) ont apporté une loi[36].

Certains théologiens musulmans iront jusqu'à dénier le statut de Prophète à Adam. Dans le Qur'ân, Adam n'est spécifiquement désigné ni comme *Nabî* ni comme *Rasûl*. Sa'd al-dîn al-Taftâzânî, se référant à ce débat, croit comme Najm al-dîn al-Nasafî qu'Adam est le premier Prophète[37].

Le terme *Nabî* signifie «celui qui informe» alors que les *Ûlû al-'azm* (les Détenteurs de la décision) sont ceux qui introduisent une nouvelle loi, en abrogeant la précédente[38].

Le terme *Nabî* est utilisé à deux niveaux: l'un est celui qui amène une nouvelle loi (*sharî'a*), l'autre est celui qui est l'homologue de la première Intelligence; cette distinction est mieux définie dans les textes shî'ites duodécimains, où se trouve la distinction entre le *Nabî al-ta'rîf* qui initie à la Gnose et le *Nabî al-tashrî'* qui apporte un nouvelle révélation (*shar*)[39]. Le message est symbolisé par l'écorce de l'amande, la Prophétie intérieure (*Nubuwwa*) par l'amande, l'Institution spirituelle des Amis de Dieu (*Walâya*) par

---

[36] Abû Ya'qûb al-Sijistânî, *Kitâb al-maqâlîd*, ms. Hamdani Library, pp. 254-255; Abû Ya'qûb al-Sijistânî, *Kitâb al-iftikhâr*, Beyrouth, éd. Mustafâ Ghâlib, 1980; Paul E. Walker, *Early Philosophical Shiism*, pp. 166, n° 12, 183, n° 11.

[37] Sa'd al-dîn al-Taftazânî, *A Commentary on the Creed of Islam*, p. 130.

[38] Abû Ishâq-i Quhistânî, *Haft bâb,* Bombay, éd. Wladimir Ivanow, 1959, p. 26; Khayr-Khwâh-i Harâtî, *Kalâm-i Pîr*, Bombay, éd. Wladimir Ivanow, 1935, p. 52.

[39] Henry Corbin, *Histoire de la philosophie islamique*, Paris, Gallimard, 1986, p. 75; Henry Corbin, *En Islam iranien*, Paris, Gallimard, 1971, vol. 1, pp. 250-252: l'idée sous-jacente qui émerge de ces deux concepts est la continuation de la Prophétie sous une forme plus secrète.

l'huile de l'amande[40]; ce symbole shî'ite éclaire l'idée ismaélienne des deux types de *Nabî*.

Dans le *Nihâya*, l'ismaélien nizârien al-Shahrastânî[41] (m. 548/1153) définit l'Impeccabilité (*'Isma*) comme subsistant dans le Prophète et constituant son essence. «Un trait distinctif essentiel de l'âme du Prophète, que la paix soit sur lui, est qu'il ne se confiait jamais à lui-même, qu'il ne parlait pas avec passion, ni ne se mouvait sauf si c'était au centre de la guidance et cela est l'Impeccabilité divine subsistant en lui-même constituant son essence[42].» Dans sa cosmologie, les anges sont les intermédiaires dans la création (*khalq*) alors que les Prophètes sont les intermédiaires de la guidance (*hidâyat*). Les anges supervisent les mouvements naturels pour que la forme corporelle atteigne sa perfection. Les Prophètes s'occupent des mouve-

---

[40]   Henry Corbin, *En Islam iranien,* vol. 1, pp. 259-262: ce symbole revient chez Haydar Âmulî dans *Jâmi' al-asrâr*, éd. Henry Corbin et Osman Yahia, dans *La Philosophie shî'ite*, Téhéran-Paris, 1969; Henry Corbin, *Trilogie ismaélienne*, p. (75): Shams al-dîn Lâhîjî (m. 869/1465) dans son commentaire de *Ghulshan-i râz* intitulé *Mafâtîh al-i'jâz fî sharh-i Gulshan-i râz*, éd. par M. Kayvân Samî'î, Téhéran, 1956, développe ce symbole. Cette idée existe dans *Gulshan-i râz*i, édité par M. Kayvân Samî'î, à la fin du livre, cf. Henry Corbin, *Trilogie ismaélienne*, p. (28).

[41]   Concernant l'identité ismaélienne d'al-Shahrastânî, voir Diane Steigerwald, *La pensée philosophique et théologique de Shahrastânî*, pp. 298-304.

[42]   Abû al-Fath Muhammad Ibn 'Abd al-Karîm al-Shahrastânî, *Nihâya al-aqdâm fî 'ilm al-kalâm*, éd. Alfred Guillaume dans *The Summa Philosophiae of al-Shahrastânî*, Oxford, Oxford University Press, 1934, p. 427.

ments volontaires afin que la forme spirituelle devienne parfaite[43].

Al-Shahrastânî compare le rôle des anges dans l'évolution de la création et le rôle des Prophètes dans l'évolution de la révélation.

> À la tête du cycle du sperme (*nutfa*), il y a un ange. À la tête du cycle de l'embryon ('*alaqa*), il y a un plus grand ange. À la tête du cycle du fœtus (*mudgha*), il y a un ange [encore] plus grand jusqu'à ce qu'il y ait (XXIII: 14): «une autre création[44]». Dans la mesure où le travail est plus grand, l'ange est plus noble. [De même] à la tête du cycle des Noms, il y a un Prophète comme Adam (Âdam). À la tête du cycle des significations de ces Noms, il y a un Prophète comme Noé (Nûh). À la tête du cycle de la réunion de ces Noms (*Asâmî*) et de ces significations (*ma'ânî*), il y a un Prophète comme Abraham (Ibrâhîm). À la tête du cycle de la révélation exotérique (*tanzîl*), il y a Moïse (Mûsâ). À la tête du cycle de l'exégèse ésotérique (*ta'wîl*), il y a Jésus ('Îsâ). À la tête de la réunion du *tanzîl* et du *ta'wîl*, il y a Muhammad l'élu (que les bénédictions soient sur l'ensemble d'entre

---

[43]   Abû al-Fath Muhammad Ibn 'Abd al-Karîm al-Shahrastânî, *Majlis-i maktûb-i Shahrastânî-i mun'aqid dar Khwârazm*, éd. Jalâlî Nâ'înî dans *Majlis-i maktûb*, Téhéran, 1378HS/1990, pp. 100, 102; traduit et commenté par Diane Steigerwald dans *Majlis: Discours sur l'Ordre et la création*, Sainte-Foy (Québec), Les Presses de l'Université Laval, 1998, pp. 82, 84.

[44]   Une idée similaire revient chez Paul (2 Co 5, 17): «Si donc quelqu'un est dans le Christ, c'est une création nouvelle: l'être ancien a disparu, un être nouveau est là.» Pour al-Shahrastânî, les lois atteignent leur perfection lors du septième cycle, de même la création atteint sa perfection dans la septième phase avec l'homme qui est «l'autre création».

eux). (XXII: 78): «selon la religion (*milla*) de votre père, Abraham»[45].

Al-Shahrastânî dresse des parallèles entre différents Prophètes. Adam révèle les Noms (*Asâmî*), alors que Moïse transmet une révélation (*tanzîl*). Jésus et Noé ont donné une interprétation ésotérique (*ta'wîl*) de la révélation. Finalement, Abraham et Muhammad ont dévoilé les significations exotériques et ésotériques de la révélation[46].

Nom/*tanzîl*	Adam/Moïse
Signification/*ta'wîl*	Noé/Jésus
Nom et Signification/*tanzîl* et *ta'wîl*	Abraham/Muhammad

La loi (*sharî'at*) est exprimée sous forme de paraboles (allégories) et contient en soi les règles de comportement à adopter en ce monde. Chez les théosophes nizâriens, la personne du Prophète (*shakhs nabawî*) est à la fois un élève et un professeur; elle est élève parce qu'elle reçoit sa connaissance des anges; elle est aussi professeur parce qu'elle transfère cette connaissance à la communauté[47]. Le *Payghambar* (*Nâtiq*) est au niveau du *dâ'î* dans la hiérarchie spirituelle; sa mission est d'appeler les hommes à la reconnaissance de l'Imâm[48]. Le plus souvent, le *Payghambar*

---

[45] Abû al-Fath Muhammad Ibn 'Abd al-Karîm al-Shahrastânî, *Majlis-i maktûb-i Shahrastânî-i mun'aqid dar Khwârazm*, p. 103; Abû al-Fath Muhammad Ibn 'Abd al-Karîm al-Shahrastânî, *Majlis: Discours sur l'Ordre et la création*, pp. 85-86.

[46] Diane Steigerwald, «The divine Word (*Kalima*) in Shahrastânî's *Majlis*», *Studies in Religion/Sciences Religieuses*, vol. 25.3 (1996), p. 350.

[47] Nasîr al-dîn Tûsî, *Tasawwurât*, éd. Wladimir Ivanow, Leiden, E.J. Brill, 1950, p. 82.

[48] Khayr-Khwâh-i Harâtî, *Fasl dar bayân-i shinâkht-i Imâm wa Hujjat*, éd. Wladimir Ivanow dans *Memoirs of the Asiatic Society of Bengal*, vol. 8i (1922), p. 17 (fol. 7).

(*Nâtiq*) est l'homologue de l'Âme universelle (*Nafs-i kullî*); selon Nasîr al-dîn Tûsî (m. 673/1274), l'Âme universelle (*Nafs-i kullî*) est la Table préservée (*Lawh-i mahfûz*)[49]. Abû Ishâq-i Quhistânî (m. 904/1448) apporte une précision sur l'assistance apportée au *Nâtiq* par l'Âme universelle (*Nafs-i kullî)*; lorsque le *Nâtiq* énonce une nouvelle loi, il n'est pas infaillible[50]. Les *Ûlû al-ʿazm* semblent avoir atteint l'apex au niveau de l'Intellect universel (*ʿAql-i kullî*) par une évolution spirituelle durant leur vie[51].

Conclusion

La Grâce divine intervient dans l'histoire en envoyant des Prophètes pour guider et rappeler à chaque peuple le Jour du jugement et l'au-delà. Dans l'islâm, les Prophètes élucident et précisent la même vérité jusqu'au dernier Prophète, Muhammad, qui est le «Sceau des Prophètes» (XXX: 40). Sa mission a été de restaurer la religion d'Abraham. L'islâm n'est pas une nouvelle religion; son Prophète affirme: «Je ne suis pas un innovateur parmi les Prophètes»

---

[49] Nasîr al-dîn Tûsî, *Tasawwurât*, pp. 82, 84.

[50] Abû Ishâq-i Quhistânî, *Haft bâb*, p. 33; Henry Corbin, *Temps cyclique et gnose ismaélienne*, Paris, Berg internationale, 1982, p. 141; Henry Corbin, *Trilogie ismaélienne*, p. (60).

[51] Henry Corbin, *Histoire de la philosophie islamique*, pp. 150-151; Paul Ernest Walker, *Early philosophical shiism*, p. 114: le Prophète est défini comme le Député de l'Intelligence de ce monde. Abû Ishâq-i Quhistânî met le *Nabî* au niveau de *ʿAql-i kullî* alors que, lorsqu'il se réfère au *Nâtiq*, il le met à un niveau inférieur à *Nafs-i kullî*; cf. Abû Ishâq-i Quhistânî, *Haft bâb*, pp. 32-33; Khayr-Khwâh-i Harâtî, *Kalâm-i Pîr*, p. 57.

(XLVI: 9). L'islâm restaure et parachève la Religion divine (V: 3) en rappelant le pacte primordial comme les Prophètes antérieurs.

Dans le sunnisme, le Prophète Muhammad n'a pas désigné explicitement de successeur, c'est pourquoi le choix de l'Imâm est laissé à la discrétion des compagnons. Bien que l'*Imâma* soit considéré comme une nécessité, les Imâms ou les Califes sunnites ont davantage un rôle temporel que religieux. La Prophétie est une pure Faveur spontanée et un état de soi transitoire durant lequel le Prophète devient un parfait transmetteur du message divin sans affecter sa propre nature. Le Prophète n'est pas l'auteur du miracle, c'est Dieu qui agit à travers lui.

La position des philosophes musulmans est tout autre. Selon eux, c'est d'abord par l'évolution de ses qualités intrinsèques qu'un homme devient Prophète. Il représente ce que la nature humaine peut atteindre en perfection dans ses différentes facultés. Les Prophètes sont des modèles pour l'humanité, ils excellent dans l'actualisation des vertus comme la générosité, la véracité, l'équité, etc. Ils indiquent aussi le chemin de l'élévation spirituelle de l'âme vers la Déité.

La conception shî'ite du Prophète est comparable à celle des philosophes musulmans, insistant sur ses qualités naturelles. Dieu choisit les Prophètes, par conséquent Dieu n'a jamais donné au peuple le droit d'élire le successeur de Muhammad. Dans le passé, ce n'est pas le peuple qui a désigné les Prophètes, ils ont été choisis par l'Ordre (*Amr*) divin, de même les Imâms l'ont été et le seront. Dans le shî'isme, le cycle prophétique est suivi du cycle de l'*Imâma*. Chez les duodécimains, le cycle de l'*Imâma* prend fin physiquement avec le douzième Imâm, alors que chez les ismaéliens nizâriens l'*Imâma* se poursuit avec un Imâm vivant. Pour ces derniers, chaque période doit avoir son Imâm, descendant direct du Prophète. L'Imâm est l'*Axis mundi* (*Qutb*) autour duquel le monde pivote, comme le Soleil pour les planètes.

Allâh le Juste,
Celui qui connaît l'essence de toutes choses,
Celui qui est bienfaisant pour sa création de la
meilleure façon,
Allâh le Clément

LA JUSTICE

Quelque action que vous accomplissiez, nous sommes témoins lorsque vous l'entreprenez. Le poids d'un atome n'échappe à ton Seigneur, sur la terre, ni dans les cieux. Il n'y a rien de plus petit ou de plus grand que cela qui ne soit inscrit dans un livre explicite. Non, vraiment, les Amis de Dieu (*Awliyâ'*) n'éprouveront plus aucune crainte, ils ne seront pas affligés; ceux qui croient en Dieu et qui le craignent, ils recevront la bonne nouvelle, en cette vie et dans l'autre.

(X: 61-63)

Le Qur'ân, aussi appelé la Distinction (*al-Furqân*) entre le bien (*khayr*) et le mal (*sharr*) (II: 213), propose un équilibre social et une éthique religieuse. Ce Livre sacré contient de nombreuses affirmations sur la nécessité de la crainte révérencielle (*taqwâ*), la Justice (*'Adl*)[1], l'Équité (*Qist*) et la bienfaisance (*ihsân*) (XVI: 90). Il donne des

---

[1] Pour comprendre la position de la Justice à l'intérieur de l'éthique musulmane, consultez l'excellent ouvrage de George Hourani, *Reason & tradition in Islamic Ethics*, Cambridge, Cambridge University Press, 1985.

directives générales tout en ayant un pouvoir de persuasion qui impose le respect et incite à l'action (*'amal*). Nous allons analyser dans ce chapitre la notion de Justice chez quelques penseurs musulmans à l'intérieur de trois écoles: 1) théologique (*kalâm*), 2) philosophique hellénistique de l'islâm (*falsafa*) et 3) shî'ite. Mais d'abord, résumons brièvement comment le Qur'ân décrit la Justice.

La conduite individuelle ou collective des musulmans doit être sous l'Ordre divin (*Amr*)[2]. Elle doit être orientée vers son devoir d'obéissance à Dieu (V: 44-45). La notion de Justice est essentielle pour le monde de l'islâm (*dâr al-islâm*), appelé aussi le monde de Justice (*dâr al-'Adl*). Les musulmans sunnites croient être la communauté idéale en se fondant sur plusieurs versets qur'âniques (III: 104, III: 113, etc.).

«Vous formez la meilleure communauté suscitée pour les hommes: vous ordonnez ce qui est convenable (*ma'rûf*), vous interdisez ce qui est blâmable (*munkar*), vous croyez en Dieu.» (III: 110)

Si la communauté musulmane est réellement désignée dans ce verset comme la meilleure, elle a donc pour principal devoir de suivre son Imâm (Guide) ou Calife qui doit «commander le bien et interdire le mal[3]». Cette directive est aussi recommandée par le Prophète dans cette tradition (*hadîth*): «Ma communauté sera toujours heureuse tant

---

[2]   Fazlur Rahman, «Law and Ethics in Islam», Malibu (Californie), éd. Richard G. Hovannisian dans *Ethics in Islam*, Undena Publications, 1983, p. 3.

[3]   Louis Gardet, *La cité musulmane: vie sociale et politique*, Paris, Librairie Philosophique J. Vrin, 1981, p. 92.

qu'elle exhortera au bien et qu'elle interdira le mal. Mais dès qu'elle se départira de ces deux qualités, elle sera en proie au malheur. Un groupe tentera d'exploiter l'autre. Ils ne recevront de secours ni de ceux qui se trouvent sur la terre, ni de ceux qui sont dans le ciel[4].»

La définition du bien comprend les droits (*huqûq*) de Dieu et ceux des hommes[5], alors que le mal englobe les transgressions définies par les limites pénales. Cette conception de la Justice s'inscrit bien dans la tradition du droit romain qui consiste à «rendre à chacun son dû[6]». Pour devenir juste, il faut commander le bien et interdire le mal — c'est-à-dire remplir les obligations du pacte (*mîthâq*) — comme le Qur'ân l'indique (V: 1): «Ô vous qui croyez! Respectez vos engagements.» La perfection de la Justice (*'Adl*) s'atteint par la fidélité au pacte. «Ô vous qui croyez! Pratiquez avec constance l'Équité (*Qist*) en témoignage de fidélité envers Dieu.» (IV: 135)

La vertu de Justice engage le croyant dans sa relation avec Dieu, avec les autres croyants et envers les non-musulmans quand un pacte a été conclu. Les spécialistes des droits et devoirs définis par un contrat ou un engagement (*'aqd*) sont appelés «les gens qui délient et lient» (*ahl al-hall wa al-'aqd*). La Justice (*'Adâla*) ou l'observation fidèle du pacte engage le droit des musulmans et les trans-

---

4   Cf. Muhammad Hosayni Behechti et Javad Bâhonar, *Philosophy of Islâm*, Salt Lake City, Islamic publications, 1982, p. 526.

5   Taqî al-dîn Ahmad Ibn Taymiyya, *Kitâb al-siyâsa al-shar'iyya fî islâh al-râ'y wa al-ra'iyya*, Le Caire, 1316/1898, p. 34; Louis Gardet, *La cité musulmane*, p. 93.

6   Saint Thomas d'Aquin, *Summa theologiae*, deuxième-seconde partie (2a-2ae), question 58, article 11; Louis Gardet, *La cité musulmane*, p. 93.

forme en véritables croyants. «L'homme bon est celui qui croit en Dieu, au dernier Jour, aux anges, au Livre et aux Prophètes.» (II: 177)

Courage, loyauté, noblesse, tempérance, hospitalité, Justice, pardon et recherche de perfection font partie des caractéristiques éthiques de l'islâm[7]. Dans l'essence de l'islâm, aux yeux de Dieu, tous les êtres sont égaux[8] sans discrimination de couleur, de classe sociale et de sexe, mais une hiérarchie spirituelle s'établit dans le degré d'actualisation de la crainte révérencielle. «Ô vous les hommes! Nous vous avons créés d'un homme et d'une femme. Nous vous avons constitués en peuples et en tribus pour que vous vous connaissiez entre vous. Le plus noble d'entre vous, auprès de Dieu, est celui d'entre vous qui craint le plus (*atqâ*)[9]. Dieu est celui qui sait et qui est bien informé». (XLIX: 13)

Être juste est l'acte le plus proche de la crainte révérencielle. «Ô vous qui croyez! Tenez-vous fermes comme témoins, devant Dieu, en pratiquant l'Équité (*Qist*). Que la haine envers un peuple ne vous incite pas à commettre des injustices. Soyez justes! C'est [l'acte] le plus proche de la crainte révérencielle (*taqwâ*). Craignez Dieu! Dieu est bien informé de ce que vous faites.» (V: 8)

---

[7]   Solomon Nigosian, *Islam: The Way of Submission*, Wellingborough (Angleterre), Aquarian Press, 1987, p. 25.

[8]   Une tradition prophétique rapporte la même idée: «Les hommes sont égaux entre eux comme les dents du peigne du tisserand; pas de différence entre le blanc et le noir, entre l'arabe et le non-arabe, si ce n'est leur degré de crainte de Dieu.» Cette tradition est traduite par Louis Gardet, *L'islam: religion et communauté*, Paris, Desclée de Brouwer, 1967, p. 276.

[9]   Voir la note 6 du chapitre intitulé: «L'esprit de fraternité et d'entraide».

La loi du Talion est tolérée par le Qur'ân, mais savoir pardonner est plus méritoire: «Nous leur avons prescrit, dans la Tora: vie pour vie, œil pour œil, nez pour nez, oreille pour oreille, dent pour dent. Les blessures tombent sous la loi du Talion, *mais* celui qui abandonnera généreusement son droit obtiendra l'expiation de ses fautes.» (V: 45) Une tradition attribuée au Prophète encourage davantage le pardon: «Autant que possible, n'appliquez pas les châtiments; il est préférable de pardonner car, en cas d'erreur, on peut revenir sur le pardon mais non sur le châtiment[10].» Dieu est décrit dans le Qur'ân comme le Miséricordieux qui pardonne: «Dieu reviendra sûrement à celui qui reviendra vers Lui après sa faute et qui s'amendera. Dieu est celui qui pardonne, il est Miséricordieux.» (V: 39)

Le Sage (*Hâkim*), un des Noms d'Allâh, recoupe à la fois la Sagesse (*Hikma*) et le jugement (*hukm*). Allâh est aussi appelé «le plus Juste des juges» (*Ahkam al-hâkimûn*) (XI: 145). La Justice, par excellence celle de Dieu, s'exercera au Jour du jugement ou Jour de la religion (*Yawm al-dîn*), le Jour où les hommes retourneront à Dieu (II: 281). Les anges seront présents, comme dans l'Apocalypse (4, 2); Qur'ân le confirme: «Tu verras les anges, en cercle autour du Trône, célébrant les louanges de leur Seigneur. Les hommes seront jugés en toute Justice.» (XXXIX: 75) Comme Denise Masson[11] le constate, les Psaumes annoncent aussi la venue du jugement (Ps 96, 13): «Yahvé [...]

---

[10] Cf. Abû al-Hasan Banî Sadr, *Le Coran et les droits de l'homme*, Paris, Maisonneuve & Larose, 1989, p. 94.

[11] Denise Masson, *Les trois voies de l'unique*, Paris, Desclée de Brouwer, 1983, pp. 186-187.

vient pour juger la terre; Il jugera le monde en Justice et les peuples en sa vérité.» Le symbole du Trône vient du Psaume (9, 8): «Yahvé siège pour toujours, il affermit pour le jugement son Trône.»

Le Qur'ân reprend le symbole de la balance (*mîzân*) servant à peser les actes mentionnés dans les révélations antérieures (cf. 1 S 2, 3; Jb 31, 6; Pr 16, 2 et 21, 2). Les deux Talmuds rapportent les paroles de Rabbi Eléazar, le Galiléen, concernant la balance du Jugement dernier[12]. La révélation et la balance ont été envoyées aux êtres humains pour qu'ils soient justes. Ainsi le Qur'ân décrit les Prophètes comme apportant les outils nécessaires pour soupeser nos actions: «Nous avons envoyé nos Messagers (*Rusul*) avec des preuves (*bayyinât*) indubitables. Nous avons fait descendre avec eux le Livre (*Kitâb*) et la balance (*mîzân*) afin que les hommes observent l'Équité (*Qist*).» (LVII: 25) Le principal devoir de l'être humain consiste à accomplir la Justice comme le Livre de Michée l'avait déjà indiqué: «On t'a fait savoir, homme, ce qui est bien, ce que Yahvé réclame de toi: rien d'autre que d'accomplir la Justice, d'aimer la bonté et de marcher humblement avec ton Dieu.» (Mi 6, 8)

Le Jour du jugement, les actions seront pesées. «Ce Jour-là, la pesée se fera. Ceux dont les œuvres seront lourdes, voilà ceux qui seront heureux! Ceux dont les œuvres seront légères: voilà ceux qui seront eux-mêmes perdus parce qu'ils ont été injustes envers nos signes.» (VII: 8-9) Le Livre de Daniel indique que les Sages et les justes seront récompensés (Dn 12, 3): «Les doctes resplendiront

---

[12] *Ibid.*, p. 190.

comme la splendeur du firmament, et ceux qui ont enseigné la Justice à un grand nombre, comme les étoiles pour toute l'éternité.» Toutes les actions des hommes sont inscrites dans les livres. Le Jour des comptes (*Yawm al-hisâb*), chacun fera son auto-jugement comme le Qur'ân l'indique: «Lis ton livre! Il suffit aujourd'hui pour rendre compte de toi-même.» (XVII: 14) L'apôtre Jean affirmait aussi que: «Les morts furent jugés d'après le contenu des livres, chacun selon ses œuvres.» (Ap 20, 12)

Comme le Prophète Ézéchiel l'avait déjà mentionné, aucune aide ni soutien d'une tierce personne ne sera possible le Jour du jugement: «Le fils ne portera pas la responsabilité de son père [...]. La Justice du juste sera pour lui et la méchanceté du méchant sera sur lui.» (Ez 18, 20) De même, le Qur'ân reconfirme: «Un père ne pourra pas satisfaire pour son fils, ni un enfant satisfaire pour son père.» (XXXI, 33) Selon l'Évangile de Matthieu (25, 33) et le Qur'ân (LVI: 8-9), les hommes seront divisés en deux groupes: «Les compagnons de la droite» destinés aux Jardins du délice et les «compagnons de la gauche» exposés à un souffle brûlant.

Kalâm sunnite (Théologie sunnite)

Les premiers théologiens de l'islâm, les mu'tazilites, ont fait de la Justice (*'Adl*) divine un des points cardinaux de leur doctrine. Ils se dénomment les *ahl al-'Adl* «les tenants de la Justice [divine][13]». Ils croient que tous les ac-

---

[13]   Abû al-Hasan 'Abd al-Jabbâr, *Mughnî*, Le Caire, 1960-1965, vol. IV, p. 139, ligne 4, vol. VII, p. 3, ligne 15, vol. VIII, p. 3, ligne 4, vol. XIII,

tes divins sont bons et que Dieu ne commet jamais d'injustice. Il y a un ordre voulu dans l'univers. Dieu agit selon un motif (*'illa*), dans un certain but (*gharad*), Il ne commet pas d'«acte vain» (*'abath*) qui serait moralement injuste[14]. Dieu n'accomplit que le meilleur (*al-aslah*), Il n'ordonne pas le mal. Leur interprétation concorde avec ce verset qur'ânique: «Tout bien qui t'arrive vient de Dieu, tout mal qui t'atteint vient de toi-même.» (IV: 79)

Les mu'tazilites ont mis de l'avant la doctrine du libre arbitre et rejeté la notion d'un Dieu arbitraire; leur conception de Dieu implique nécessairement qu'Il soit juste. L'Omnipotence et la Volonté divine sont donc limitées par les exigences de la Justice. Ils ont introduit dans leur théologie l'élément de nécessité qui était étranger à la conception de Dieu au tout début. La doctrine mu'tazilite fait contraster un homme libre par rapport à un Dieu non libre[15]. L'homme a donc le pouvoir (*qudra*)[16] de «créer ses actes». Il est entièrement responsable du bien comme du mal. Du fait de son absolue Justice, Dieu doit envoyer des Prophètes pour donner aux êtres humains les moyens de se conformer à la loi[17].

---

p. 4, ligne 17; Daniel Gimaret, *La doctrine d'al-Ash'arî*, Paris, Cerf, 1990, p. 433.

[14]   Abû al-Hasan 'Abd al-Jabbâr, *Mughnî*, vol. VIa, p. 11, lignes 5-7, p. 61, ligne 9; Daniel Gimaret, *La doctrine d'al-Ash'arî*, p. 434.

[15]   Ignáz Goldziher, *Introduction to Islamic Theology and Law*, traduit de l'allemand à l'anglais par Andras et Ruth Hamori, New Jersey, Princeton University of New York Press, 1981, pp. 90-91.

[16]   Abû Muhammad al-Hasan b. Ahmad Ibn Mattawayh, *Al-majmû' fî al-Muhît*, vol. 2, Beyrouth, éd. J.J. Houben et Daniel Gimaret, 1981, p. 106, lignes 1-2; Daniel Gimaret, *La doctrine d'al-Ash'arî*, p. 137.

[17]   Abû al-Hasan 'Abd al-Jabbâr, *Mughnî*, vol. XV, p. 63, lignes 16-18; Daniel Gimaret, *La doctrine d'al-Ash'arî*, p. 453.

Pour le théologien sunnite al-Ash'arî (m. 324/935), l'envoi des Prophètes est une Grâce, une «pure Faveur» (*Tafaddul*) que Dieu peut accorder ou non sans commettre d'injustice[18]. Al-Ash'arî s'est opposé à l'idée mu'tazilite selon laquelle Dieu fait le meilleur. Pour préserver la Toute-puissance divine, il envisage même que Dieu puisse faire le contraire de la Justice. Son interprétation va trop loin et il sera par la suite critiqué par ses coreligionnaires. Il va jusqu'à affirmer:

> Il ne serait pas non plus mauvais que Dieu châtie les croyants et fasse entrer les impies au paradis. Mais nous disons qu'Il ne fait pas cela, parce qu'Il nous a enseigné qu'Il châtie les impies, et il n'est pas possible qu'Il mente. La preuve — que tout ce qu'Il fait, Il a le droit de le faire — est qu'Il est le Monarque Tout-puissant, au-dessus duquel il n'y a aucun être qui commande, réprimande, interdit, donne des règles ou décrète des lois. Puisqu'il en est ainsi, rien de ce qu'Il fait ne peut être considéré comme mauvais, car pour nous une chose est mauvaise quand elle transgresse une loi ou enfreint un ordre, ou si nous faisons ce que nous n'avons pas le droit de faire. Puisque Dieu n'est soumis à l'autorité d'aucun être, ni aux ordres, rien de ce qu'Il fait ne peut pas être considéré comme mauvais. Si quelqu'un objecte en disant que le mensonge, par exemple, est mauvais parce que Dieu l'a considéré mauvais, on peut lui répondre en disant: oui et s'Il le considérait bon, le mensonge serait bon, et s'Il l'ordonnait, il n'y aurait aucune objection à cela[19].

---

[18]   Abû Bakr Ibn Fûrak, *Mujarrad maqâlât al-Ash'arî*, éd. Daniel Gimaret, Beyrouth, 1987, p. 174, lignes 17-22; Daniel Gimaret, *La doctrine d'al-Ash'arî*, p. 453.

[19]   Abû al-Hasan 'Alî b. Ismâ'îl al-Ash'arî, *Al-luma' fî radd 'alâ ahl al-zaygh wa al-bida'*, Beyrouth, éd. Richard J. McCarthy dans *The Theology of al-Ash'arî*, 1953, p. 71; extrait traduit par 'Abdurrahmân Badawî

Dieu a le droit de faire ce qu'Il veut, car la Volonté divine est entièrement libre, sans aucune limite. Al-Ash'arî développe une conception de Dieu à partir du principe de la non-similitude entre Dieu et le monde. Par conséquent, nous ne pouvons comprendre les actes divins de la même manière que nous jugeons les actions humaines. Qu'est-ce que l'injustice? C'est transgresser un ordre, sortir des limites (*hudûd*) fixées par une autorité et enfreindre les règles édictées[20]. Or, Dieu n'a aucune autorité au-dessus de Lui[21], «tout ce qu'Il fait (ou pourrait faire), Il a le droit de le faire» (*kull mâ fa'alahu fa-lahu fi'luhu*). Être juste signifie faire ce qu'on a le droit de faire[22].

Pour al-Ash'arî, l'homme ne peut être qualifié de véritable créateur de ses actes. Il utilise la notion d'acquisition (*kasb*) pour qualifier les actes des hommes. L'acquisition signifie que l'action de l'homme «vient d'un pouvoir apparu dans le temps» contrairement au Créateur qui agit avec un pouvoir éternel. Al-Ash'arî laisserait aussi un certain pouvoir d'agir à l'homme, même si son pouvoir est limité à sa source, parce «qu'il appartient à un être

dans *Histoire de la philosophie en islam*, vol. 1, Paris, Librairie Philosophique J. Vrin, 1972, p. 298.

[20]   Abû al-Hasan 'Alî b. Ismâ'îl al-Ash'arî, *Al-luma'*, p. 71, lignes 15-16; Abû Bakr Ibn Fûrak, *Mujarrad*, p. 36, lignes 6-7, p. 125, lignes 8-7; Daniel Gimaret, *La doctrine d'al-Ash'arî*, p. 442.

[21]   Abû al-Hasan 'Alî b. Ismâ'îl al-Ash'arî, *Risâla ilâ ahli al-thaghr*, éd. Muhammad al-Sayyid al-Julaynid, Le Caire, 1987, p. 77, lignes 10-12; Daniel Gimaret, *La doctrine d'al-Ash'arî*, p. 442.

[22]   Abû Bakr Ibn Fûrak, *Mujarrad*, p. 125, lignes 7-8, p. 139, ligne 17; Daniel Gimaret, *La doctrine d'al-Ash'arî*, p. 442.

contingent[23]». À la question: est-ce que Dieu crée les actes mauvais? Al-Ash'arî répond: «Dieu crée tout cela comme mauvais de la part d'autrui [...] de telle sorte que c'est autrui qui est mécréant, injuste, inique, blâmé, châtié, objet d'interdictions, réprimandé[24].»

Le théologien sunnite hanbalite Ibn Taymiyya (m. 728/ 1328) critique les conceptions mu'tazilite ou shî'ite et ash'arite de la Justice. «Elles ont le tort de méconnaître chacune l'un des deux éléments du problème et de sacrifier l'une la Justice à la Toute-puissance, l'autre la Puissance à la Justice[25].» Ibn Taymiyya est probablement influencé par la théodicée shî'ite de Nasîr al-dîn Tûsî (m. 673/1274) et de 'allâma al-Hillî (m. 726/1325). Il enseigne que le monde résulte de la Bonté (*Lutf*) divine. Dieu est essentiellement une Providence, tout ce qu'Il veut doit satisfaire à une souveraine Justice à condition d'être compris d'un point de vue global. Le mal n'a pas d'existence réelle dans le monde[26]. L'envoi des Prophètes est dû à la Providence divine. Le bien vient de la Bonté divine alors que le mal découle de sa Justice. Ibn Taymiyya affirme à

---

[23] Michel Allard, *Le problème des attributs divins dans la doctrine d'al-Ash'arî et de ses premiers disciples*, Beyrouth, Imprimerie catholique, 1965, pp. 183-184.

[24] Abû Bakr Ibn Fûrak, *Mujarrad*, p. 98, lignes 4-7; extrait traduit par Daniel Gimaret dans *La doctrine d'al-Ash'arî*, p. 379.

[25] Henri Laoust, *Essai sur les doctrines sociales et politiques de Takî-d-dîn Ahmad b. Taimîya*, Le Caire, 1939, p. 166.

[26] Taqî al-dîn Ahmad Ibn Taymiyya, *Majmû'at al-rasâ'il al-kubrâ*, Le Caire, 1323/1905, vol. I, pp. 318-319, 326, 328; Henri Laoust, *Essai sur les doctrines sociales et politiques de Takî-d-dîn Ahmad b. Taimîya*, pp. 168-169.

la fois la liberté de l'homme et la Toute-puissance de Dieu[27].

L'objectif de l'État est de faire régner la Justice. Ibn Taymiyya cite une tradition du Prophète Muhammad: «Dieu, de même, aidera toujours l'État juste, fût-il composé d'infidèles, tandis qu'Il n'aidera jamais un État tyrannique ne comprît-il que des croyants[28].» La première qualité morale du croyant est la Justice (*'Adâla*). La loi divine comprend la Justice (*'Adl*) qu'aucune législation humaine ne saurait égaler[29]. «La Justice est le fondement de ce monde et de l'autre[30].» Mais comment peut-on cerner la Justice? Pour Ibn Taymiyya, il faut à la fois se fonder sur les données scripturaires et la raison[31]. Le symbole de la balance (*mîzân*) utilisé dans le Qur'ân permet de légitimer l'usage du raisonnement analogique (*qiyâs*). «Car la balance désigne tout à la fois la Justice et ce qui permet

---

[27] Taqî al-dîn Ahmad Ibn Taymiyya, *Majmû'at al-rasâ'il al-kubrâ*, vol. I, pp. 329-330, p. 348, p. 351; Henri Laoust, *Essai sur les doctrines sociales et politiques de Takî-d-dîn Ahmad b. Taimîya*, p. 167, n. 4, p. 169, n. 1.

[28] Taqî al-dîn Ahmad Ibn Taymiyya, *Al-hisba fî al-islâm*, Le Caire, 1319/1901, pp. 4-5; extrait traduit par Henri Laoust, *Essai sur les doctrines sociales et politiques de Takî-d-dîn Ahmad b. Taimîya*, p. 319.

[29] Henri Laoust, *Essai sur les doctrines sociales et politiques de Takî-d-dîn Ahmad b. Taimîya*, pp. 176, 293.

[30] Taqî al-dîn Ahmad Ibn Taymiyya, *Al-hisba fî al-islâm*, p. 54; extrait traduit par Henri Laoust, *Essai sur les doctrines sociales et politiques de Takî-d-dîn Ahmad b. Taimîya*, p. 455.

[31] Taqî al-dîn Ahmad Ibn Taymiyya, *Kitâb al-siyâsa al-shar'iyya fî islâh al-râd'i wa al-ra'iyya*, Le Caire, 1316/1898, p. 74; Henri Laoust, *Essai sur les doctrines sociales et politiques de Takî-d-dîn Ahmad b. Taimîya*, p. 455.

de la connaître[32].» La Justice exige que, dans tout échange, il y ait une répartition équitable des avantages et des inconvénients[33].

Pour Ibn Taymiyya, le Prophète Muhammad constitue l'exemple par excellence de la communauté: il est le *Mahdî* (le Bien guidé) dont le règne de Justice s'est réalisé sur terre. Il a fondé la cité idéale représentant la cité originelle[34]. Après la mort du Prophète, c'est le rôle de l'Imâm (Guide) de faire régner la Justice. Le désir profond de Justice (*'Adl*), d'inspiration platonicienne, Ibn Taymiyya le reporte sur la politique sunnite. Cette description de la fonction de l'Imâm se retrouve dans le *Kitâb al-siyâsa al-shar'iyya*[35].

Falsafa (Philosophie hellénistique de l'islâm)

Examinons maintenant la notion de Justice dans la philosophie hellénistique de l'islâm. Les philosophes musulmans ont conçu la Justice en s'inspirant tantôt de Pla-

---

[32] Taqî al-dîn Ahmad Ibn Taymiyya, *Ma'ârij al-wusûl ilâ ma'rifat anna usûl al-dîn wa furû'ahu qad bayyanahâ al-rasûl*, Le Caire, 1318/1900, p. 17; extrait traduit par Henri Laoust, *Essai sur les doctrines sociales et politiques de Takî-d-dîn Ahmad b. Taimîya*, p. 242.

[33] Taqî al-dîn Ahmad Ibn Taymiyya, *Al-qiyâs fî al-shar' ul-islâmî*, Le Caire, 1346/1927, p. 57; Taqî al-dîn Ahmad Ibn Taymiyya, *Kitâb al-siyâsa*, p. 74; Henri Laoust, *Essai sur les doctrines sociales et politiques de Takî-d-dîn Ahmad b. Taimîya*, p. 455.

[34] Taqî al-dîn Ahmad Ibn Taymiyya, *Kitâb al-siyâsa*, p. 8; Henri Laoust, *Essai sur les doctrines sociales et politiques de Takî-d-dîn Ahmad b. Taimîya*, p. 182.

[35] Voir la note 38, cf. Henri Laoust, *Essai sur les doctrines sociales et politiques de Takî-d-dîn Ahmad b. Taimîya*, p. 99.

ton, tantôt d'Aristote, ou des deux à la fois. Dans les dialogues, comme ceux de *Protagoras* et de *Ménon*, Socrate cherche à définir la vertu et examine comment l'acquérir par divers exemples et arguments. Dans la *République*, le principal objectif de Platon est de comprendre en quoi consiste la Justice et pourquoi elle est un bien. Socrate examine le bien-fondé de la Justice dans la société. Il se fonde sur la prémisse qu'il est plus facile de comprendre comment la Justice se réalise dans une large entité comme la société que dans une âme humaine spécifique (*République*, livre II, 368a-369a). La Justice intérieure s'obtient par l'équilibre de l'intellect, du cœur et du désir. Pour être heureux, Socrate recommande de rechercher la tempérance et s'y exercer. Il faut acquérir la Justice, car elle est la condition du bonheur. Les hommes sont liés par l'amitié, le respect de l'ordre, la modération et la Justice (*Gorgias*, 506c-508a). Platon attribue une mission idéale à l'homme: il doit réaliser la Justice dans son for intérieur pour l'accomplissement du monde sensible à l'image du monde des idées: le Bien.

À la fin du premier et au début du deuxième livre de l'*Éthique à Nicomaque*[36], Aristote cherche à comprendre le bonheur humain qu'il définit comme une activité de l'âme se dirigeant vers la vertu (*Éthique à Nicomaque*, livre I, ch. XIII, 1). L'âme se divise en deux parties comme on le conçoit dans l'école pythagoricienne et platonicienne: l'une douée de raison et l'autre privée de raison. Cette dernière se subdivise en deux parties: la première, même

---

[36]   Le livre V est consacré à la Justice, cf. Aristote, *Éthique à Nicomaque*, original grec et traduction annotée de Jean Voilquin, Paris, Librairie Garnier Frères, 1950, pp. 195-251.

dépourvue de raison, peut servir à la raison, alors que la seconde partie reste complètement irraisonnable (*Éthique à Nicomaque*, livre I, ch. XIII, 9-11), à la fois concupiscible et irascible. Les vertus (sagesse ou prudence) rattachées à la partie de l'âme douée de rationalité sont appelées les vertus intellectuelles. Les vertus (générosité ou tempérance) rattachées à la partie de l'âme dépourvue de raison mais au service de la raison, sont appelées les vertus morales (*Éthique à Nicomaque*, livre I, ch. XIII, 19-20). Ces dernières vertus sont morales parce qu'elles sont acquises par l'habitude (*ethos*). Par contre, les vertus intellectuelles sont acquises par l'instruction (*Éthique à Nicomaque*, livre II, ch. I, 1).

Un des premiers philosophes musulmans, al-Fârâbî (m. 339/950), comparait le fonctionnement de l'État à celui du corps humain dont plusieurs organes sont subordonnés au cœur. De même, le Chef de la cité vertueuse a une position privilégiée, car il surpasse tous les autres par ses vertus intellectuelles et son don prophétique. Al-Fârâbî décrivait le Chef de la cité vertueuse comme possédant les qualités du Roi-Philosophe de Platon (une intelligence, une bonne mémoire, un esprit pénétrant, un amour de la connaissance, une modération, une magnanimité, un courage, un amour de la Vérité et de la Justice, etc.)[37].

Le premier ouvrage musulman consacré à l'éthique et s'inspirant des valeurs philosophiques grecques est intitulé *Tahdhîb al-akhlâq* d'Abû 'Alî Miskawayh (m. 420/1029), qui s'est certainement inspiré d'un livre portant le

---

[37]   Muhammad al-Fârâbî, *Al-madîna al-fâdila*, Beyrouth, 1959, pp. 105s; Majid Fakhri, *A History of Islamic Philosophy*, New York, Columbia University Press, 1983, p. 124.

même titre rédigé par un chrétien syriaque, Yahya b. ʿAdî (m. 364/974). Abû ʿAlî Miskawayh divise les vertus en trois groupes: 1) lorsque la partie de l'âme douée de rationalité recherche une connaissance véritable, la vertu de la sagesse apparaît; 2) lorsque la faculté appétitive suit les directives de la raison, la tempérance et la générosité se manifestent; 3) finalement, lorsque la passion suit les directives de la raison, la maîtrise de soi et le courage apparaissent. De la conjonction de ces vertus résultera la Justice qui est la perfection des autres vertus. Les quatre principales vertus des philosophes musulmans sont la sagesse, la tempérance, le courage et la Justice; à chacune de ces vertus correspond un vice: l'ignorance, l'incontinence, la lâcheté et l'injustice[38].

Averroès (m. 595/1198), dans son commentaire de la *République* de Platon, reprend la définition de la Justice de Socrate comme ce qui établit une harmonie entre les différentes parties de l'âme ou de la cité[39]. Les gardiens de la cité apprennent à être courageux. Leur éducation se fonde sur le principe que la Justice consiste dans le fait que chacun fasse son travail particulier, sans acquérir plus qu'un seul art[40]. La Justice se réalise lorsque les parties appétitives

---

[38] Abû ʿAlî Miskawayh, *Tahdhîb al-akhlâq*, Beyrouth, 1966, pp. 16s; Majid Fakhri, *A History of Islamic Philosophy*, 189.

[39] Abû al-Walîd Ibn Rushd, *Averroes on Plato's Republic*, traduit en anglais par Ralph Lerner, Ithaca, Cornell University Press, 1974, original hébreu, p. 23, lignes 31-33; Charles E. Butterworth, «Ethics and Classical Islamic Philosophy a Study of Averroes' Commentary on Plato's Republic», éd. Richard G. Hovannisian dans *Ethics in Islâm*, p. 25.

[40] Abû al-Walîd Ibn Rushd, *Averroes on Plato's Republic*, original hébreu, p. 27, ligne 24 à p. 28, ligne 6; Charles E. Butterworth, «Ethics and Classical Islamic Philosophy a Study of Averroes' Commentary on Plato's Republic», p. 35.

et spirituelles de l'âme sont constamment maîtrisées en observant le principe que chacun doit accomplir ses propres tâches[41].

L'intellectualisme platonicien se retrouve chez le célèbre philosophe shî'ite Nasîr al-dîn Tûsî (m. 672/1274) dans ses réflexions concernant la Justice. Après avoir expliqué que, dans la doctrine aristotélicienne, la Justice (*'Adâla*) — impliquant l'équilibre (*i'tidâl*) qui est l'ombre (*zill*) de l'Unité (*Wahdat*) — est la vertu cardinale de l'éthique[42], Nasîr al-dîn Tûsî, en s'inspirant d'Abû 'Alî Miskawayh, soutient que la loi divine (*nâmûs ilahî*) détermine le point d'équilibre pour atteindre l'égalité et la Justice. La Justice consiste, comme chez Platon, à préserver l'harmonie entre la tempérance, le courage et la sagesse (*République,* livre IV, 435b). Pour Dieu, la loi divine est la source (*manba'*) de l'Unité (*Wahdat*)[43]. Toujours en suivant Miskawayh, Nasîr al-dîn Tûsî décrit la vertu de Justice comme un état d'âme (*hai'atî nafsânî*) duquel pro-

---

[41] Abû al-Walîd Ibn Rushd, *Averroes on Plato's Republic*, original hébreu, p. 51, ligne 11 à p. 52, ligne 3; Charles E. Butterworth, «Ethics and Classical Islamic Philosophy a Study of Averroes' Commentary on Plato's Republic», p. 39.

[42] Nasîr al-dîn Tûsî, *Aklâq-i Nâsirî*, Téhéran, 1356/1979, p. 131, lignes 10-15; George Michael Wickens, *The Nasirean Ethics*, Londres, 1964, p. 95.

[43] Nasîr al-dîn Tûsî, *Aklâq-i Nâsirî*, p. 133, lignes 20-23; George Michael Wickens, *The Nasirean Ethics*, p. 97; Abû 'Alî Miskawayh, *Tahdhîb al-akhlâq*, p. 115; Wilferd Madelung, «Nasîr al-dîn Tûsî's Ethics between Philosophy, Shî'ism and Sûfism», éd. Richard G. Hovannisian dans *Ethics in Islam*, p. 91.

cède une adhérence stricte à la loi divine qui détermine les positions et les points d'équilibre[44].

Certains philosophes musulmans mettent de l'avant l'idée d'un «ordre graduel de la Justice» se transformant «en une graduation des illuminations de l'âme». Cet ordre graduel interprète la Justice divine à tous les niveaux spirituels. Ce point de vue remonte à Avicenne (celui des *Ishârât*) pour atteindre des sommets dans la théosophie illuminative d'al-Suhrawardî (m. 587/1191). Nasîr al-dîn Tûsî explique que chaque créature conçoit à sa façon son rapport avec Dieu. Comme il existe une hiérarchie spirituelle, on ne peut appliquer une norme générale valant pour tous. Celui qui se trouve dans le monde de la lumière et des ténèbres, conçoit sa relation avec Dieu comme un rapport de Justice. Celui qui a réussi à éclairer davantage son âme par la lumière, jouit d'un rapport de Grâce. Celui qui est illuminé de la splendeur divine, bénéficie d'une relation de Miséricorde surabondante[45]. La compréhension de la Justice varie donc selon le niveau spirituel. La Justice s'exerce et s'adapte en fonction de la capacité de chaque individu. L'important, c'est de rechercher le juste milieu pour être sur le droit chemin, comme une communauté éloignée des extrêmes (II: 143).

---

[44]   Nasîr al-dîn Tûsî, *Aklâq-i Nâsirî*, p. 143, lignes 21-22; George Michael Wickens, *The Nasirean Ethics*, p. 104; Abû ʿAlî Miskawayh, · *Tahdhîb al-akhlâq*, p. 125s; Wilferd Madelung, «Nasîr al-dîn Tûsî's Ethics between Philosophy, Shîʿism and Sûfism», p. 91.

[45]   Nasîr al-dîn Tûsî, «*Tasawwurât*», éd. Wladimir Ivanow dans *The Rawdatu't Taslîm commonly called Tasawwurât*, Leiden, E.J. Brill, 1950, pp. 53-54.

Shî'isme

D'après les shî'ites, pour que la Justice se réalise, les croyants doivent suivre les enseignements des Imâms, les meilleurs interprètes du Qur'ân. L'Imâm, comme le Prophète, est supérieur à l'humanité de par ses qualités intrinsèques comme la Sagesse (*Hikma*), la Générosité (*Karam*), la Véracité (*Sidq*), la Justice (*'Adl*)[46], etc. Une parole attribuée à l'Imâm Ja'far al-Sâdiq (m. 148/765) met en garde quant au rôle du juge: «Évitez d'être juge, car être juge est une position qui doit être tenue seulement par une personne qui sait comment administrer la Justice et dont les jugements sont impartiaux. Une telle personne ne peut être qu'un Prophète ou celui qu'il désigne[47].» Le Qur'ân recommande (IV: 59): «Ô vous qui croyez! Obéissez à Dieu! Obéissez au Prophète et à ceux d'entre vous qui détiennent l'autorité (*Ûlû al-Amr*). Portez vos différends devant Dieu et devant le Prophète si vous croyez en Dieu et au Jour dernier.» En l'absence du Prophète, il faut donc suivre les enseignements des *Ûlû al-Amr* (soit les Imâms).

Les principes de la religion (*usûl al-dîn*) chez les shî'ites duodécimains se résument en quatre points: 1) l'Unicité de Dieu (*Tawhîd*), 2) la Justice (*'Adl*), 3) la Prophétie (*Nubuwwa*) et 4) l'*Imâma*[48]. Le point de vue des

---

[46] Muhammad Ridâ Muzaffar, *'Aqâ'id al-imâmiyya*, Najaf, 1408/1987, p. 67, lignes 10-11.

[47] Muhammad ibn Hasan Hurr al-'Âmilî (m. 1105/1693), *Wasâ'il al-shî'a*, vol. 18, p. 7; cité par Muhammad Hosayni Behechti et Javad Bâhonar, *Philosophy of Islâm*, p. 562.

[48] Taqî al-dîn Ahmad Ibn Taymiyya, *Minhâj al-sunna*, Le Caire, 1321/1903, vol. I, p. 17; Henri Laoust, *Essai sur les doctrines sociales et politiques de Taki-d-dîn Ahmad b. Taimîya*, p. 99.

shî'ites duodécimains ressemble beaucoup au point de vue des mu'tazilites que nous avons déjà décrit[49]. *Shaykh* al-Mufîd (m. 413/1022) expose le point de vue des duodécimains de la période classique:

Je professe que Dieu — que sa grandeur soit magnifiée — a la possibilité de [faire] ce qui est contraire à la Justice, de même qu'Il peut faire ce qui est juste, si ce n'est qu'Il ne saurait commettre ni tyrannie, ni oppression, ni laideur... Je professe que Dieu est Juste et Généreux, qu'Il a créé les créatures pour être adoré, leur a ordonné de Lui obéir, leur a interdit de se révolter, les a enveloppées de sa guidance (*hidâya*[50]), les a créées en leur donnant sa faveur et en les distinguant par ses bienfaits, n'imposant à personne plus qu'il ne peut, n'ordonnant à chacun que ce qu'Il lui a donné le pouvoir de faire, son œuvre n'étant pas vaine, ni sa création déficiente, ni ses actes mauvais[51].

L'idée de guidance (*hidâya*) — ou la guidance qur'ânique (*hudâ*) — et ses dérivés reviennent souvent dans le Qur'ân (II: 2, VI: 88, II: 156-157, XVII: 97, XXI: 73, XL: 52, LIII: 30, XCIII: 7, etc.). Ces termes renferment l'idée de droiture et aussi de fermeté dans la foi. Ceux qui

---

[49]   Pour avoir une idée détaillée des points de vue mu'tazilite et shî'ite sur la Justice, cf. le chapitre sur la Justice dans Martin J. McDermott, *The Theology of Al-Shaikh al-Mufîd (d. 413/1022)*, Beyrouth, Librairie Orientale, 1986, pp. 155-187.

[50]   Au lieu de traduire *hidâya* par «direction», nous avons préféré le traduire par «guidance».

[51]   Abû 'Abd Allâh al-Mufîd, *Awâ'il al-maqâlât fî al-madhâhib al-mukhtârât*, Tabriz, 1371/1952, pp. 23-24; extrait traduit par Dominique Sourdel dans «L'imamisme vu par le Cheikh al-Mufîd», *Revue des Études islamiques*, vol. 40 (1972), pp. 54-55.

désobéissent à Dieu et à son Prophète s'égarent totalement (XXXIII: 36). Chez les shî'ites, seuls les Prophètes et les Imâms sont aptes à donner la meilleure guidance, car ils sont profondément enracinés dans la Connaissance (*'Ilm*) (III: 5-7).

Selon *'Allâma* al-Hillî (m. 726/1325), Dieu est Juste et Sage, Il ne fait pas le mal, Il agit dans un certain but, jamais injustement ou en vain, Il est Miséricordieux et fait ce qui est le mieux pour ses créatures[52]. Plusieurs traditions shî'ites annoncent que le Résurrecteur (*Qâ'im*), à la fin des temps, fera régner la Justice sur terre[53].

Le Résurrecteur est aussi appelé le *Mahdî* (le Bien guidé), parce qu'il ramènera les êtres humains sur le droit chemin[54]. Il sera de la famille du Prophète Muhammad et il jugera les êtres humains avec le jugement de David. Il jugera par sa Connaissance et par la reconnaissance (*tawassum*) immédiates, il distinguera ses amis de ses ennemis[55].

Le Résurrecteur (*Qâ'im*) est responsable du salut cosmique de l'humanité. Les shî'ites duodécimains croient que le Résurrecteur est le XIIᵉ Imâm, Muhammad al-Mahdî, qui reviendra. Henry Corbin, un spécialiste du shî'isme, décrit la conception de l'Imâm chez les shî'ites:

---

[52] Ibn Taymiyya rapporte le point de vue d'al-Hillî avant de le critiquer. Cf. Taqî al-dîn Ibn Taymiyya, *Minhâj al-sunna*, pp. 30ss; George Makdisi, «Ethics in Islamic Traditionalist Doctrine», éd. Richard G. Hovannisian dans *Ethics in Islam*, p. 52.

[53] *Shaykh* al-Mufîd cite des traditions attribuées à des Imâms shî'ites dans *Kitâb al-irshâd*, Téhéran, 1377/1957, p. 343, lignes 21-22.

[54] *Ibid.*, p. 343, ligne 8.

[55] *Ibid.*, p. 345, lignes 2-4.

L'Homme parfait est la théophanie (*mazhar*), la forme visible du Nom divin suprême qui récapitule tous les Noms; il récapitule en sa personne la totalité des théophanies des Noms divins. C'est cela seul qui fait de l'Homme le «Khalife de Dieu sur terre». [...] Cette fonction khalifale consiste à dévoiler, faire apparaître, le Nom divin investi dans chacun des êtres, [...] toutes les religions des hommes dévoileront leur sens caché, c'est-à-dire que l'Unité divine apparaîtra quant à son essence dans la multitude de ses théophanies. C'est tout cela que veut dire la Parousie, et le fait que la Justice de l'Imâm «aplanira» toutes les oppositions à la multiplicité des théophanies révélant le secret de leur unité[56].

L'Imâm révélera le sens caché et profond de toutes les religions. La lettre des Livres recèle plusieurs significations qui deviendront claires. Le secret de l'unité de toutes les religions sera manifesté, par conséquent il n'y aura plus d'oppositions entre les êtres humains. La Justice pourra s'exercer. Nâsir-i Khusraw (m. après 465/1072), un ismaélien de la période fâtimide, explique que l'arrivée du Seigneur de la Résurrection (*Qâ'im-i Qiyâmat*) constitue l'accomplissement de la création du monde. Tous les Prophètes ont annoncé sa venue[57]. Les théosophes shî'ites identifient l'Imâm au Paraclet annoncé dans l'Évangile de Jean: «Le Paraclet que le Père vous enverra en mon nom, vous enseignera toutes choses.» (Jn 14, 26, cf. 14, 16 et 15, 26-27)

---

[56]   Henry Corbin, *En islam iranien*, Paris, Gallimard, 1971, vol. 4, p. 436.

[57]   Nâsir-i Khusraw, «*Shish fasl*», Leiden, éd. Wladimir Ivanow dans *Six Chapters of Shish Fasl*, E.J. Brill, 1949, p. 59.

L'ismaélisme explique que les six principaux Prophètes-Énonciateurs (*Nutaqâ'*) étaient accompagnés d'un Imâm. Le présent cycle de sept jours fut inauguré par l'Adam biblique et chaque Prophète est accompagné de l'Imâm qui a pour fonction de clarifier le message révélé.

Jours	Prophètes	Imâms
1	Adam	Seth
2	Noé	Shem
3	Abraham	Ismaël
4	Moïse	Aaron
5	Jésus	Simon-Pierre
6	Muhammad	'Alî
7	—	Résurrecteur (*Qâ'im*)

Le septième jour se caractérise par la venue de l'Imâm de la Résurrection qui dévoilera le sens ésotérique (*bâtin*) des révélations antérieures. Le *Haft bâb-i Sayyidnâ,* une œuvre écrite par un ismaélien nizârien anonyme, relate qu'à l'époque d'Adam, l'Imâm portait le surnom de Malik Shōlēm, qu'au temps de Noé, l'Imâm se surnommait Malik Yazdâz et qu'à l'époque d'Abraham, il s'agissait de Malik al-Salâm[58]. Tous ces surnoms — Malik Shōlēm, Malik Yazdâz et Malik al-Salâm — désignent le mystérieux personnage biblique de Melchisédek (Ps 110, 4;

---

[58] «*Haft bâb-i bâbâ Sayyid-nâ*», Bombay, éd. par Wladimir Ivanow dans *Two Early Ismaili Treatises*, Islamic Research Association, 1933, pp. 10-11; Georges Vajda, «Melchisédec dans la mythologie ismaélienne», I pp. 173-183, dans *Études de théologie et de philosophie arabo-islamiques à l'époque classique*, Londres, Variorum Reprints, 1986; Wladimir Ivanow, «Noms bibliques dans la mythologie ismaélienne», *Journal Asiatique*, vol. 236 (1948), pp. 249-255.

He 5, 6, et 7). La Genèse (14, 18) relate que «Melchisédek, roi de Shalem, apporta du pain et du vin; il était prêtre du Dieu Très Haut. Il prononça cette bénédiction: "Béni soit Abram par le Dieu Très Haut qui créa ciel et terre, et béni soit le Dieu Très Haut qui a livré tes ennemis entre tes mains." Et Abram donna la dîme du Tout.» Abram donne la dîme à Melchisédek, tout comme Moïse la donne à Aaron. Pour les ismaéliens, la dîme revient légitimement à l'Imâm de l'époque. Il n'est pas étonnant que tous ces personnages mystérieux occupent un rôle semblable à celui de l'Imâm shî'ite, puisque tous les Imâms sont porteurs de la Lumière de l'*Imâma*. Les commentaires de 'Alâ al-dîn 'Atâ Malik Juwaynî (m. 681/1283) concernant la doctrine ismaélienne décrivent Melchisédek et Khidr comme des Imâms, l'un à l'époque d'Abraham, l'autre à l'époque de Moïse: «Après Abraham, il y avait un personnage dont le nom se retrouve dans la Tora où il y est dit qu'à cette époque il y avait un roi appelé [...] en hébreu Melchisédek (*Malkî Sedheq*) et en syriaque Malik Shōlēm (Malikh Shûlîm) dont le sens en arabe est *Malik al-Sidq* (Roi de la Véracité) et *Malik al-Salâm* (Roi de la Paix). Quand Abraham alla le trouver, il lui donna dix bêtes de ses troupeaux; Khidr, qui a enseigné la Science infuse (*'Ilm ladunî*) à Moïse, était Imâm ou désigné en tant qu'Imâm[59].»

Il est intéressant de remarquer que la fonction du Maître de Justice (*Moreh Sedheq*)[60] est tout à fait comparable au rôle du Serviteur de Dieu (*'Abd Allâh*) ou de l'Imâm

---

[59]   'Alâ' al-din 'Atâ-Malik b. Muhammad Juwaynî, *Ta'rikh-i jahân-gushây*, Leiden, éd. Qazwînî, E.J. Brill, 1937, pp. 150-151.

[60]   Henri Sérouya, *Les Esséniens*, Paris, Calmann-Lévy, 1959, pp. 145, 185-186.

dans le shî'isme. La fonction du Maître de Justice est d'annoncer la fin des temps prédite par les Prophètes. Le Maître de Justice désigne celui «à qui Dieu a révélé tous les mystères des paroles de ses serviteurs les Prophètes[61]». Il est inspiré de Dieu, il n'apporte pas une nouvelle révélation, mais il montre que le temps de la consommation annoncé par les Prophètes est arrivé. Le Maître de Justice n'est pas un Prophète mais l'herméneute par excellence des révélations antérieures.

Al-Shahrastânî, un ismaélien nizârien (m. 548/1153), développe aussi deux notions de Maître de Justice. Il distingue le monde achevé (*mafrûgh*) et le monde en devenir (*musta'naf*). Ces deux mondes viennent chacun avec leur Juge (*Qâdî*) respectif: le Juge de la loi (*sharî'at*) et le Juge de la Résurrection (*Qiyâmat*). Le premier Juge se fonde sur l'apparence extérieure (*zâhir*), alors que le second se fonde sur l'aspect intérieur (*bâtin*) et sa propre Connaissance divine (*'Ilm*). De même dans l'Évangile de Jean (7, 24), Jésus distingue deux sortes de jugement en invitant à ne pas juger selon l'apparence mais à juger selon le juste jugement. Al-Shahrastânî fait l'exégèse du Qur'ân concernant le récit d'initiation de Moïse par le «Serviteur de Dieu» identifié à Khidr (XVIII: 59-82).

> Comme il y a deux règles, il y a [aussi] deux Souverains (*Hâkim*) [qui sont] deux Juges (*Qâdî*). [...] L'un est Juge (*Qâdî*) de la loi (*sharî'at*), l'autre est Juge (*Qâdî*) de la Ré-

---

[61] *Commentaire (Pesher) d'Habacuc* (7, 1-5) faisant partie des manuscrits de la mer Morte, cf. Jean Daniélou, *Les manuscrits de la mer Morte et les origines du christianisme*, Paris, Éditions de l'Orante, 1974, pp. 52-53, 93.

surrection (*Qiyâmat*). La règle (*hukm*) du Juge de la loi est
Justice dans la loi. La règle du Juge (*Qâdî*) de la Résurrection est Justice dans la Résurrection. La Justice de la loi [se
fonde sur] un témoin et un serment. La Justice de la Résurrection [se fonde sur] la Connaissance divine (*'Ilm*) et la
Volonté foncière (*Mashiyyat*). Tu (Moïse) es le Juge de la
loi, tant que tu ne vois pas et n'entends pas, ne juge pas. Je
(Khidr) suis le Délégué du Juge de la Résurrection, comme
je connaissais, j'ai jugé; comme j'ai voulu, j'ai fait. [...] Je
suis le Souverain du [monde] achevé et tu es le Souverain
du [monde] en recommencement. Je suis l'homme de l'exégèse spirituelle (*ta'wîl*) et tu es l'homme de la révélation
(*tanzîl*). Je juge en me fondant sur le *bâtin* alors que tu juges en te fondant sur le *zâhir*. Toutes les deux règles (*hukm*)
ensemble sont vraies[62].

Dans l'exégèse ismaélienne nizârienne, Khidr correspond à la Preuve de l'Imâm (*Hujjat-i Imâm*)[63] dont l'essence réelle est la même que celle de l'Imâm[64], mais tous
deux ont des rôles différents, chacun dans une hiérarchie
bien établie. À l'opposé du Prophète-Énonciateur (*Nâtiq*)
(ex. Moïse), le *Hujjat-i Imâm* est infaillible (*ma'sûm*). Sa
connaissance est de nature divine, puisqu'il bénéficie de

[62]   Abû al-Fath Muhammad Ibn 'Abd al-Karîm al-Shahrastânî, *Majlis*,
Téhéran, éd. Jalâlî Nâ'înî dans *Majlis-i maktûb*, 1378HS/1990, pp. 124-
125; traduit et commenté par Diane Steigerwald dans *Majlis: discours sur
l'Ordre et la création,* Sainte-Foy (Québec), Les Presses de l'Université
Laval,1998, pp. 104-105.

[63]   Khayr-Khwâh-i Harâtî, *Qita'ât*, section 27, fol. 22 (copie personnelle de Henry Corbin), cf. Henry Corbin, *Trilogie ismaélienne*, Paris,
Adrien Maisonneuve, 1961, p. (31), n. 18.

[64]   Khayr-Khwâh-i Harâtî, *Fasl dar bayân-i shinâkht-i Imâm wa Hujjat*,
éd. Wladimir Ivanow dans «Ismailitica», *Memoirs of the Asiatic Society of
Bengal*, vol. 8i, 1922, p. 16, fol. 6.

la Confortation divine (*Ta'yîd*) directement[65]. Le jugement de Khidr qui se fonde sur l'essence (*bâtin*) des choses, la Connaissance divine (*'Ilm*) et la Volonté foncière (*Mashiyyat*), préfigure le jugement de la Résurrection. D'après al-Shahrastânî, à la fin des temps, 'Alî, le Prototype des Guides, assumera le rôle du Résurrecteur (*Qâ'im*) qui distinguera le vrai croyant de l'hypocrite[66].

Conclusion

Dans une perspective universelle, le Qur'ân est essentiellement un appel à la soumission à la volonté de Dieu et à sa loi. La vie morale se réalise par l'obéissance à Dieu. Chaque croyant consacre totalement sa vie à la foi et s'efforce de respecter les impératifs moraux. Par sa nature intérieure, le croyant accepte la Justice révélée dans les Livres sacrés. La Justice est une source d'harmonie et d'équilibre souvent symbolisée par la balance. Elle fait évoluer l'humanité vers une société équitable. Les religions annoncent le Jour du jugement où la Justice par excellence s'accomplira par Dieu qui sera le seul Juge. La Justice et l'ordre moral ne sont-ils pas une projection de l'ordre cosmique?

---

[65]   Khayr-Khwâh-i Harâtî, *Fasl dar bayân-i shinâkht-i Imâm wa Hujjat*, p. 23, fol. 15v.

[66]   Abû al-Fath Muhammad Ibn 'Abd al-Karîm al-Shahrastânî, *Majlis*, p. 113; Abû al-Fath Muhammad Ibn 'Abd al-Karîm al-Shahrastânî, *Majlis: discours sur l'Ordre et la création*, p. 94.

À noter — une remarque certes triviale mais très importante — le caractère commun des idées préhelléniques et helléniques qui reviennent dans les traditions judéo-chrétiennes puis dans l'islâm. Ces idées forment une toile de fond et sont des signes sans équivoque d'une constance dans la guidance divine pour une équité sociale tout au long de l'histoire. Les religions invitent les croyants à suivre l'exemple des Prophètes, décrits comme des êtres supérieurs à l'humanité par leurs vertus intrinsèques (Générosité, Véracité, Équité, etc.). Les Prophètes, divinement choisis, sont les seuls capables de transmettre les connaissances intemporelles qui dépassent l'entendement humain. Grâce à la présence des Guides divins qui lient l'humanité au monde impérissable, il est possible de connaître l'idéal de la Justice, cher à la conscience humaine.

À travers l'intellect humain, il est possible de développer ses vertus intellectuelles. Les vertus morales, comme les bonnes habitudes acquises par des actions répétées, développent les qualités personnelles et prennent une grande place dans la vie quotidienne. La justice «terrestre» est souvent associée à un ensemble de vertus améliorant nos relations avec nos prochains. Cette «pseudo-justice» dépend de la conscience humaine et de la capacité de l'esprit à discerner le bien du mal par rapport à l'échelle de valeurs intérieures. Elle varie d'un individu à l'autre et se divise en deux catégories: l'une générale, prescrivant certaines normes pour l'ensemble de la société, l'autre particulière, régissant l'individu et son bien.

Dans ce monde transitoire, la notion de justice «terrestre» n'est-elle pas changeante? N'est-elle pas relative à une époque et aux mœurs du pays? Certaines habitudes liées aux mœurs d'un peuple sont régionales et non universelles; elles ne doivent pas être confondues avec les principes éternels de la révélation. Ces principes éternels sont transmis en même temps que les lois prescrites pour l'époque et constituent l'essentiel du Livre ou la Mère du Livre (*Umm al-Kitâb*) (III: 5-7).

En observant les lois que Dieu a édictées, chaque être humain est responsable de ses actions individuelles et sociales. L'accomplissement des devoirs permet de faire régner l'ordre et la paix aussi bien dans la vie individuelle que sociale. La Justice, source du respect des droits de chacun, établit la droiture dans le commerce avec nos semblables. Elle facilite l'accès à l'égalité dans la société, quel que soit notre statut social. Sans elle, l'anarchie deviendrait une plaie sociale.

*Allâh le Généreux, le Résurrecteur des morts,
le Gardien de toute existence,
l'éternellement Omniprésent*

LA MORT ET L'AU-DELÀ

Il fait sortir le vivant du mort; Il fait sortir la mort du vivant. Il rend la vie à la terre quand elle est morte: ainsi vous fera-t-Il surgir de nouveau.

(XXX: 19)

De plus en plus, les événements du monde font partie de notre vie quotidienne. Nous sommes presque instantanément au courant de ce qui se déroule à l'autre bout de la planète. Chacun de nous, peu importe où il est, doit essayer de comprendre l'autre. Il faut se respecter mutuellement afin de mettre en brèche les vieilles idées préconçues qui n'ont plus leur raison d'être, car nous sommes aptes à faire l'analyse des sources authentiques et à ne plus nous laisser berner par des histoires inventées. Cette prise de conscience de l'autre, quelle que soit sa religion, est fondamentale pour toute relation réciproque dans notre société multiculturelle. Cet autre mérite tout le respect que l'on donne à son propre frère ou à sa propre sœur. Ce respect est inviolable, et c'est peut-être lors des événements qui secouent nos habitudes et nous éveillent intérieurement que nous prenons conscience des valeurs humaines universelles.

La mort fait partie des grandes questions existentielles que chacun se pose à un moment de sa vie. Nous voulons savoir d'où nous venons et où nous nous en allons. Quel est l'objet du périple terrestre? La vie a-t-elle une signification? Pourquoi vivons-nous des crises continuelles au long de la vie? Qu'est-ce que la vie a d'exaltant à nous offrir? Qu'adviendra-t-il de nous après la mort? Toutes ces questions surgissent, nous angoissent, nous forcent à réfléchir, et la réponse à ces questions orientera notre façon de vivre et d'agir. Les réponses ne viennent pas aussi vite que nous l'espérons. Toute la vie est une longue préparation vers une issue fatale. À ce rendez-vous, les réponses à toutes les questions seront claires. Mais, en attendant, il faut donner un sens à la vie; la tolérance et le respect des autres religions et des autres cultures sont des défis essentiels à surmonter pour poursuivre ce fascinant périple. Dans cette attitude de respect mutuel, l'humanité doit préparer son avenir en cherchant à mieux comprendre les points communs et les différences spécifiques qui constituent sa richesse et sa force.

Le christianisme et l'islâm se rencontrent sur certains points comme la fin du monde, la Résurrection des corps, le jugement et la rétribution. Il existe bien sûr des différences de détail[1], mais ces deux religions décrivent la mort comme la séparation de l'âme du corps. L'âme immor-

---

[1] Robert Caspar, «La religion musulmane» dans *Vatican II, les relations de l'Église avec les religions non chrétiennes*, sous la direction de A.-M. Henry, Paris, Cerf, 1966, pp. 225-226.

telle passe dans l'au-delà alors que le corps redevient poussière. Tous les êtres humains doivent mourir, le jour et l'heure de la mort restant inconnus. La mort met fin au délai accordé pour mériter le fruit des actions accomplies et des intentions. Il y aura la Résurrection des résurrections avant le Jugement dernier[2].

Ce chapitre cherche à décrire et à analyser les principes éthiques entourant la conception musulmane de la mort et de l'au-delà. Nous désirons montrer que ces principes sont essentiellement les mêmes que les principes éthiques judéo-chrétiens. Dans la première partie, nous examinons le phénomène de la mort tel qu'il est décrit dans certains versets du Qur'ân et dans certaines traditions. Dans la deuxième, nous décrivons le rituel de la mort et ce qui advient immédiatement après la mort. Nous cherchons à expliciter la notion spécifique du *barzakh*. Dans la troisième partie, nous décrivons les événements eschatologiques et les séjours de l'au-delà. Dans la quatrième, nous analysons la signification spirituelle de la mort chez quelques mystiques musulmans.

La mort dans le Qur'ân et les traditions

L'essentiel du message qur'ânique consiste à rappeler les événements futurs qui se dérouleront au Jour du juge-

---

   [2]   Père F.X. Schouppe, *Cours abrégé de religion*, Paris, Delhomme et Briguer, 1875, pp. 277-278; Francis Spirago, *The Catechism Explained*, New York, Benziger Brothers Inc., 1960, pp. 135-143; saint Thomas d'Aquin, *Summa contra gentiles*, texte de l'édition de Leonina Manualis, Besançon, P. Léthielleux, 1991, Livre troisième, chapitres 140-163, Livre quatrième, chapitres 79-97.

ment (*Yawm al-dîn*). Le Qur'ân est révélé à Muhammad pour avertir son peuple de l'avènement de la fin des temps (XVII: 1-4). Les Prophètes sont «ceux qui avertissent» (XLVI: 21). Tous les peuples ont eu leurs Prophètes (XXXV: 24). Le Qur'ân indique que la vie future est meilleure que celle-ci (XCIII: 4), que ceux qui ne croient pas à la vie dernière sont égarés (XXIII: 73-74). Il presse les hommes de faire des bonnes actions parce qu'au Jour du jugement, il n'y aura plus de délai (cf. III: 30; LXIII: 10). Le Qur'ân (II: 62; II: 141; LIII: 8) insiste sur la responsabilité individuelle devant Dieu. La mort totalise l'ensemble des gains (*arzâq*) ou des dettes du mourant.

Plusieurs versets qur'âniques (LXXX: 18-22; L: 15; LIII: 45-47; XXXVI: 81) rappellent qu'en observant attentivement la perfection dans les beautés de la création, l'être humain devrait voir les Signes irréfutables de la Puissance divine. Par exemple, les diverses phases du développement de l'homme (du fœtus à la mort en passant par la naissance jusqu'à la maturité), devraient nous inviter à déduire que la création est la preuve évidente de la Résurrection. «Comment pouvez-vous ne pas croire en Dieu? Il vous a donné la vie alors que vous n'existiez pas. Il vous fera mourir, puis Il vous ressuscitera et vous serez ramenés à Lui.» (II: 28) Car «Dieu est Celui qui fait vivre, qui fait mourir» (LIII: 44). Lorsque l'homme meurt, l'ange de la mort (*malak al-mawt*) vient le recueillir pour le ramener vers son Seigneur (XXXII: 11) — les traditions musulmanes identifieront par la suite l'ange de la mort à Isrâ'îl — puis Dieu vient accueillir l'âme (XXXIX: 42).

La création est téléologique, le but des hommes est de retourner à Dieu. «Pensiez-vous que Nous vous ayons créés

sans but et que vous ne seriez pas ramenés vers Nous?»
(XXIII: 115) La vie a donc un sens, le suicide est par conséquent désapprouvé. «Nous avons décrété la mort pour
vous, personne ne doit nous devancer.» (LVI: 60) Une tradition du Prophète explique pourquoi il ne faut pas vouloir mourir: «Qu'aucun de vous ne souhaite la mort, car si
vous faites le bien, peut-être pourrez-vous encore l'augmenter et si vous faites le mal, peut-être que vous pourrez
revenir du mal au bien[3].» Il ne faut pas souhaiter la mort
avant le moment venu, car la prolongation de la vie d'un
croyant accroît ses bonnes actions. Personne ne doit désirer la mort à cause des difficultés de la vie matérielle. Il
faut prier le Seigneur pour qu'il nous garde vivants aussi
longtemps que cela est bon pour nous-mêmes[4].

Le Prophète Muhammad recommande aux musulmans
de parler en bien des défunts, de ne rien dire de mal sur
eux et de se lever respectueusement lorsque le corbillard
d'un juif, d'un chrétien ou d'un musulman passe près d'eux.
Le croyant ne meurt pas, il passe du monde périssable au
monde éternel. Le défunt qui a été juste durant sa vie est
heureux de retourner vers Dieu alors que l'injuste est malheureux. Pour le croyant, la mort est un précieux don
(*tuhfa*), car le monde matériel est une prison. Le plus fin et
le plus généreux des êtres humains est celui qui se sou-

---

[3]   Abû 'Abd Allâh Muhammad al-Bukhârî, *Al-jâmi' al-sahîh*, choix
de traditions (*ahâdîth*) traduites et annotées par Georges Henri Bousquet
dans *L'authentique tradition musulmane*, Paris, Fasquelle, 1964, p. 309,
n° 135, voir aussi p. 100, n° 11, p. 187, n° 88.

[4]   *The Sayings of Muhammad*, choix de traditions traduites par 'Abd
Allâh al-Ma'mûn al-Suhrawardî, New York, Carol Publishing Group, 1990,
p. 67, n° 103 et 105.

vient de la mort et s'y est le mieux préparé. Les gens de bien ont gagné l'honneur de ce monde et la dignité dans l'autre[5]. Selon une tradition prophétique, «la mort est la Résurrection: quiconque meurt, sa Résurrection est déjà venue[6]».

Certains aspects de la vie sont déterminés, comme la mort et la naissance, ainsi que le sort futur de l'âme. Certaines traditions invitent les croyants à accepter leur destin puisque Dieu en est Lui-même la source. Selon une tradition sainte (*hadîth qudsî*), Dieu aurait dit: «Les hommes insultent le Sort. Or, le Sort c'est Moi, qui tient en mon pouvoir le jour et la nuit[7].» Dieu connaît le destin de tous: «Personne, sauf Dieu, ne sait ce dont demain sera fait; [...] personne ne sait sur quelle terre il mourra, mais Dieu le sait; personne ne sait quand viendra l'Heure [du Jugement dernier], sauf Dieu[8].» Bien que le destin soit fixé,

---

[5]   *Ibid.*, p. 67, n° 102, n°s 106-107; Abû 'Abd Allâh Muhammad al-Bukhârî, *Al-jâmi' al-sahîh*, traduit par Octave Houdas et William Marçais dans *Les traditions islamiques*, 4 vol., Paris, Publication de l'École des Langues Orientales Vivantes, 1903-1914, cité par Roger Arnaldez, *Mahomet*, Paris, Éditions Seghers, 1975, p. 147; Abû Hâmid al-Ghazzâlî, *Kitâb dhikr al-mawt wa mâ ba'dahu* dans *Ihyâ' 'ulûm al-dîn*, Beyrouth, 1990, vol. 6, p. 76, ligne 23, p. 77, lignes 13-14; traduit et commenté par T.J. Winter dans *Al-Ghazâlî the Remembrance of Death and the Afterlife*, Cambridge, Islamic Texts Society, 1989, pp. 9-10.

[6]   Cf. Abû Hâmid al-Ghazzâlî, *Kitâb dhikr al-mawt wa mâ ba'dahu* dans *Ihyâ' 'ulûm al-dîn*, vol. 6, p. 133, ligne 9; traduit et commenté par T.J. Winter dans *Al-Ghazâlî the Remembrance of Death and the Afterlife*, p. 127.

[7]   Abû 'Abd Allâh Muhammad al-Bukhârî, *Al-jâmi' al-sahîh*, choix de traditions (*ahâdîth*) traduites et annotées par Georges Henri Bousquet dans *L'authentique tradition musulmane*, p. 273, n° 2.

[8]   *Ibid.*, p. 98, n° 7.

l'être humain est responsable de ses actions puisque le bien vient de Dieu alors que le mal vient de l'homme (cf. IV: 79).

Rituel de la mort et *barzakh*

Lorsqu'approche l'heure de la mort, le musulman récite continuellement la profession de foi (*shahâda*): «Il n'y a de divinité en dehors de Dieu et Muhammad est l'Envoyé de Dieu.» Ceux qui l'entourent récitent avec lui jusqu'à sa mort. Puis le corps du défunt est lavé avec de l'eau savonneuse. Le corps est rincé avec de l'eau pure et lavé une troisième fois avec de l'eau et du camphre. Il est ensuite enveloppé dans un linceul blanc[9]. À la mosquée, les proches du défunt font une prière afin qu'il atteigne la proximité d'Allâh. Ils répètent plusieurs fois Allâh est le plus Grand (*Allâh Akbar*), en demandant pardon à Allâh pour les croyants et le défunt. Ils récitent plusieurs versets qur'âniques (I: 1-7; II: 1-5; VII: 56; XXXIII: 40 et 56; XXXVII: 180-182; LIX: 20-24; CXII: 1-4; CXIII: 1-5; CXIV: 1-6). Plusieurs versets louangent Allâh et Muham-

---

[9] La communauté participe aux différents rituels et apporte tout le soutien moral durant le deuil. Un office religieux est célébré, selon le rituel. Les proches font les ablutions avant la prière. Ils se tournent vers La Mecque, en levant les bras et les mains, et en exprimant leur désir de prier pour le défunt. Ils disent: «*Allâh Akbar*, Dieu est le plus Grand.» Ils récitent le premier chapitre du Qur'ân, le *sûrat al-fâtiha*. Ils invoquent les bénédictions de Dieu sur Muhammad. Ils louangent la grandeur de Dieu, en demandant pardon à Dieu pour tous les musulmans, vivants et morts. Ils répètent *Allâh Akbar* en priant pour le défunt.

mad tout en faisant partie des prières quotidiennes, et d'autres demandent refuge contre le mal auprès d'Allâh.

Une fosse parallèle à La Mecque est creusée au cimetière (arabe: *maqbara*, persan: *qabarstân*). La tête du défunt doit être tournée vers la droite en direction de la Ka'ba, prête pour l'appel du Jour du jugement (*Yawm al-dîn*). Lorsque le cercueil est descendu dans la fosse, les proches récitent une prière évoquant le jugement du mort par deux anges (Munkar et Nakîr). Les cercueils doivent être simples et modestes, en contrepartie une aumône généreuse est donnée aux pauvres, en priant Dieu de récompenser pour cela le mort qui vient d'être enseveli.

Les musulmans croient qu'Allâh accordera largement sa Grâce (*Rahma*), c'est pourquoi les proches du défunt disent «que la Grâce d'Allâh soit sur lui, *Rahmatullâhi alayhi*»; le défunt est nommé celui qui reçoit la Grâce (*marhûm*). Il est interrogé par deux anges Munkar et Nakîr chargés de «l'interrogatoire du tombeau». Ils lui posent trois questions: «Qui est ton Seigneur? Quelle est ta religion? Qui est ton Prophète[10]?» Les mu'tazilites et les philosophes musulmans (falâsifa) nient qu'il y ait un interrogatoire. Le Qur'ân n'est pas très clair à ce sujet, mais certains sunnites interprètent quelques versets en ce sens (cf. III: 169-170; XL: 11; XL: 45-46).

La doctrine du châtiment du tombeau est admise par les sunnites et les shî'ites duodécimains[11], niée par cer-

---

[10]   Abû Hâmid al-Ghazzâlî, *Al-durra al-fâkhira*, lithographie, Le Caire, fin du XIXᵉ siècle, pp. 25-26; traduit par Lucien Gauthier dans *La perle précieuse*, Paris, Les Deux Océans, 1986, p. 22.

[11]   Abû Ja'far Ibn Babawayh, *Risâlat al-i'tiqâdât*, Najaf, 1343/1924, pp. 116-118.

tains mu'tazilites, les khârijites, les shî'ites ismaéliens et les Qarmates[12]. D'après le théologien sunnite al-Ash'arî (m. 324/935), la signification du châtiment du tombeau varie selon les individus. Pour le croyant, c'est une préparation à recevoir sa récompense, alors que pour le pécheur, c'est une purification, et pour le mécréant, c'est un véritable châtiment[13]. Pour le mu'tazilite 'Abd al-Jabbâr (m. 415/1024), le châtiment de la tombe ne se situe pas après la «première mort» mais après le second coup de trompette au Jour de la Résurrection[14].

Ce séjour temporaire après la mort et avant la Résurrection est appelé *barzakh*, défini parfois comme le séjour de la tombe. Nul ne connaît le temps qui s'écoule entre la mort corporelle et la Résurrection des corps (cf. XVII: 54; X: 44-45). L'esprit (*rûh*) du défunt, reçu à sa naissance, est ramené à Dieu qui le rendra le Jour de la Résurrection. Le défunt garde entre-temps son âme charnelle (*nafs*). Une

[12] Abû Muhammad Ibn Hazm, *Kitâb al-fisal*, Le Caire, 1317/1899, vol. 4, p. 66; selon l'Encyclopédie des ikhwân al-safâ', les défunts jouissent d'une immortalité purement spirituelle. Cf. *Rasâ'il ikhwân al-safâ'*, Beyrouth, 1376-1377/1957, vol. 2, pp. 88-89, 91; Louis Massignon, *La passion de Hallâj*, Paris, Gallimard, 1975, vol. 3, pp. 169-170.

[13] Abû Bakr Ibn Fûrak, *Mujarrad maqâlât al-Ash'arî*, Beyrouth, éd. Daniel Gimaret, 1987, p. 170, lignes 15-16; Daniel Gimaret, *La doctrine d'al-Ash'arî*, Paris, Cerf, 1990, p. 504; Louis Gardet, *L'islam*, Paris, Desclée de Brouwer, 1982, p. 96; le châtiment du tombeau est fondé sur cette tradition: «Je me réfugie auprès de Dieu contre le châtiment du tombeau.» Cf. Abû Bakr Ibn Fûrak, *Mujarrad maqâlât al-Ash'arî*, p. 170, lignes 10-11; extrait traduit par Daniel Gimaret, *La doctrine d'al-Ash'arî*, p. 502.

[14] Abû al-Hasan 'Abd al-Jabbâr, *Sharh al-usûl al-khamsa*, éd. 'Abd al-Karîm 'Uthmân, Le Caire, 1384/1965, p. 732; Louis Gardet, *Dieu et la destinée*, Paris, Librairie Philosophique J. Vrin, 1981, pp. 248-249.

barrière (*barzakh*) l'empêche de se réincarner sur terre comme l'indique le Qur'ân:

> Lorsque la mort approche de l'un d'eux, il dit: «Mon Seigneur! Qu'on me renvoie sur la terre, peut-être, alors accomplirais-je une œuvre bonne parmi les choses que j'ai délaissées»; non!... C'est là, seulement, une parole qu'il a prononcée; une barrière (*barzakh*) se trouve derrière les hommes jusqu'au Jour où ils seront ressuscités. (XXIII: 99)

Plusieurs commentateurs du Qur'ân définissent le *barzakh* comme une barrière entre l'enfer et le paradis, ou comme le séjour dans la tombe séparant cette vie-ci de l'autre. En eschatologie, le *barzakh* est défini comme la limite du monde humain (les cieux, la terre et les enfers) séparant du monde des esprits purs. Pour les sûfîs, c'est l'intermonde ou monde imaginal situé entre le monde matériel et le monde spirituel. Dans «la Philosophie illuminative» (*al-Hikma al-mashriqiyya*), le *barzakh* désigne les corps ténébreux. Le *barzakh* n'équivaut pas au purgatoire chrétien, mais certains auteurs le comparent aux «limbes».

Plusieurs traditions mettent en relief la soudaineté de l'Heure et le court séjour des morts dans la tombe par rapport au temps absolu. Une tradition prophétique confirme: «J'ai été envoyé, moi et l'Heure, comme ces deux-ci (deux doigts)[15].» Et Muhammad montrait son index et son majeur. Notons que pour la majorité sunnite, le *barzakh* (défini comme un séjour temporaire dans la tombe) disparaît au Jour de la Résurrection.

---

[15]   Maurice Gaudefroy-Demombynes, *Mahomet*, Paris, Albin Michel, 1957, p. 448.

Eschatologie

Le Jour du jugement, l'ange Mikaël (Mîkâ'îl) et l'ange Gabriel (Jibrîl) participeront à la pesée des actions (II: 98). L'ange à la trompette, appelé Isrâfîl, annoncera la Résurrection. Croire à la vie après la mort est le cinquième article de la foi islamique[16]. Il faut donc croire à la Résurrection (*Qiyâma*) et au dernier Jour (*Akhira*) marquant la fin de la création. Après le premier coup de trompette (LXXXIV: 8), il y aura le grand anéantissement (*fanâ'*) de toute créature: «Toute chose périt, à l'exception de sa Face.» (XXVIII: 88) Au second coup de trompette, tous seront ressuscités. Tous les êtres humains ayant vécu depuis le début de la création du monde reviendront. Il y aura un Rassemblement (*Hashr*) (cf. XLII: 7) et Dieu exercera sa Justice en pesant les actions des êtres humains en donnant à chacun ce qu'il mérite.

> Ce Jour-là, les hommes surgiront par groupes pour que leurs actions soient connues. Celui qui aura fait le poids d'un atome de bien, le verra; celui qui aura fait le poids d'un atome de mal, le verra. (XCIX: 6-8)

Le Jour du jugement, «nous interrogerons ceux à qui des messages sont parvenus, et nous interrogerons aussi les Messagers (*Mursalîn*)» (VII: 6). Les hommes et les Prophètes seront interrogés pour savoir si le message divin a été compris. Il y aura un Témoin (*Shahîd*) de chaque communauté (XVI: 84 et 89). Le *credo* de l'école sunnite

---

[16] Les articles de la foi sont croire en un Dieu unique, aux anges, aux Livres révélés, aux Prophètes et à la vie après la mort.

ash'arite fait de l'intercession (*shafâ'a*) du Prophète Muhammad un dogme de la foi alors que les mu'tazilites la nient. Le Qur'ân n'indique pas d'intercesseur spécifique en dehors de Dieu (XXXXII: 4), mais il pourrait y avoir un intercesseur avec la permission de Dieu (cf. II: 255; XX: 109) pour ceux qui ont cru sans réussir à suivre tous les commandements. Ce rôle sera dévolu à des «serviteurs honorés (*'ibâd mukramûn*)» qui intercéderont pour ceux qui craignent Dieu (XXI: 26-28). Une tradition prophétique décrit l'intercession de Muhammad au Jour du jugement[17].

Au Jour du jugement, une muraille[18] se dressera séparant les dignes des indignes (LVII: 13). Selon la tradition musulmane, cette muraille est à Jérusalem[19], située entre la muraille orientale du Temple et le mur des Lamenta-

---

[17] Abû 'Abd Allâh Muhammad al-Bukhârî, *Al-jâmi' al-sahîh*, choix de traditions (*ahâdîth*) traduites et annotées par Georges Henri Bousquet dans *L'authentique tradition musulmane*, p. 110.

[18] *La Bible apocryphe*, textes choisis et traduits par J. Bonsirven, Paris, Cerf-Fayard, 1953, p. 246: «Et tous les justes, qui échapperont au grand jugement du Seigneur, seront unis dans le grand *Éon*. Et le grand *Éon* des justes commencera et ils seront éternels. Et ensuite il n'y aura plus chez eux ni labeur, ni chagrin, ni souffrance, ni anxiété, ni misère, ni violence, ni nuit, ni obscurité, mais ils auront une grande lumière et un grand mur indestructible, et le paradis grand et incorruptible.» (Hénoch II, 65, 8-9)

[19] Chez les mystiques musulmans (sûfîs), Jérusalem garde une position privilégiée. Elle est la première et la dernière *qibla* (pôle de la prière), la «cité de la suprême Hégire». Elle représente le lieu d'origine et le lieu de retour vers Dieu. Elle est la station de l'élévation spirituelle. La Mosquée al-Aqsâ — la plus éloignée — représente la station de l'Esprit (*maqâm al-Rûh*). Tous les hommes seront ramenés à Jérusalem au Jour du jugement dernier et la Porte du paradis s'y ouvrira. Cf. Diane Steigerwald, «Jérusalem: ville de l'ascension du Prophète Muhammad», *Studies in Religion/ Sciences Religieuses*, vol. 26.1 (1997), pp. 95-109.

tions. Après le Jugement, les ressuscités doivent regagner leur demeure originelle en traversant un pont (*sirât*)[20] «plus mince qu'un cheveu, plus tranchant qu'un sabre, plus sombre que la nuit». Les fidèles réussissent à traverser le pont alors que les infidèles privés de lumière tombent. Après avoir traversé, les élus vont boire dans un bassin (*hawd*)[21]. Entre croyants et rebelles, il y a une classe intermédiaire qui ira en un lieu d'attente appelé les crêtes (*a'râf*)[22]. Le Qur'ân le décrit ainsi:

> Un voile épais est placé entre le paradis et la géhenne: des hommes, se connaissant les uns et les autres, seront sur les *a'râf* (crêtes). Ils crieront aux hôtes du paradis: «Salut sur vous!» mais ils n'y entreront pas, bien qu'ils le veuillent. Lorsque leurs regards se porteront sur les hôtes du feu, ils

---

[20] Certains commentateurs croient qu'il s'agit de la voie droite (*sirât al-mustaqîm*) mentionnée dans le chapitre d'ouverture du Qur'ân. Le passage étroit se retrouve aussi dans Matthieu (7, 13-14) et dans *La Bible apocryphe*, p. 268: «Il existe une mer dans un lieu spacieux, si bien qu'elle est vaste et infinie; mais son entrée est resserrée, tel un fleuve. Et si quelqu'un veut entrer dans la mer, la voir et s'en emparer, s'il ne passe pas par le passage resserré, comment parviendra-t-il au large? Et voici une autre [comparaison]: une ville est bâtie dans une plaine, elle est remplie de toutes sortes de biens; mais son accès est étroit et escarpé, ayant à droite du feu et à gauche une eau profonde; et entre les deux, entre l'eau et le feu, est frayé un sentier unique plus large qu'un pied humain. Si cette ville est donnée en héritage à quelqu'un, comment l'héritier pourra-t-il prendre possession de son héritage, si d'abord il ne franchit le passage périlleux?» (*Livre d'Esdras* IV, 7, 1-9)

[21] Abû Bakr Ibn Fûrak, *Mujarrad maqâlât al-Ash'arî*, pp. 171, lignes 20-22, 173, lignes 13-21; Daniel Gimaret, *La doctrine d'al-Ash'arî*, p. 514.

[22] Maurice Gaudefroy-Demombynes, *Mahomet*, p. 474; le chapitre VII du Qur'ân intitulé *A'râf* concerne le Jour du jugement et relate l'histoire de plusieurs Prophètes (Adam, Noé, Loth, Moïse...).

diront: «Notre Seigneur! Ne nous mets pas avec le peuple injuste.» (VII: 46-47)

L'interprétation de ce dernier verset est controversée. Il existe principalement deux courants d'opinions. Certains auteurs ont rapproché le terme *a'râf* de la racine *'arafa* qui signifie connaître, «le lieu où sont connus les signes distinctifs des hôtes du paradis et de l'enfer». Selon un premier courant, ces gens situés entre le paradis et l'enfer n'ont réussi à traverser que la moitié du pont (*sirât*), car ils n'avaient pas assez de lumière pour continuer. Il s'agit de ceux dont les bonnes et mauvaises actions sont d'un poids égal. Ils attendent qu'Allâh les laisse entrer au paradis. Les croyants du paradis remarqueront qu'il y a des places vides pour ces âmes situées entre le paradis et l'enfer. Allâh leur ordonnera d'aller les chercher et de les purifier avec de l'eau de la source de vie[23].

Le deuxième courant le rapproche du terme *'urf* qui peut signifier élévation du sol, la «crête» ou la «crête du coq», par extension une «muraille dentelée» ou une «frange, bordure d'un vêtement». C'est pourquoi certains islâmologues comme Miguel Asín Palacios et Régis Blachère l'ont rapproché du terme latin *limbus* (limbe) qui

---

[23] Pour al-Îjî les *a'râf* sont un lieu intermédiaire où on ne souffre ni ne jouit, cf. 'Adud al-dîn al-Îjî, *Sharh al-mawâqif fî 'ilm al-kalâm*, Le Caire, 1325/1907, vol. 8, p. 312; Louis Gardet, *Dieu et la destinée de l'homme*, p. 305; au IXe siècle, les premiers théologiens mu'tazilites ont repris la distinction d'origine chrétienne entre les grands (*kabâ'ir*) et les petits (*saghâ'ir*) péchés. Ils ont conçu une catégorie intermédiaire de pécheurs à qui l'on attribuera des épreuves particulières au Jour du jugement. Le *fâsiq* se situe entre l'incroyant et le croyant. Cf. Maurice Gaudefroy-Demombynes, *Mahomet*, pp. 473, 475, 477.

signifie «bordure de vêtement» ou «les bords». Selon le mu'tazilite Ibn al-Anbârî, les hommes des crêtes sont ceux qui sont placés sur un lieu élevé et qui voient aussi bien le paradis que l'enfer. Il s'agit probablement des Prophètes qui au Jour du jugement séparent les dignes des indignes[24].

«On comprend, dit Louis Gardet, que les occidentaux aient comparé les a'râf tantôt aux "limbes", tantôt au purgatoire. En fait, la notion musulmane garde sa spécificité. Ce qui est premier en théologie catholique, ce n'est point le séjour des limbes, dont la notion se dégagea assez tard, mais qu'une âme en état de péché originel ne peut jouir de la vision de Dieu. Ce qui est premier en islâm, c'est le séjour des a'râf: mais c'est une demeure temporaire, et les auteurs hésitent à préciser les hôtes qui doivent pour un temps l'habiter. Il ne s'agit point non plus de purgatoire au sens strict, puisque c'est à un temps d'enfer qu'ils sont condamnés, les pécheurs croyants[25].»

Dans l'éthique musulmane, la réconciliation avec sa famille est essentielle et nécessaire pour accéder au paradis: «N'entre pas au paradis qui rompt [les relations de parenté].» Le paradis est appelé le jardin du bonheur, *jannat*

---

[24]   Muhammad b. Ibrâhîm al-Khâzin, *Tafsîr al-Qur'ân*, Le Caire, s.d., vol. 2, pp. 192-193; Louis Gardet, *Dieu et la destinée de l'homme*, pp. 333-334, voir son commentaire p. 332; Rudi Paret, «*Al-a'râf*», *Encyclopédie de l'islam*, vol. 1 (1960), p. 623; une tradition shî'ite précise: «C'est Nous (les Imâms) qui sommes l'*a'râf*.» Cf. Henry Corbin, *En islam iranien*, Paris, Gallimard, 1972, vol. 1, p. 310ss, p. 324; pour le sûfî Hasan al-Basrî, les *ahl al-a'râf* sont les martyrs et les ascètes (*ahl al-inqitâ'*), alors que pour Sahl Tustârî, ce sont les saints mystiques (*ahl al-Ma'rifa*). Cf. Louis Massignon, *La passion de Hallâj*, vol. 3, p. 175.

[25]   Louis Gardet, *L'islam*, p. 103; pour plus de détails dans la comparaison de *a'râf* avec les limbes du christianisme, voir Louis Gardet, *Dieu et la destinée de l'homme*, pp. 330-334.

al-na'im, ou, comme dans la Bible, seulement al-na'im ou jardin d'Éden. Il est aussi appelé le jardin du dernier séjour (jannat al-mawâ), la maison des craignants-Dieu (dâr al-muttaqîn); la maison de la paix (dâr al-salâm), la maison du séjour durable (dâr al-muqâma) ou la maison du bien (dâr al-qarâr), le jardin de l'éternité (jannat al-khuld). Contrairement à l'enfer, les jardins du paradis sont ombragés d'arbres fruitiers, remplis de sources et de nourritures savoureuses. Plusieurs symboles sont utilisés pour décrire l'enfer, comme le feu, les flammes, l'eau bouillante, les boissons fétides et des épines pour nourriture. Selon une tradition prophétique: «Sortira de l'enfer quiconque aura dit: "Il n'y a d'autre divinité que Dieu" et qui aura dans le cœur le poids d'un atome de bien[26].» D'après l'exégèse traditionnelle, le paradis a sept portes, dominé par le Trône ('Arsh), c'est pourquoi Muhammad, lors de son ascension, a traversé sept cieux. Les traditions chrétiennes d'Ephrem décrivent aussi les différents étages du paradis. À l'entrée du paradis les anges accueilleront les croyants en disant: «Que la paix soit sur vous, salâm 'alaykum.» Ils répètent inlassablement «Allâh est Grand, Allâh Akbar», «Gloire à Allâh, Subhân Allâh» et «Louange à Allâh, al-Hamdu li-llâh», formules qui étaient fréquemment prononcées par la fille du Prophète (Fâtima) durant sa vie.

La notion de la mort physique disparaîtra à la fin des temps: «Elle sera amenée entre paradis et enfer, et égorgée. Alors une voix criera: gens du paradis plus de mort,

---

[26]   Abû 'Abd Allâh Muhammad al-Bukhârî, Al-jâmi' al-sahîh, traduit par Octave Houdas et William Marçais dans Les traditions islamiques cité par Roger Arnaldez, Mahomet, p. 88.

gens de l'enfer plus de mort, éternité! Et les bienheureux ajouteront à leur bonheur et les damnés à leur désespoir[27].»

La doctrine exotérique donne une interprétation littérale de la Résurrection, alors que certains mystiques préfèrent lui donner un sens spirituel. Les philosophes musulmans (falâsifa) rejettent le dogme de la Résurrection des corps. Avicenne (Ibn Sînâ, m. 428/1037), dans *Al-risâla al-adhawiyya fî amr al-ma'âd*, ne donne à ce dogme qu'une interprétation métaphorique. L'âme-esprit retourne au monde intelligible[28]. Pour les théophiles, le Jour de la Résurrection est aussi appelé le Jour de l'union (*Yawm al-wisâl*). Les derniers mots du Prophète Muhammad sur son lit de mort furent: «[Je désire] l'union avec le plus Haut (*al-rifâqa al-A'alâ*)[29].» La doctrine dominante croit que les croyants verront la Face (*Wajh*) d'Allâh, mais elle ne peut expliquer comment (*bilâ kayf*). Une tradition prophétique confirme cette croyance: «Du temps du Prophète, certaines gens dirent: "Ô Envoyé de Dieu! verrons-nous le Seigneur au Jour de la Résurrection?" "Oui", répondit-il. "Contestez-vous la vue du Soleil en plein midi quand sa clarté n'est masquée par aucun nuage? Contestez-vous la vue de la Lune par une nuit de pleine Lune quand sa clarté n'est masquée par aucun nuage?" "Non", répondirent-ils.

---

[27]   Maurice Gaudefroy-Demombynes, *Mahomet*, p. 496; *La Bible apocryphe*, p. 246: «Ensuite seront anéantis les temps; et il n'y aura plus d'années ni de mois, ni de jours, ni d'heures; elles seront dissoutes et commencera le grand *Éon*.» (Hénoch II, 65, 7)

[28]   Abû 'Alî Ibn Sînâ, *Al-Risâla al-adhawiyya fî amr al-ma'âd*, éd. Sulaymân Dunya, Le Caire, 1368/1949, pp. 60-61; Louis Gardet, *La pensée religieuse d'Avicenne*, Paris, J. Vrin, 1951, p. 127, note 3.

[29]   Aburaly Aziz Alibhai, *Ismaili Tariqah*, Toronto, Islamic Literary and Cultural Association, 1985, p. 143.

"Ainsi, le Jour de la Résurrection, vous ne contesterez pas plus la vue de Dieu que vous ne contestez la vue de ces deux astres[30]..."»

Signification spirituelle de la mort

Nous avons jusqu'à présent principalement donné le point de vue des théologiens sur la mort; examinons maintenant le point de vue des mystiques. Il existe un contraste frappant entre la compréhension des théologiens et celle des mystiques. Chez ces derniers, la formulation est riche et profonde, alors que chez les théologiens elle est plus encadrée et rigide. La section précédente traitait des diverses traditions, attitudes et rituels qui entourent la mort. Cette section-ci est plutôt philosophique et mystique. Elle est plus fascinante et offre matière à réflexion sur ce sujet important, différent à bien des égards de la vision occidentale de la mort.

Une tradition attribuée au premier Imâm shî'ite, 'Alî b. Abî Tâlib (m. 40/661), explique que la mort guette tout être humain avec avidité; personne ne peut y échapper, car l'heure de la mort est déjà prédestinée. L'Imâm 'Alî suscite une réflexion sur la condition de créature de l'être humain et son devoir de rechercher l'éternité et de ne pas s'attacher à son existence transitoire. Il faut faire de bon-

---

[30] Abû 'Abd Allâh Muhammad al-Bukhârî, *Al-jâmi' al-sahîh*, traduit par Octave Houdas et William Marçais dans *Les traditions islamiques*, cité par Roger Arnaldez, *Mahomet*, p. 112.

nes provisions spirituelles puisque, là où va l'être humain, il y restera pour toujours[31].

L'Imâm 'Alî décrit qu'à la mort une personne se retrouve dans une de ces trois situations, rétribuée selon son mérite: 1) d'une vision béatifique perpétuelle, 2) d'un châtiment perpétuel, ou 3) d'une peur effroyable. Ceux qui ignorent quelle sera leur situation sont dans l'incertitude. Les fidèles qui suivent l'Ordre (*Amr*) de l'Imâm de l'époque deviennent les récipiendaires d'une vision béatifique perpétuelle, alors que les ennemis de l'Imâm, ou ceux qui s'opposent à leurs droits, recevront un châtiment éternel. Par contre, ceux qui sont dans le doute et se méconnaissent intérieurement sont comme des croyants qui consacrent uniquement leur temps à leur affaire personnelle sans connaître leur condition existentielle. Un bien leur sera accordé après le doute et la peur. Dieu les distinguera des ennemis et les Imâms intercéderont en leur faveur. C'est pourquoi il faut agir en toute droiture, obéir à Dieu, ne pas se fier uniquement à soi-même et ne pas sous-estimer la rétribution d'Allâh[32].

L'Imâm shî'ite Husayn (m. 61/680) aurait expliqué la mort en citant une tradition attribuée au Prophète, selon laquelle le monde est une prison pour le croyant et un paradis pour l'infidèle; la mort est un pont menant le croyant aux jardins, alors que, pour l'infidèle, elle mène au feu de

---

[31]   *Shaykh* al-Mufîd, *Kitâb al-irshâd*, Téhéran 1377/1957, traduit par I.K.A. Howard dans *The Book of Guidance*, New York, Tahrike Tarsile Qu'ân inc., 1981, p. 177.

[32]   Traditions citées par Abû Ja'far Ibn Babawayh, *Risâlat al-i'tiqâdât*, p. 110.

l'enfer[33]. L'Imâm shî'ite Ja'far al-Sâdiq (m. 147/765) décrit la mort comme étant pour le croyant une brise parfumée; ses inquiétudes et sa douleur le quittent. Pour l'infidèle, c'est encore plus douloureux qu'une morsure de vipère et des piqûres de scorpions. L'Imâm Ja'far al-Sâdiq expliquait pourquoi certaines personnes endurent de grandes souffrances avant de mourir, alors que d'autres quittent ce monde paisiblement. Lorsqu'un croyant meurt paisiblement, c'est qu'il jouit déjà de sa récompense; et s'il souffre avant de mourir, c'est pour le pardon de ses péchés, afin qu'il passe dans l'autre monde dans un état de pureté, prêt à recevoir sa récompense. La relative facilité d'un infidèle à mourir est une compensation pour quelques bonnes actions, afin qu'il soit prêt à recevoir son châtiment dans l'autre monde. S'il souffre avant de mourir, c'est que son châtiment est déjà commencé[34].

Les frères de la pureté (*ikhwân al-safâ'*) affirment souvent dans leur Encyclopédie: «N'aie pas peur de la mort, mais sois parmi les *Awliyâ'* (Amis de Dieu) qui la souhaitent[35].» Les frères de la pureté affirment qu'on peut avoir un avant-goût de l'au-delà si l'on atteint la quiétude (*tumâ'nina*) et la pureté de l'âme. Les *Awliyâ',* ayant connu Dieu, jouissent déjà de la béatitude. Dieu a fait de cette

---

[33] Tradition citée par Abû Ja'far Ibn Babawayh, *Risâlat al-i'tiqâdât*, p. 111.

[34] Traditions citées par Abû Ja'far Ibn Babawayh, *Risâlat al-i'tiqâdât*, p. 113.

[35] *Rasâ'il ikhwân al-safâ'*, Beyrouth, éd. Butrus al-Bustânî, 1376/1957, vol. 1, pp. 381-382, vol. 3, p. 42, vol. 4, p. 19; extrait traduit par Yves Marquet, *La philosophie des ikhwân al-safâ'*, Alger, Société Nationale d'Édition, 1971, p. 539.

allégresse «une annonciation pour ses *Awliyâ'* dans la vie d'ici-bas[36]».

L'importance d'acquérir de l'instruction durant le séjour terrestre a toujours été mise en relief depuis le tout début de l'islâm; à ce propos, une tradition prophétique dit: «L'homme instruit est vivant, l'ignorant mort.» Nâsir-i Khusraw (m. après 465/1072), un ismaélien fâtimide, développe sur ce thème en nous révélant que celui qui recherche et acquiert la connaissance renaît à la vie et ressuscite. Cette renaissance ouvrira un nouvel horizon pour le croyant qui aura une vie orientée vers un objectif particulier; de plus, il aura pris conscience de la nécessité de nourrir son âme, source de vie éternelle.

> Savoir que l'ignorant est semblable au mort, qu'en revanche quiconque accède de l'ignorance à la connaissance est semblable au mort à qui la vie est rendue; savoir que la lumière, en réalité, est la foi; que doutes et ténèbres, sans contexte, sont synonymes d'ignorance et d'égarement, tels sont les signes par lesquels se distinguent les adeptes de la maison du Prophète (*ahl al-bayt*), que la paix soit sur lui! Dieu dit sous forme de question: «Celui qui était mort, et que nous avons ressuscité et à qui nous avons remis une lumière pour se diriger au milieu des hommes, est-il semblable à celui qui est dans les ténèbres d'où il ne sortira pas? Ainsi, les actions des incrédules sont revêtues d'apparences belles et trompeuses.» (VI: 122) Il appert de ce verset que les croyants sont les vivants et qu'au milieu des hommes ils se dirigent à la lumière de la science; que les incrédules dans les ténèbres sont des ignorants; que si la

---

[36]   *Rasâ'il ikhwân al-safâ'*, vol. 3, p. 531; extrait traduit par Yves Marquet, *La philosophie des ikhwân al-safâ'*, p. 539.

Résurrection des hommes après la mort est promesse divine, cette Résurrection dont il est fait mention au verset ci-dessus est la vérité réelle, la vérité absolue. Par conséquent, celui dont Dieu Très Haut évoque la Résurrection n'est pas mort. Non, celui-là est vivant. Et c'est à tous les hommes qu'il faut de la sorte renaître à la vie[37].

Ceux qui ont reçu le don de la foi (*îmân*) sont illuminés par la science, partie intégrante de la véritable foi. Ceux qui suivent l'enseignement ésotérique des adeptes de la maison du Prophète sont les vivants, au sens réel du terme. L'ignorant sombrant dans son ignorance reste dans les ténèbres et ressemble à un mort. «Si les ignorants craignent la mort, c'est que pour eux, après la mort corporelle, laquelle est la séparation de l'âme d'avec le corps, il n'y a plus d'être[38].»

La mort spirituelle est plus sournoise que la mort physique, car elle est moins apparente; une personne très active dans sa vie matérielle, qui ne consacre plus de temps à nourrir son âme, est morte spirituellement. Elle atrophie l'âme qui n'est plus capable de distinguer les valeurs spirituelles des valeurs matérielles: c'est comme un royaume sans Roi. Au contraire, la mort physique est une libération, l'âme quitte le corps physique pour poursuivre son cheminement dans l'au-delà. Le corps physique est une limitation, mais aussi un moyen pour évoluer spirituelle-

---

[37]   Nâsir-i Khusraw, *Jâmi' al-hikmatayn*, Téhéran, éd. Henry Corbin et Muhammad Mu'în, 1332/1953, p. 312, ligne 7, à p. 313, ligne 5; traduit par Isabelle De Gastines dans *Le Livre réunissant les deux sagesses*, Paris, Fayard, 1990, p. 325.

[38]   Nâsir-i Khusraw, *Jâmi' al-hikmatayn*, p. 247, lignes 4-5; traduit par Isabelle De Gastines dans *Le Livre réunissant les deux sagesses*, p. 260.

ment plus rapidement, car il faut fournir plus d'efforts pour progresser. Nâsir-i Khusraw fait aussi une exégèse de l'histoire biblique et qur'ânique du déluge à l'époque de Noé. Il explique que la mort des rebelles dans le symbole de l'arche de Noé est causée par l'ignorance et l'égarement[39]. Chez Nâsir-i Khusraw, l'unique source de vie est la connaissance (*'ilm*).

La mort fascine le célèbre Abû Hâmid al-Ghazzâlî (m. 505/1111)[40] dont l'œuvre — qui s'étend bien au-delà du mysticisme — a été le point culminant de l'effort de légitimation du sûfisme à l'intérieur du sunnisme. Selon lui, il y a trois catégories d'individu: 1) celui qui est attaché à la vie matérielle évite de penser à la mort; s'il s'en souvient, c'est avec regret pour son monde et sa façon de la comprendre l'éloigne du Seigneur; 2) celui qui se repend s'en souvient fréquemment et atteint la complète repentance; 3) le gnostique (*'ârif*) s'en souvient constamment, parce que pour lui c'est un rendez-vous avec la Déité. L'amoureux n'oublie jamais l'heure de son rendez-vous avec celle qu'il aime. Le gnostique trouve que la mort ne vient pas assez vite et il est heureux lorsqu'elle l'emporte[41]. Les différentes attitudes face à la mort caractérisent différents

---

[39]   Nâsir-i Khusraw, *Jâmi' al-hikmatayn*, p. 39, lignes 15-16; traduit par Isabelle De Gastines dans *Le Livre réunissant les deux sagesses*, pp. 65-66.

[40]   Arend Jan Wensick, *La pensée de Ghazzâlî*, Paris, Adrien-Maisonneuve, 1940, voir le chapitre 7 concernant la mort et la vie future, pp. 177-197.

[41]   Abû Hâmid al-Ghazzâlî, *Kitâb dhikr al-mawt wa mâ ba'dahu* dans *Ihyâ' 'ulûm al-dîn*, vol. 6, pp. 75, lignes 18-21, 76, lignes 3-4; traduit et commenté par T.J. Winter dans *Al-Ghazâlî the Remembrance of Death and the Afterlife*, p. 7.

niveaux spirituels. Pour progresser spirituellement, le fidèle doit mourir avant de franchir chaque étape. Al-Ghazzâlî distingue ainsi trois mondes: 1) le monde terrestre, 2) le *malakût* (monde angélique) et 3) le *jabarût* (monde des chérubins porteurs du trône)[42]; le passage vers chacun de ces mondes se fait par la mort.

Le mathématicien et astronome 'Umar Khayyâm (m. *circa* 519/1125)[43], reconnu pour être un célèbre poète, invite les gens à boire le vin de l'élévation spirituelle qui enivre l'âme[44] avant que la mort ne l'emporte. Il nous révèle la signification du vin:

> Ce vin que l'heureux Khidr trouvait vierge de lie, c'est l'Eau de vie, dont je me déclare l'Élie. Et «force du cœur et ali-

---

[42]   Abû Hâmid al-Ghazzâlî, *Al-durra al-fâkhira*, p. 2; traduit par Lucien Gauthier dans *La perle précieuse*, p. 2.

[43]   'Umar Khayyâm aurait étudié avec Nizâm al-Mulk et Hasan-i Sabbâh, sous la direction du même maître à Nîshâpûr; voir Farhad Daftary, *The Ismâ'îlîs*, Cambridge, Cambridge University Press, 1990, p. 337. Mais cette version n'est pas acceptée par tous les islamologues, cf. Vladimir Minorsky, «'Omar Khaiyâm», *Encyclopedia of Islam*, vol. 3 (1913), p. 985: «Rashîd al-dîn in his *Jâmi' al-tawârikh* is the earliest authority known for the tale of three schoolfellows: Nizâm al-Mulk, Hasan-i Sabbâh and Khayyâm. The chronological discrepancy involved by this story was already noticed by August Müller: Nizâm al-Mulk was born in 408/1017 and there are no indications that Khayyâm [or Hasan-i Sabbâh] died at the age of more than 100 years.» Voir les commentaires de Peter Avery et John Heath-Stubbs dans *The Ruba'iyat of Omar Khayyam*, New York, Penguin Books, 1979, pp. 105-111.

[44]   'Umar Khayyâm, *Rubâ'iyyât*, Calcutta, 1836, partie I, p. 107; traduits par Arthur Guy dans *Les robaï*, Paris, Société Française d'Éditions Littéraires et Techniques, 1935, p. 106, n° XL: «Si je bois du vin, moi, ce n'est pas pour m'exciter, ni par irréligion, ni par immoralité. Il faut que je m'échappe un moment hors de moi-même. C'est ce qui me fait boire jusqu'à l'ébriété.»

ment d'âme» est nom qu'au «*laetificat cor hominum* (allégresse du cœur humain)», moi, je relie[45].

Ici 'Umar Khayyâm associe le vin à l'Eau de vie. Il reprend le symbole judéo-chrétien de l'eau vive; dans l'Ancien Testament (cf. Jr 2, 13; Za 14, 8), Dieu est représenté comme source de vie. L'eau peut être associée aussi à la purification préalable au don de l'Esprit Saint (Ez 36, 25-27; Mt 3, 11). Ainsi, pour 'Umar Khayyâm, le vin est la nourriture de l'esprit de la religion et du cœur et il symbolise le sang du sacrifice. Il est le Soleil de la vie[46] et la Lumière divine dans le cœur du croyant. Le personnage de Khidr est souvent identifié au «Serviteur de Dieu» qui initie Moïse, «l'Interlocuteur privilégié de Dieu», dans le Qur'ân (XVIII: 59-82). Ce récit prend racine dans les traditions talmudiques où une légende similaire est relatée (le couple Élie et Josué). En découvrant la source de vie, Khidr bénéficie de l'immortalité et d'une grande Sagesse. Il s'est abreuvé à l'Élixir de vie. Khidr est le prototype du Guide spirituel intérieur bénéficiant de la Science infuse (*'Ilm ladunî*).

Les êtres humains ne savent pas d'où ils sont venus ni où ils iront après la mort. Le Sage s'instruit durant sa vie

---

[45] 'Umar Khayyâm, *Rubâ'iyyât*, Calcutta, 1836, partie I, p. 265; traduits par Arthur Guy dans *Les robaï*, p. 180 n° CLXXXVIII.

[46] 'Umar Khayyâm, *Rubâ'iyyât*, Calcutta, 1836, partie I, p. 383; traduits par Arthur Guy dans *Les robaï*, p. 225 n° CCLXXVIII: «Avant que la destinée ne répande ton sang, toi, verse le sang de l'urne au calice, c'est mieux.» Original, partie I, p. 390; traduction p. 228, n° CCLXXXIV: «La jeune fortune est en éveil, ô verseur! Tends-moi la coupe de vin vermeil, ô verseur! C'est l'heure du vin d'aube: je verrouille la porte. Verse du vin, voici le soleil, ô verseur!»

au secret du cœur. À sa mort, Dieu le réconfortera (cf. Mt 13, 10-12 et la parabole des talents, Mt 25, 14-30) par d'autres secrets. L'ignorant qui ne sait rien, de quoi sera-t-il instruit après sa mort?

> Un cœur que la vie, de son secret, eût instruit, la mort, des secrets de Dieu l'eût, en plus, instruit. Toi, qui es avec toi aujourd'hui, sans rien savoir, de quoi te quittant demain seras-tu instruit[47]?

Il ne faut pas être chagriné par les difficultés de cette vie éphémère, puisque bientôt l'âme quittera le corps qui deviendra poussière. L'état de sommeil ressemble à la mort spirituelle parce que l'être humain est inconscient. Il ne faut pas trop dormir, mais s'éveiller pour boire du vin[48], l'Élixir de vie. 'Umar Khayyâm explique que le théophile est heureux en cette vie et ne perd pas son temps:

> Quiconque a gravé un trait de l'Amour en son cœur n'a pas un moment de vie gaspillé par erreur. Ou bien les satisfactions de la Déité furent son but, ou bien, en levant son verre, il choisit son bonheur[49].

Il faut accepter sa destinée telle qu'elle est et laisser au monde matériel ses torts. Il est inutile d'amasser des

---

[47] 'Umar Khayyâm, *Rubâ'iyyât*, éd. Ahmad Saidi dans *Rubâ'iyât of Omar Khayyâm*, Berkeley, Asian Humanities Press, 1991, p. 122, n° 65; traduits par Arthur Guy dans *Les robaï*, p. 103, n° XXXIII.

[48] 'Umar Khayyâm, *Rubâ'iyyât*, éd. Parischehr Kasra dans *The Rubâ'iyât of 'Umar Khayyâm*, New York, Scholars' Facsimiles & Reprints, 1975, p. 13; traduits par Arthur Guy dans *Les robaï*, p. 113, n° LIII; original, p. 33; traduction, p. 120, n° LXVII.

[49] 'Umar Khayyâm, *Rubâ'iyyât*, Calcutta, 1836, partie I, p. 112; traduits par Arthur Guy dans *Les robaï*, p. 123, n° LXXIV.

biens matériels qu'on ne peut apporter avec soi après la mort. Il faut boire du vin spirituel et nourrir son âme.

Autant que tu peux, au monde abandonne ses torts. Des soins du passé et du futur, laisse l'effort. Bois, sers en gaieté ton vin, en ces sombres décors; tu sais qu'on n'emporte pas avec soi ses trésors[50].

La gloire du monde éphémère ne sert à rien. Cultive ton esprit avant que la mort vienne te chercher[51].

'Umar Khayyâm nous révèle qu'il a réussi à affronter toutes les difficultés de la vie. Il a dénoué tous les nœuds sauf celui du tombeau[52], mais il n'a pas peur de la mort. Il se réjouit à l'idée qu'il récoltera deux parts: les fruits de sa vie matérielle et de sa vie spirituelle. Son âme lui a été prêtée et, sur l'Ordre de Dieu, il la Lui rendra[53]. Avec l'Amour de Dieu, il descendra au tombeau et ressuscitera. Le Sage ne s'inquiète pas ni du paradis ni de l'enfer. Celui

---

[50] 'Umar Khayyâm, *Rubâ'iyyât*, Calcutta, 1836, partie I, p. 118; traduits par Arthur Guy dans *Les robaï*, p. 126, n° LXXIX.

[51] 'Umar Khayyâm, *Rubâ'iyyât*, éd. Parischehr Kasra dans *The Rubâ'iyât of 'Umar Khayyâm*, p. 69; traduits par Arthur Guy dans *Les robaï*, p. 131, n° XC: «Quand bien tu verrais le monde à ta gloire paré, dédaigne ce dont les Sages se sont séparés. Beaucoup de tes frères partent; beaucoup vont venir. Prends vite ton lot: c'est de toi qu'on va s'emparer.»

[52] 'Umar Khayyâm, *Rubâ'iyyât*, éd. Parischehr Kasra dans *The Rubâ'iyât of 'Umar Khayyâm*, p. 119; traduits par Arthur Guy dans *Les robaï*, p. 186, n° CXCIX.

[53] 'Umar Khayyâm, *Rubâ'iyyât*, éd. Ahmad Saidi dans *Rubâ'iyât of Omar Khayyâm*, p. 227, n° 159; traduits par Arthur Guy dans *Les robaï*, p. 132, n° XCII: «À d'autres qu'à moi la peur du départ viendra. Ma joie, de la seconde de mes deux parts, viendra. J'ai une compagne en moi que Dieu m'a prêtée: je lui rendrai quand l'ordre m'en parviendra.»

qui garde sa réserve de vin ressuscitera. 'Umar Khayyâm désire que sa dépouille soit lavée avec le vin spirituel et que son cercueil soit en bois de vigne (cf. Is 5, 1-7; Ps 79, 9-12; Ez 17, 1-8). Il ne faut pas laisser la détresse s'emparer de soi, ni vivre dans le deuil de son sort misérable. Il faut boire le vin spirituel, source du vrai bonheur avant de mourir[54].

Ibn 'Arabî (m. 638/1240), un sûfî original qui a fait la synthèse de divers courants de la philosophie mystique, distingue deux sortes de mort. La première est la mort physique reliée au sort de tous les êtres. La deuxième est la «petite mort» initiatique et volontaire[55]. Dans le récit visionnaire *Al-futûhât al-makkiyya*[56], Ibn 'Arabî entretient une discussion avec Moïse à propos du problème de la vision de Dieu et il cite la tradition prophétique suivante: «Nul d'entre vous ne verra son Seigneur avant de mou-

---

[54]   'Umar Khayyâm, *Rubâ'iyyât*, Calcutta, 1836, partie II, p. 463; traduits par Arthur Guy dans *Les robaï*, p. 133, n° XCIII; original, partie I, p. 142; traduction, p. 143, n° CXIV; original, partie I, p. 145; traduction p. 145, n° CXVII; original, partie I, p. 146; traduction, p. 145, n° CXVIII: «Aux coupes du vin je veux que vous me nourrissiez, qu'en rubis ma face d'ambre vous me rougissiez; que quand je trépasserai, de vin vous me laviez, et qu'en bois de vigne mon cercueil vous bâtissiez.» Original, partie I, p. 161; traduction, p. 148, n° CXXIII: «Empêche que la détresse en ton for ne pénètre, qu'un deuil en la texture de ton sort ne pénètre. Viens boire du vin au bord d'un champ, près d'un ruisseau avant que la terre aux flancs de ton corps ne pénètre.»

[55]   Ibn 'Arabî distingue quatre niveaux de mort initiatique. Cf. Muhyî al-dîn Ibn 'Arabî, *Al-futûhât al-makkiyya*, Bûlâq, 1329/1911, vol. 2, p. 187; Michel Chodkiewicz, *Le sceau des saints: prophétie et sainteté dans la doctrine d'Ibn 'Arabî*, Paris, Gallimard, 1986, p. 186.

[56]   Muhyî al-dîn Ibn 'Arabî, *Al-futûhât al-makkiyya*, vol. 4, p. 2; Michel Chodkiewicz, *Le sceau des saints: prophétie et sainteté dans la doctrine d'Ibn 'Arabî*, p. 206.

rir.» Moïse explique à Ibn ‘Arabî qu’il a dû mourir pour voir Dieu. Il fait donc partie de ceux qui n’auront plus à mourir au Jour du jugement lorsque l’ange Isrâfîl sonnera la trompette. Car celui qui a connu la mort initiatique participe déjà à la vie éternelle; pour lui, il n’y a plus de mort comme pour le reste de l’humanité à la fin des temps, il n’y aura plus de mort, elle sera immolée par Jean le Baptiste (Yahyâ «celui qui vit»).

Ibn ‘Arabî dévoile aussi la signification de l’enfer en citant une tradition sainte (*hadîth qudsî*) inspirée de l’Évangile de Matthieu (25, 42-46), où Dieu s’adresse au pécheur en déclarant: «J’ai été malade et tu ne M’as pas visité. J’ai eu faim et tu ne M’as pas nourri... J’ai eu soif et tu ne M’as pas abreuvé...» Au pécheur qui s’étonne: «Comment T’aurais-je visité, Toi qui est le Seigneur des mondes?», Dieu explique: «Mon serviteur Untel a été malade et, si tu lui avais rendu visite, tu M’aurais trouvé auprès de lui...» Pour Ibn ‘Arabî, l’enfer n’est causé que par l’aveuglement de l’homme l’empêchant de voir Dieu en toute chose (cf. Mt 6, 22-23). Cette cécité est la source du péché et la cause de son châtiment. Seul celui qui se connaît lui-même comme lieu d’apparition (*mazhar*) du Nom divin y échappe[57].

Le sûfî Jalâl al-dîn Rûmî (m. 672/1273), un des plus grands poètes mystiques persans, décrit la mort dans plusieurs de ses œuvres. D’après lui, les justes et les croyants auront la vie éternelle. L’âme pure accepte la mort, car

---

[57] Muhyî al-dîn Ibn ‘Arabî, *Al-futûhât al-makkiyya*, vol. 1, p. 297; Michel Chodkiewicz, *Le sceau des saints: prophétie et sainteté dans la doctrine d’Ibn ‘Arabî*, pp. 212-213.

celle-ci n'est qu'une apparence. Durant la vie terrestre, l'être humain est déjà en train de mourir parce qu'il souffre; à sa mort, le corps redevient poussière et l'âme rejoint la demeure de l'éternité. Lors de la séparation de l'âme et du corps, la pureté retourne à la pureté et la poussière à la poussière. La récompense du théophile, c'est la mort et l'annihilation en Dieu (*fanâ' fî Allâh*). Sur le chemin de l'Amour gisent les morts, il faut mourir soi-même à chaque jour pour suivre ce chemin. Il faut se quitter soi-même pour arriver à la Déité. L'au-delà est le monde de la vision, la parole s'y transforme en regard[58].

Pour Jalâl al-dîn Rûmî, la vie sans la Déité n'a aucun sens. L'être humain est tellement attaché à sa vie matérielle qu'il n'aime pas qu'on lui parle de la mort. Pourtant son âme désire atteindre sa demeure céleste et il lui faut passer par la mort pour y retourner[59]. La vision de la Déité revivifie l'âme et Jalâl al-dîn Rûmî met en garde ceux qui sont trop attachés à la vie matérielle:

> Si tu obéis à tes passions et à tes désirs, sache-le, tu mourras misérable. Si tu renonces à tout cela, tu verras clairement pourquoi tu es venu, et où tu t'en vas[60].

---

[58] Jalâl al-dîn Rûmî, *Rubâ'iyyât*, éd. Badî' al-Zamân Furûzânfar, traduits par Éva De Vitray-Meyerovitch et Djamchid Mortazavi, Paris, Albin Michel, 1987, pp. 209, 210.

[59] *Ibid.*, p. 211: «Sans Toi, la vie est illicite, ô mon âme. Sans Toi, qu'est-ce que la vie, ô mon âme ? Je fais le serment que la vie sans Toi est la mort, nommée vie, ô mon âme. [...] Tu es tellement uni à cette vie périssable qu'il n'est pas possible de te parler du trépas. L'âme désire la demeure, et la demeure est la mort. Mais la monture de ton corps dort au milieu du chemin.»

[60] *Ibid.*, p. 212.

Au moment de la mort, le croyant doit orienter toutes ses pensées vers le monde spirituel en quittant sans aucun regret le monde terrestre. L'être humain qui se détache du monde matériel accroît sa vie spirituelle et comprend le sens profond de la vie.

Jalâl al-dîn Rûmî raconte que, durant sa vie terrestre, il vivait en contradiction avec son âme, penchant parfois vers le bien ou le mal.

> Je suis l'incroyance et la piété, la pureté et la douleur. Je suis vieux, je suis jeune, et enfant et bébé. Si je meurs, ne dis pas: «Il est mort». J'étais mort, je suis devenu vivant, mon Bien-Aimé m'emporte[61].

Le Sage réfléchit sur sa vie et retourne à la pureté de l'enfance. Il accepte la mort avec la confiance heureuse d'un enfant. La mort physique n'est que le passage à la vraie vie. À la mort, l'âme revêt un corps spirituel[62].

Pour devenir l'ami intime des anges, il faut se libérer de son ego ou du moi subjectif. Le sacrifice de la vie permet d'obtenir cent mille vies. Jalâl al-dîn Rûmî affirme qu'il faut tout sacrifier pour tout avoir (cf. Mt 16, 24-26).

> Je viens de cette Âme qui est à l'origine de toutes les âmes. Je suis de cette ville qui est la ville de ceux qui sont sans ville. Le chemin de cette ville n'a pas de fin. Va, perds tout ce que tu as, c'est cela qui est le tout[63].

---

[61] *Ibid.*, p. 213.

[62] *Ibid.*, p. 223: «Au moment de la mort, quand l'âme quitte le corps, elle le laisse comme un habit ancien. Elle redonne à la poussière ce corps qui était poussière et façonne un corps fait de sa propre Lumière ancienne.»

[63] *Ibid.*, p. 215.

L'âme vient de l'Âme universelle (*Nafs-i kullî*) qui est à l'origine de toutes les âmes (cf. IV: 1; VII: 189). L'âme appartient au monde céleste infini. La vie terrestre est limitée dans le temps et un jour elle sera détruite. Tous les hommes sont orgueilleux, pourtant, lorsque la mort approche les têtes orgueilleuses s'inclinent.

Jalâl al-dîn Rûmî s'étonne de constater que c'est l'Âme de son âme qui l'a tué et non pas un ennemi. C'est la partie la plus pure de son âme qui l'a fait mourir pour le purifier. Lors du court séjour sur terre, l'être humain ressemble à un oiseau en cage. Il doit chercher à sortir de cette cage (c'est-à-dire les deux mondes matériel et angélique) pour atteindre l'union avec la Déité[64]. Pour atteindre l'union, il faut renoncer à sa vie terrestre et s'oublier soi-même.

Si tu avances sur le chemin, on t'ouvrira la route. Si tu es annihilé, on te rendra l'existence. Si tu t'abaisses, tu deviendras plus grand que le monde. Ensuite, on te montrera à toi-même, sans toi[65].

Celui qui désire avancer spirituellement doit d'abord devenir plus humble. Il découvrira ainsi sa véritable essence. C'est par l'humilité et l'Amour que l'on se rapproche du Seigneur. Jalâl al-dîn Rûmî est incapable de renoncer à son Amour pour la Déité:

---

[64] *Ibid.*, p. 216: «Ne pense pas que le temps m'a tué, c'est la source de l'Eau de la vie qui m'a tué. Ce n'est pas étonnant qu'un ennemi vous tue; ce qui m'étonne, c'est que l'Âme de mon âme m'ait tué. [...] Nous avons placé notre confiance en Dieu seul, et nous sommes partis. Nous avons renoncé à l'Amour des deux mondes, et nous sommes partis. L'âme était dans la cage, mais la cage était lasse aussi, nous avons brisé la cage et nous sommes partis.»

[65] *Ibid.*, p. 219.

Je peux renoncer au désir de toutes choses. Sauf à celui qui est l'Âme de mon âme. Celui qui renonce à quelqu'un, c'est pour Toi qu'il renonce. Qui peut, pour un instant, renoncer à Toi? Comment serait-ce possible[66]?

Le désir profond de l'Âme de l'âme est d'être réunie à son Seigneur. Il ne faut pas être englouti par les plaisirs de la vie matérielle, ni mourir de chagrin à cause des passions terrestres. Il faut nourrir l'âme d'Amour avant que la mort ne l'emporte. On ne peut atteindre la Vérité avec la moitié d'un cœur, il faut renoncer entièrement à la vie matérielle[67].

L'opposition du monde terrestre au monde céleste atteint son paroxysme avec la notion de vie. La vie terrestre est limitée et le sort décide de la fin. La vie céleste est éternelle et le sort n'agit plus sur cet aspect. Cette liberté est acquise après maints efforts. L'Amour est l'Eau de vie éternelle. Pour Jalâl al-dîn Rûmî, chaque goutte de cet Élixir est un océan de vie rempli de mystères:

Si la vie s'est écoulée, Dieu nous a donné une autre vie. Si la vie périssable s'est enfuie, voici la vie éternelle. L'Amour est l'Eau de l'immortalité, plonge dans cette source. Chacune de ses gouttes, à elle seule, est un océan de vie. Si tu peux un seul instant comprendre les mystères, tu devien-

---

[66]   *Ibid.*, p. 220.

[67]   *Ibid.*, p. 221: «Ne permets pas au chagrin de t'étreindre dans ses bras, ni que les tentations de ce monde t'embrassent. Va, bois nuit et jour le sorbet de l'Amour avant que, d'ordre de Dieu, ta bouche soit fermée par la mort. Pour nous, renonce à ta vie, si tu es un homme véritable sinon, va-t'en, nous t'excuserons. Avec la moitié d'un cœur on ne trouve pas ce royaume. Tu cherches la Vérité, mais tu es resté dans le limon de la terre.»

dras de plein gré prêt à donner ta vie. Tant que tu es ivre de toi-même, tu seras éternellement ténèbres. Quand tu deviendras ivre de Lui, tu seras éveillé[68].

L'égoïsme mène aux ténèbres alors que l'Amour de Dieu mène à la Lumière. Il faut d'abord souffrir avant d'atteindre le vrai bonheur. L'ultime remède pour Jalâl al-dîn Rûmî, c'est d'entrer dans le feu divin:

> Tant que tu n'as pas trouvé la douleur, tu n'arrives pas au remède. Tant que tu n'as pas donné ton âme, tu n'arrives pas à l'union des âmes. Tant que tu n'es pas entré dans le feu comme Khalîl tu n'arrives pas, comme Khidr, à la Source de vie[69].

C'est par le sacrifice complet que l'on arrive à la Source de vie, comme Khalîl (Abraham) et Khidr (Élie?), qui ont pénétré le Buisson ardent de Moïse. Il faut se laisser mourir dans l'Amour pour vivre réellement.

> Ô toi qui es rendu vivant par l'Âme de ce monde. Honte à toi, pourquoi es-tu vivant de la sorte? Ne sois pas sans Amour, afin de ne pas être mort. Meurs dans l'Amour, pour demeurer vivant[70].

Jalâl al-dîn Rûmî reprend la tradition prophétique *«mûtû qabla an tamûtû»*, qui signifie qu'il faut d'abord mourir avant que la mort physique nous emporte (cf. Jn 3, 3-8). Il faut faire le deuil de sa vie matérielle et s'occuper de son âme. La méditation à l'aube est l'unique moyen de

---

[68]   *Ibid.*, p. 223.

[69]   *Ibid.*, p. 224.

[70]   *Ibid.*, p. 225.

vivre cette expérience mystique. Le mystère de la vie est dévoilé seulement lors de la mort mystique. Le Prophète Muhammad est celui qui est né deux fois, il a renoncé à toutes choses. On aurait demandé au Prophète: «Combien de temps cela prend-il pour atteindre la Résurrection?» Le Prophète aurait répondu: «Est-ce que quelqu'un me demande cela à moi qui suis la Résurrection?» Pour Jalâl al-dîn Rûmî, le but de l'être humain est de vivre en perpétuelle Résurrection pour comprendre la réalité de toutes choses[71].

> Le sépulcre ne peut être embelli ni par la pierre ni par le bois, mais en creusant pour soi-même une tombe dans la pureté spirituelle et en enterrant son égoïsme. Il faut devenir la poussière de Dieu et être enterré dans l'Amour. Une tombe luxueuse ne satisfait pas les gens de la Vérité. Concernant l'homme qui est attiré par le satin, est-ce que son superbe habit l'aide à comprendre? Son âme est tourmentée, son cœur est angoissé. Extérieurement, il est beau avec ses broderies et ses parures, mais intérieurement il se lamente et ses pensées sont amères. Celui qui porte des vêtements modestes a au contraire des pensées et des paroles douces comme la canne à sucre[72].

---

[71] Jalâl al-dîn Rûmî, *Mathnawî ma'nawî*, éd. Reynold A. Nicholson, Londres, Gibb Memorial Series, 1925-1940, vol. 6, p. 742; traduit par Reynold A. Nicholson, *Rûmî Poet and Mystic*, Londres, Unwin Paperbacks, 1978, pp. 131-132.

[72] Jalâl al-dîn Rûmî, *Mathnawî ma'nawî*, vol. 3, p. 130; traduit par Reynold A. Nicholson, *Rûmî Poet and Mystic*, p. 133.

Conclusion

Dans l'islâm, la création est téléologique, le but des hommes est de retourner à la Déité. En scrutant attentivement la beauté de la nature, l'être humain devrait déduire que la création est la preuve évidente de la Résurrection. Ainsi, la vie après la mort est plus importante que la vie terrestre. Celle-ci est très courte, il faut nourrir spirituellement l'âme avant que la mort l'emporte. La nourriture de l'âme, c'est l'Amour qui est l'Eau de vie. Il est inutile d'amasser des biens matériels que l'âme ne pourra emporter dans l'au-delà. Mais la Connaissance et l'Amour que l'âme acquiert et cultive en cette vie peuvent suivre après la mort. C'est pourquoi une tradition prophétique insistait sur l'instruction: «L'homme instruit est vivant, l'ignorant mort.»

Le principe spirituel est l'unique source de liberté. L'être humain se libère en s'occupant de son âme et de sa vie spirituelle. Le principe qui le libère est immanent et sa libération n'est possible que par la participation de l'esprit divin en lui et, de ce fait, elle est le fruit de l'accomplissement de l'intégralité de sa personne. Il ne faut pas que l'être humain soit esclave de sa mort, ni qu'il ait peur de ce phénomène naturel, car ce n'est qu'un passage à un autre monde où la vie se poursuit. Or l'accomplissement se réalise uniquement lorsqu'il affronte la mort paisiblement. L'être humain doit chercher à développer ses qualités humaines supra-personnelles qui font de lui un ange. Cet ange est apte à se réaliser spirituellement dans la Déité. Durant son séjour, il devrait se développer en tant que personne et non en tant qu'individu.

Il existe principalement deux définitions de la mort: la mort physique reliée au sort de tous les individus et la mort initiatique pour les théophiles. Cette dernière signifie la Résurrection de l'âme ou la naissance spirituelle qui s'accomplit par l'initiation au sens spirituel caché des révélations divines. Celui qui a été conduit à réaliser en lui-même ce sens spirituel n'a plus à craindre la mort de l'âme après son existence terrestre. Car celui qui a connu la mort initiatique participe déjà à la vie éternelle.

Durant sa vie terrestre, l'être humain est déjà en train de mourir parce qu'il souffre. Pour progresser, il doit mourir spirituellement pour gravir chaque étape. La signification même de la vie est de vaincre ses propres défauts par une série progressive de sacrifices. C'est par l'humilité, l'Amour et le don de soi que l'on se rapproche du Seigneur. Pour le croyant, la mort est un don précieux lui permettant de quitter les contraintes du monde matériel. Il se souvient de la mort constamment et l'accepte avec joie, car pour lui c'est un rendez-vous avec Dieu, source du vrai bonheur éternel, comme l'aimée (l'âme) qui va à la rencontre de l'Amant (Dieu) pour vivre une expérience exaltante.

ÉPILOGUE

> Le culte de celui qui recherche une religion
> en dehors de la soumission (*islâm*) n'est pas
> accepté. Il sera, dans la vie future, au nom-
> bre de ceux qui ont tout perdu.

(III: 85)

L'objectif de cet épilogue est de montrer l'importance de dialoguer avec des gens de différentes religions, en établissant des relations de confiance sur le plan humain. Il est essentiel de faire preuve de tolérance lors des discussions, afin de préconiser un échange fructueux permettant de saisir pleinement les convictions d'autrui. Les relations inter-religieuses sont possibles quand les intervenants de diverses religions ne font pas de prosélytisme. Un franc respect des principes de foi de chaque religion facilite un dialogue positif.

Malgré les difficultés qui pourraient surgir lors d'un échange, la réflexion sur nos convictions respectives permet d'accroître notre compréhension de l'autre et de reconnaître sa sincérité. Le dialogue favorise la compréhension croissante des différences essentielles qui font que chaque religion demeure sur sa position. Il faut mettre en perspective les différences tout en les respectant chez les autres. Il n'y a aucune utilité à polémiquer sur les différences, sources de tensions religieuses. Des relations sur les points communs doivent être envisagées afin de bâtir des ponts dans notre société multi-cultuelle.

En préconisant des projets communs, les personnes se rassemblent et se découvrent elles-mêmes. On peut participer à la lutte sociale autour d'une problématique commune comme le racisme. On peut s'unir pour lutter contre les stéréotypes méprisant les cultures et les religions et favoriser ainsi une ouverture d'esprit, de liberté religieuse, etc. Comme l'éthique musulmane est essentiellement la même que l'éthique judéo-chrétienne faisant appel aux vertus comme le courage, la loyauté, la tempérance, la générosité, la justice et le pardon, il conviendrait que juifs, chrétiens et musulmans s'unissent dans des causes humanitaires communes.

Comment peut-on surmonter la longue histoire d'antagonisme entre le judaïsme, le christianisme et l'islâm[1]? Les chrétiens, les juifs et les musulmans constituent la majorité des croyants dans le monde mais jusqu'à présent, ils restent des étrangers les uns pour les autres et sont peu solidaires. Le dialogue est une rencontre souvent difficile, car il y a des préjugés de part et d'autre. De plus, on prend conscience de la nécessité d'un dialogue lorsqu'il y a eu une longue période de conflits et que les liens sont rompus.

---

[1]   Voir mon compte rendu de M. Darrol Bryant, S.A. Ali éds., *Muslim-Christian Dialogue: Promise and Problems*, St. Paul (Minnesota): Paragon House, 1998, dans *Religiologiques*, vol. 19 (1999): 214-218.

Il est important d'exposer les principes nécessaires au dialogue: le respect, la compréhension mutuelle, l'observation et la participation aux rituels de l'autre. Les spécialistes de différentes religions pourraient réfléchir à un thème commun dont la problématique serait clairement définie et encadrée. Cette réflexion sur les religions respectives serait par la suite partagée. Pour dialoguer, une grille d'analyse identique est nécessaire afin de favoriser une comparaison plus pertinente et d'apprécier les différences et les points communs.

Il est intéressant de remarquer que les initiatives contemporaines de dialogue ont été entamées par les chrétiens. Les documents disponibles sur le sujet développent un point de vue chrétien. Les musulmans n'étaient pas aussi bien préparés. Le dialogue ne doit pas être une seconde phase dans le développement d'un mouvement d'évangélisation. Il est donc nécessaire de définir clairement son but. Les objectifs des participants consistent à échanger des connaissances et à accroître leur compréhension mutuelle, afin de clarifier les convergences et les divergences en respectant les positions de chacun. Il ne faut pas confondre dialogue avec syncrétisme. Le choix des participants est un aspect crucial: ils doivent être de même calibre. De plus, le choix d'un bon sujet évite les controverses acerbes.

Il est essentiel que chaque communauté puisse se définir en ses propres termes. Il faut reconnaître l'autre comme une personne à part entière avec laquelle on peut découvrir des valeurs universelles communément partagées. Les participants doivent aussi s'engager à discuter de leur foi en profondeur. Certains musulmans reprochent aux chrétiens leur manque de réciprocité parce qu'ils reconnaissent Jésus alors que la majorité des chrétiens refusent de reconnaître Muhammad. Les juifs et les chrétiens devraient apprécier mieux le Qur'ân et reconnaître la vérité révélée à Muhammad. Malgré les différences doctrinales, le judaïsme, le christianisme et l'islâm sont très proches les uns des autres. Pour les musulmans, l'islâm est une version plus complète de la religion prêchée par les Prophètes antérieurs. En dépit de tous les dialogues, une question reste en suspens: les juifs et les chrétiens seront-ils prêts à reconnaître un jour Muhammad et le Qur'ân?

Pour comprendre le rôle de Muhammad dans la piété musulmane, il faut passer de l'aspect extérieur à l'aspect intérieur afin de découvrir son véritable caractère. Sa magnanimité suscite le respect et la vénération de l'observateur impartial, elle contraste avec la sublimité du Christ. Le Prophète n'est pas un super-homme mais un humain intégral, limité par les contraintes de ce monde physique. Les musulmans suivent l'exemple du Prophète pour réaliser le parfait équilibre entre la vie matérielle et spirituelle. Les chrétiens imitent le Christ en essayant d'intérioriser sa passion pour leur rédemption. Par le passé, les dialogues sur Jésus avaient un caractère très polémique. Dans l'avenir, les chrétiens et les musulmans devront plus dialoguer que débattre. Ce sujet expose souvent les différences profondes, mais il peut aider à une compréhension mutuelle. Le langage utilisé lors des dialogues nous fait prendre conscience que les mots impliquent plusieurs suppositions. L'importance d'utiliser une terminologie appropriée est primordiale pour éviter les malentendus qui dégénèrent.

Dans le dialogue, on doit tenir compte aussi du problème de l'histoire de la colonisation de l'Afrique qui a nui au développement des relations islamo-chrétiennes. En Ouganda, au Kenya, au Nigeria, au Ghana et dans d'autres pays d'Afrique, la communauté chrétienne se croyait supérieure et voulait imposer le catéchisme à l'école. Il n'y avait pas de possibilité de dialoguer puisque les deux partenaires n'étaient pas égaux. Les musulmans ont voulu faire reconnaître leur école par les autorités colonialistes, mais leur requête fut rejetée. Comme les musulmans ont refusé d'envoyer leurs enfants dans les écoles chrétiennes, ces derniers ont été privés de l'éducation moderne.

Durant les premiers dialogues, certains musulmans ont vu les chrétiens comme des alliés pour combattre le matérialisme, le communisme et les injustices. Ils participèrent avec enthousiasme à la première convocation islamo-chrétienne à Bhamdoun au Liban en 1954. Le dialogue commença initialement comme une coalition contre l'athéisme et les maux sociaux. Comme dans l'islâm, il n'y a pas d'institution officielle, ni de clergé, les 'ulamâ' n'avaient pas de mandat pour représenter l'ensemble de la communauté musulmane. Leurs actions étaient limitées dans leur tentative de représenter la communauté musulmane en dehors de leur pays. Ils prenaient beaucoup de précaution en dialoguant, au lieu d'être de véritables porte-parole. Ils se limitaient dans leur intervention aux citations du Qur'ân et aux traditions attribuées au Prophète.

Une question d'actualité souvent abordée dans les dialogues est la question de la femme. La condition de la femme dans le monde entier reste un sujet épineux. Les femmes vivant en Occident croient avoir obtenu leurs droits (le droit à la propriété, le droit de vote, le droit de divorcer et de participer dans toutes les sphères de la vie) grâce à la sécularisation et en s'opposant à la religion. Mais dès ses débuts, l'islâm a garanti ces droits aux femmes comme le droit à la propriété, le droit de travailler et d'avoir un salaire, le droit de choisir leur époux, le droit de divorcer, le droit à l'éducation et à la participation aux affaires économiques, sociales et politiques. Et donc, ce n'est pas l'islâm qui brime la liberté personnelle, mais ce sont des comportements sociétaux qui vont à contre-courant de la religion.

Les femmes musulmanes de notre époque font face à une difficulté inhérente à l'interprétation du Qur'ân. À notre avis, les femmes ne pourront surmonter ce problème si elles ne prennent pas conscience que le Qur'ân a été révélé il y a 1 400 ans. Les injonctions qui concernent la vie matérielle étaient parfaitement adaptées au contexte de l'époque. Vouloir appliquer ces injonctions de façon littérale à notre monde actuel équivaudrait à retourner 1 400 ans en arrière. Cela ne serait pas du tout dans l'esprit du Qur'ân, qui avait grandement amélioré la condition de la femme par rapport à la situation qui prévalait à cette époque.

Le préjugé s'enracine dans la méconnaissance des traditions judéo-chrétiennes et des autres religions. Une connaissance plus profonde de notre propre tradition religieuse permettrait de mieux nous situer par rapport à nous-mêmes et aux autres, tout en évitant plus que jamais une trop grande réduction des fondements religieux, par la simplification. Il faut d'abord prendre conscience des tensions de nature religieuse et de notre ignorance à l'égard de l'autre religion.

Il est essentiel d'élargir nos horizons et de nous unir sur les points communs afin d'éviter les manifestations violentes des intégristes. L'intégrisme est le symptôme d'un malaise social, il nous met en garde contre les iniquités des politiques et des forces économiques internationales. Cette résurgence oblige à revoir notre façon de comprendre la justice et nous force à retourner aux sources. Les éléments négatifs à rejeter sont le durcissement dans l'interprétation des sources et les abus de pouvoir politique. Les intégristes se dirigent vers leur propre perte et sont une entrave au développement harmonieux de la société. Leurs manifestations violentes suscitent la réflexion; elles doivent nous réorienter vers un retour aux sources s'inscrivant dans des traditions vivantes, réinterprétées continuellement et adaptées aux circonstances de la vie actuelle.

Dans un climat de tolérance et d'échange d'idées, le pluralisme devient une richesse et une force. Dans toute étude de religions comparées, il est important de ne pas se fonder sur de fausses allégations. Nous devons nous pencher sur les causes qui les produisent comme l'attachement à certaines opinions ou à certaines façons de penser, la trop grande confiance que nous accordons aux narrateurs d'histoires anciennes. L'entrave principale est notre ignorance de la véritable signification des événements, car les narrateurs rapportent et interprètent l'événement selon leur compréhension et leur limite. De plus, notre prétention à connaître la Vérité de l'histoire des circonstances entourant l'événement peut nous éloigner du phénomène historique réel. Il faut chercher à être impartial, en examinant tout texte ancien avec attention, afin de distinguer le vrai du faux et nous abstenir de condamner ce que nous comprenons mal.

Dans le cadre limité de cet ouvrage, nous avons justement tenté de développer quelques thèmes qui intéressent le judaïsme, le christianisme et l'islâm. Une recherche pour le développement harmonieux de notre société multiculturelle est très valable afin de former une grande famille, c'est la raison de cette étude de l'islâm et de ses valeurs abrahamiques.

Le Dieu de l'islâm — Dieu est la source de la vie, Lui seul peut décider de la fin. L'être humain dans son intégralité (physique et spirituelle) est sa propriété et nous devons Lui obéir dans tous nos actes. L'adoration de Dieu se caractérise par la reconnaissance de l'Unicité (*Tawhîd*) divine. Dieu n'a pas de partenaire, mais les Attributs divins sont sa propriété. «Il est Dieu! Le Créateur; Celui qui donne un commencement à toute chose; Celui qui façonne. Les Noms les plus beaux Lui appartiennent. Ce qui est dans les cieux et sur la terre célèbre ses louanges. Il est le Tout-Puissant, le Sage.» (LIX: 24) Dieu est le Créateur qui nous a façonnés à son image. Il est Miséricordieux et Il se manifeste par ses 99 Attributs. «Les plus beaux Noms appartiennent à Dieu! Invoquez-Le par ses Noms.» (VII: 180) Il est le plus Grand (*al-Akbar*), Il voit toutes nos actions alors qu'on ne Le voit pas.

Au Jour du jugement, Dieu récompense une bonne action dix fois plus qu'il ne sanctionne une mauvaise action. Il est plus grand que les cieux et la terre, mais Il peut rentrer et se loger dans le cœur (*qalb*) d'un croyant. Il n'a pas de partenaire, ni fils, ni épouse, ni père, ni mère et Il est à la fois au-delà et proche de tout. Dieu n'est pas comparable à ses créatures, c'est pourquoi il ne peut avoir de Fils comme les juifs et les chrétiens l'affirment. «Les juifs ont dit: "'Uzayr est Fils de Dieu!" Les chrétiens ont dit: "Le Messie est Fils de Dieu!"'» (IX: 30)

LES PRINCIPES DE LA FOI — L'islâm est la religion de la nature originelle (*fitra*). L'acte de soumission est pur et ne recherche que Dieu seul. Une tradition prophétique, inspirée de l'Évangile, décrit les relations fraternelles entre les hommes: «Aime pour ton frère ce que tu aimes pour toi-même.»

Il n'appartient pas au musulman de juger les gens, mais à Dieu seul. «Oui, le retour se fera vers Nous et c'est à Nous qu'il appartiendra ensuite de faire le compte de toutes leurs actions.» (LXXXVIII: 25-26) Chaque personne est unique et elle sera jugée indépendamment. Le croyant doit tendre à un comportement exemplaire et rechercher l'excellence.

La prière est la colonne vertébrale de chaque religion. Chez les musulmans sunnites, il y a cinq rencontres par jour avec le Créateur. Mais cela ne suffit pas, la vie entière est sacrée, chaque geste et pensée sont orientés vers Dieu, car la création est téléologique. La fonction de l'être humain sur terre est de chercher à plaire à Dieu. «Je n'ai créé les génies et les hommes que pour qu'ils M'adorent.» (LI: 56) Celui qui pratique l'islâm doit se soumettre totalement à la Volonté de Dieu. Mais l'être humain est libre de croire ou non. Un musulman peut très bien dévier du droit chemin et, pour cette raison, il doit s'efforcer constamment de ne pas être influencé par ceux qui ne croient plus. «Que celui qui n'y croit pas et qui suit ses passions ne t'en détourne pas, sinon tu périrais.» (XX: 16) Dieu a préféré

Adam aux autres créatures parce qu'il était libre de distinguer entre le bien et le mal.

La première déclaration d'un musulman est: «Il n'y a qu'un seul Dieu.» Cette affirmation dans son principe s'accorde avec celles des religions monothéistes. Il n'y a pas d'intermédiaire entre l'homme et Dieu. Il n'y a pas de clergé.

LE QUR'ÂN ET LES AUTRES RÉVÉLATIONS — Le Qur'ân guide la vie des musulmans. «Voici le Livre! Il ne renferme aucun doute; il est une direction (*hudâ*) pour ceux qui craignent Dieu.» (II: 2) Le Qur'ân est une révélation divine. «Nous avons fait descendre le Rappel; Nous en sommes les Gardiens.» (XV: 9) Pour la majorité des musulmans, le Qur'ân est un Livre authentique qui a été préservé dans son libellé originel[2]. Ils considèrent que les révélations juives et chrétiennes n'ont pas été préservées intégralement.

Dieu a envoyé Muhammad pour parachever les religions antérieures et assurer la guidance de l'humanité. «C'est Lui qui a envoyé son Prophète avec la direction et la Religion vraie (*Dîn al-haqq)* pour la faire prévaloir sur toute autre religion.» (XLVIII: 28) Les Prophètes antérieurs avaient guidé leurs peuples sur le chemin du bien. Muhammad, le dernier Prophète de l'islâm, complète le message de Dieu pour l'humanité avec une révélation intégrale préservée jusqu'à aujourd'hui.

Le texte du Qur'ân a été très tôt accepté par la majorité des croyants et, dans la conscience musulmane, il jouit

---

[2] Selon les shî'ites du début de l'islâm et les ismaéliens, il y aurait quelques omissions de versets en faveur du Califat du premier Imâm 'Alî.

d'une très grande valeur religieuse. Les relations que les musulmans entretiennent avec le Qur'ân ressemblent à celles des juifs à l'égard de la Tora. Le Qur'ân est mémorisé, psalmodié à l'occasion des circonstances importantes de la vie et récité lors de prières. Il est à la fois un texte de prières et une norme de vie. Contrairement à la conception chrétienne, il n'est pas un témoignage interprétatif de différents hommes qui rendent compte d'un événement. Selon les musulmans, le Qur'ân n'est pas simplement une révélation comme nous le disons de la Bible, mais Dieu en est Lui-même l'Auteur et le Prophète en est le transmetteur fidèle.

De nombreux spécialistes en religions comparées ont mis en relief que le Qur'ân exerce dans la vie musulmane une fonction comparable à celle de Jésus Christ, le Verbe manifesté sur terre pour les chrétiens. En soi cette comparaison-là est non justifiable, car dans l'islâm la même Lumière de la Prophétie (*Nûr al-Nubuwwa*) se manifeste dans les différents Prophètes, bien que le Qur'ân reconnaisse Jésus comme étant la Parole de Dieu (*Kalimat Allâh*) (V: 17 et 72; IX: 31). Du point de vue de l'islâm, un raisonnement semblable peut être attribué au Prophète Muhammad, comme al-Shahrastânî (m. 548/1153) le fait: «La véracité du Prophète est connue par le Qur'ân, et la véracité du Qur'ân est connue par le Prophète: ils s'ajoutent foi et se rendent témoignage mutuellement[3].»

Pour distinguer les différences et les points communs du christianisme et de l'islâm, il convient de citer la pro-

---

[3]   Abû al-Fath Muhammad Ibn 'Abd al-Karîm al-Shahrastânî, *Mafâtîh al-asrâr wa-masâbîh al-abrâr*, édition fac-similée de l'Unicum de la Bibliothèque de l'Assemblée consultative islâmique, Téhéran, 1989, vol. 1,

fession de foi que presque tous les chrétiens considèrent comme le résumé essentiel de leur foi, en mettant en italique les éléments rejetés par l'islâm[4].

Je crois en Dieu *le Père* Tout-Puissant,
Créateur du ciel et de la terre.
Et en Jésus Christ *son Fils unique, notre Seigneur,*
qui a été conçu du Saint Esprit,
est né de la Vierge Marie (LXVI: 12),
a souffert sous Ponce Pilate, et a été crucifié (IV: 157),
est mort et a été enseveli, est descendu aux enfers,
le troisième jour est ressuscité des morts,
est monté aux cieux (IV: 158),
est assis à la droite de Dieu le Père Tout-Puissant,
d'où il viendra *pour juger les vivants et les morts* (XLIII: 61).
Je crois à l'Esprit Saint (II: 87; V: 110; LVIII: 22; XVI: 102),
à la sainte Église catholique, à la communion des saints,
à la rémission des péchés, à la résurrection de la chair,
à la vie éternelle (XXX: 19). Amen.

Pour les musulmans, l'islâm n'est pas une religion nouvelle, mais la restauration de la religion d'Abraham ramenant l'humanité sur le droit chemin (*al-sirât al-mustaqîm*). Ils croient aux principes originels du judaïsme et du christianisme avant de croire à l'islâm et au Prophète Muhammad. L'islâm reconnaît Abraham, Moïse, Jésus et Muhammad comme des Prophètes authentiques, et on ne peut devenir musulman que si l'on croit aux religions et

---

p. 25, *recto*; extrait traduit par Guy Monnot dans «Islam: exégèse coranique», *Annuaire de l'École Pratique des Hautes Études*, vol. 92 (1983-1984), p. 314.

[4]   Alfred Guillaume, *Islam*, New York, Penguin Books, 1982, p. 194.

aux Livres révélés antérieurement. Tous les Prophètes sont venus pour nous guider vers Dieu. Abraham est le père des religions monothéistes, reconnaissant un seul Dieu. Le judaïsme fonde sa foi sur un Dieu unique comme l'islâm, mais les juifs pensent qu'ils sont le peuple choisi, le seul destiné au paradis. Auparavant, il n'y avait pas de conversion possible au judaïsme, puisque pour être juif il fallait avoir une mère juive. Actuellement, les conversions sont possibles dans certains groupes. Le judaïsme est centré sur lui-même et désire former une nation dans un État unique.

Les chrétiens croient à l'amour et au pardon; mais pour les musulmans, il est évident que le Christ ne pouvait être physiquement le Fils de Dieu, simplement parce que la relation physique d'un père et d'un fils est un concept humain. Les musulmans ne doivent pas attribuer de concepts anthropomorphiques à la Déité. Dans la théologie chrétienne, Dieu se manifeste en Jésus Christ à un moment donné dans l'histoire de l'humanité, privilégiant ceux qui ont vécu à cette époque. Si l'humanité était destinée à avoir la manifestation de la Lumière divine à un moment donné, alors ceux qui sont nés en dehors de cette période n'auraient pas eu droit à cette Grâce. Il est donc nécessaire que la Lumière divine se manifeste également à chaque époque pour que l'humanité puisse la reconnaître et la suivre dans le chemin de Vérité.

Le christianisme, comme plusieurs autres religions, se présente comme «la religion absolue» niant le droit à la différence des autres religions et découvrant en elles uniquement des éléments servant à sa propre consolidation. Or, une pensée chrétienne dans l'Esprit de l'Évangile devrait reconnaître les différences des autres religions sans les abolir, car Jésus invite à aimer son prochain tel qu'il est.

Un pôle de rassemblement commun aux religions abrahamiques unique au monde est Jérusalem. Aucune cité ne semble la surpasser dans sa valeur symbolique à la fois pour le judaïsme, le christianisme et l'islâm. Malgré les nombreux conflits de son histoire, Jérusalem reste le carrefour de ces trois religions. Elle est la Cité de prédication des Prophètes d'Abraham à Muhammad[5], elle deviendra un jour un lieu de tolérance, de respect et d'ouverture d'esprit.

Les Écritures juives, chrétiennes et islamiques nous rappellent qu'à Jérusalem se déroulera à la fin des temps le Jour du jugement. C'est pourquoi tous les espoirs de vraie paix liant tous les êtres humains dans la fraternité et le respect des croyances religieuses se tournent vers Jérusalem. C'est un lieu de prédilection où les liens rompus peuvent se renouer. Comment peut-on croire que les êtres humains ne sont pas créés pour s'entendre, aussi bien dans le monde matériel que spirituel? Jérusalem doit devenir ce symbole grandissant de fraternité et de liberté religieuse.

---

[5] Diane Steigerwald, «Jérusalem: Ville de l'ascension du Prophète Muhammad», *Studies in Religion/Sciences Religieuses*, vol. 26.1 (1997), pp. 95-109.

BIBLIOGRAPHIE

Sources primaires

'Abd al-Jabbâr Abû al-Hasan, *Sharh al-usûl al-khamsa*, éd. 'Abd al-Karîm 'Uthmân, Le Caire, 1384/1965.

'Abd al-Jabbâr Abû al-Hasan, *Mughnî*, Le Caire, 1960-1965.

Abû Ishâq-i Quhistânî, *Haft bâb*, éd. Wladimir Ivanow, Bombay, 1959.

Abû Ya'lâ Muhammad b. Husayn b. al-Farrâ', *Al-mu'tamad fî usûl al-dîn*, éd. Wadî' Zaydân Haddâd, Beyrouth, 1974.

'Alî b. Abî Tâlib (?), *Sayyings of Hazarat 'Alî*, éd. Muhammad Ashraf, traduit par J.A. Chapman. Karachi, s.d.

Âmulî Haydar, *Jâmi' al-asrâr*, éd. Henry Corbin et Osman Yahia dans *La Philosophie shî'ite*, Téhéran-Paris, 1969.

Al-arba'în, Compilés par Abû Zakariyyâ' Yahyâ al-Nawawî (m. 676/1277), traduits et annotés par Muhammad Tahar dans *Les quarante hadîths: Les traditions du Prophète*, Paris, Les Deux Océans, 1980.

Aristote, *Éthique à Nicomaque*, original grec et traduction annotée de Jean Voilquin, Paris, Librairie Garnier Frères, 1950.

Aristote, *La métaphysique*, 2 vol., traduit et commenté par J. Tricot, Paris, J. Vrin, 1974-1981.

Al-Ash'arî Abû al-Hasan, *Maqâlât al-islâmiyyîn*, éd. Helmut Ritter, Wiesbaden, 1382/1963.

Al-Ash'arî Abû al-Hasan, *Al-luma' fî radd 'alâ ahl al-zaygh wa al-bida'*, éd. Richard J. McCarthy dans *The Theology of Al-Ash'arî*, Beyrouth, 1953.

Al-Ash'arî Abû al-Hasan, *Risâla ilâ ahli al-thaghr*, éd. Muhammad al-Sayyid al-Julaynid, Le Caire, 1987.

'Attâr Farîd al-dîn, *Asrâr Nâma*, éd. Sâdiq Guwharîn, Téhéran, 1338HS/1959; traduit par Christiane Tortel dans *Le livre des secrets*, Paris, Les Deux Océans, 1985.

'Ayn al-Qudât Hamadhânî, *Tamhidât*, éd. 'Afîf 'Usayrân, Téhéran, 1341HS/1962; traduit par Christiane Tortel dans *Les tentations métaphysiques*, Paris, Les Deux Océans, 1992.

Al-Baghdâdî Abû Mansûr, *Usûl al-dîn*, Istanbul, 1346/1927.

Al-Bâqillânî Muhammad, *Al-tamhîd*, éd. Richard J. McCarthy, Beyrouth, 1957.

Al-Bukhârî Abû 'Abd Allâh Muhammad, *Al-jâmi' al-sahîh*, traduit par Octave Houdas et William Marçais dans *Les traditions islamiques*, 4 vol., Paris, 1904-1914; choix de traditions traduites et classées par Georges Henri Bousquet dans *L'authentique tradition musulmane*, Paris, Fasquelle Éditeurs, 1964.

Al-Fârâbî Muhammad, *Al-madîna al-fâdila*, Beyrouth, 1959.

Furûzânfar Badî' al-Zamân, *Ahâdîth-i mathnawî*, Téhéran, 1334HS/1955.

Al-Ghazzâlî Abû Hâmid, *Al-durra al-fâkhira*, lithographie, Le Caire, fin du XIXe siècle; traduit par Lucien Gauthier dans *La perle précieuse*, Paris, Les Deux Océans, 1986.

Al-Ghazzâlî Abû Hâmid, *Kitâb dhikr al-mawt wa mâ ba'dahu* dans *Ihyâ' 'ulûm al-dîn*, Beyrouth, 1990; traduit et commenté par T.J. Winter dans *Al-Ghazâlî the Remembrance of Death and the Afterlife*, Cambridge, Islamic Texts Society, 1989.

Al-Ghazzâlî Abû Hâmid, *Ihyâ' 'ulûm al-dîn*, Le Caire, 1352/1933.

Al-Ghazzâlî Abû Hâmid, *Mishkât al-anwâr*, Le Caire, 1964; traduit par Roger Deladrière, *Le tabernacle des lumières*, Paris, Seuil, 1981.

Haft bâb-i bâbâ Sayyid-nâ, éd. Wladimir Ivanow dans *Two Early Ismaili Treatises*, Bombay, Islamic Research Association, 1933.

Ibn Abî Ya'lâ, *Tabaqât al-hanâbila*, éd. Muhammad Hamîd al-Fiqî, Le Caire, 1371/1952.

Ibn 'Arabî Muhyî al-dîn, *Al-futûhât al-makkiyya*, Bûlâq, 1329/1911.

Ibn Babawayh Muhammad, *'Ilal al-sharâ'i' wa al-ahkâm*, Najaf, 1385/1966.

Ibn Babawayh Muhammad, *Kitâb al-hidâya*, éd. Mahdî al-Wâ'iz Al-Khurâsânî dans *Al-muqni' wa al-hidâya*, Téhéran, 1377/1957.

Ibn Babawayh Muhammad, *Kitâb al-tawhîd*, éd. Hâshim al-Husaynî, Téhéran, 1387/1967.

Ibn Babawayh Abû Ja'far, *Risâlat al-i'tiqâdât*, Najaf, 1343/1924.

Ibn Batta Abû 'Abd Allâh, *La profession de foi d'Ibn Batta*, édité et traduit par Henri Laoust, Damas, Institut français de Damas, 1958.

Ibn Fûrak Abû Bakr, *Mujarrad maqâlât al-Ash'arî*, éd. Daniel Gimaret, Beyrouth, 1987.

Ibn Hazm Abû Muhammad, *Kitâb al-fisal*, Le Caire, 1317/1899.

Ibn Hishâm Abû Muhammad, *Kitâb Sîrat Rasûl Allâh*, éd. Ferdinand Wüstenfeld, Göttingen, 1859-1860; traduit en anglais par Alfred Guillaume dans *The Life of Muhammad*, Oxford, Oxford University Press, 1990.

Ibn Khaldûn Walî al-dîn, *Muqaddima,* éd. Nasr al-Hûrînî, Bulâq, 1274/1857; traduit et présenté par Franz Rosenthal dans *The Muqaddimat: An Introduction to History*, New York, Pantheon Books, 1958.

Ibn Mattawayh Abû Muhammad al-Hasan b. Ahmad, *Al-majmû' fî al-Muhît*, éd. J.J. Houben et Daniel Gimaret, Beyrouth, 1981.

Ibn Qudâma Muwaffaq al-dîn, *Kitâb al-'umda*; traduit par Henri Laoust dans *Le précis de droit*, Damas, 1950.

Ibn Rushd Abû al-Walîd, *Averroes on Plato's Republic*; traduit par Ralph Lerner, Ithaca, Cornell University Press, 1974.

Ibn Rushd Abû al-Walîd, *Tahâfut al-tahâfut*, éd. Maurice Bouyges, Beyrouth, 1930.

Ibn Sînâ Abû 'Alî, *Al-Risâla al-adhawiyya fî amr al-ma'âd*, éd. Sulaymân Dunya, Le Caire, 1368/1949.

Ibn Sînâ Abû 'Alî, *Risâla fî ithbât al-nubuwwât* dans *Tis' rasâ'il*, Le Caire, 1908.

Ibn Taymiyya Taqî al-dîn Ahmad, *Fatâwâ*, Le Caire, 1326/1908.

Ibn Taymiyya Taqî al-dîn Ahmad, *Al-hisba fî al-islâm*, Le Caire, 1319/1901.

Ibn Taymiyya Taqî al-dîn Ahmad, *Ma'ârij al-wusûl ilâ ma'rifat anna usûl al-dîn wa furû'ahu qad bayyanahâ al-rasûl*, Le Caire, 1318/1900.

Ibn Taymiyya Taqî al-dîn Ahmad, *Majmû'at al-rasâ'il al-kubrâ*, Le Caire, 1323/1905.

Ibn Taymiyya Taqî al-dîn Ahmad, *Minhâj al-sunna*, Le Caire, 1321/1903.

Ibn Taymiyya Taqî al-dîn Ahmad, *Al-qiyâs fî al-shar' al-islâmî*, Le Caire, 1346/1927.

Ibn Taymiyya Taqî al-dîn Ahmad, *Kitâb al-siyâsa al-shar'iyya fî islâh al-râ'y wa al-ra'iyya*, Le Caire, 1316/1898.

Al-Îjî 'Adud al-dîn, *Sharh al-mawâqif fî 'ilm al-kalâm*, Le Caire, 1325/1907.

Juwaynî 'Alâ' al-dîn 'Atâ-Malik b. Muhammad, *Ta'rikh-i jahân-gushây*, éd. Qazwînî, Leiden, E.J. Brill, 1937.

Al-Juwaynî Abû al-Ma'âlî, *Al-irshâd*, éd. J.D. Luciani, Paris, 1938.

Hujwîrî 'Alî b. 'Uthmân, *Kashf al-mahjûb*, Beyrouth, 1980.

Kalâbâdhî Abû Bakr, *Kitâb al-ta'arruf li-madhhab ahl al-tasawwuf*; traduit de l'arabe et présenté par Roger Deladrière, Paris, Actes Sud, 1996; traduit par Arthur John Arberry dans *The Doctrine of Sûfis*, Cambridge, Cambridge University Press, 1979.

Khayr-Khwâh-i Harâtî, *Fasl dar bayân-i shinâkht-i Imâm wa Hujjat*, éd. Wladimir Ivanow dans *Memoirs of the Asiatic Society of Bengal,* vol. 8i (1922), pp. 13-45.

Khayr-Khwâh-i Harâtî, *Kalâm-i Pîr*, éd. Wladimir Ivanow, Bombay, 1935.

Khayyâm 'Umar, *Rubâ'iyyât*, Calcutta, 1836; éd. Ahmad Saidi dans *Rubâ'îyât of Omar Khayyâm*, Berkeley, Asian Humanities Press, 1991; éd. Parischehr Kasra dans *The Rubâ'îyât of 'Umar Khayyâm*, New York, Scholars' Facsimiles & Reprints, 1975; traduit par Arthur Guy dans *Les robaï*, Paris, Société Française d'Éditions Littéraires et Techniques, 1935; voir aussi la traduction de B.W. Robinson dans *Les rubaïyat*, Genève, Liber, 1978; traduit par Peter Avery and John Heath-Stubbs dans *The Ruba'iyat of Omar Khayyam*, New York, Penguin Books, 1979.

Al-Khâzin Muhammad b. Ibrâhîm, *Tafsîr al-Qur'ân*, Le Caire, s.d.

Al-Kulaynî Muhammad, *Al-usûl min al-kâfî*, éd. J. Mustafawî, Téhéran, s.d.

Lâhîjî Shams al-dîn, *Mafâtîh al-i'jâz fî sharh-i gulshan-i râz*, éd. Muhammad Kayvân Samî'î, Téhéran, 1956.

Miskawayh Abû 'Alî, *Tahdhîb al-akhlâq*, Beyrouth, 1966.

Al-Mufîd Muhammad b. Nu'mân, *Awâ'il al-maqâlât fî al-madhâhib wa al-mukhtârât*, éd. 'Abbâsqulî Wajdî, Tabriz, 1371/1952.

Al-Mufîd Muhammad b. Nu'mân, *Kitâb al-irshâd*, Téhéran, 1377/1957.

Nâsir-i Khusraw, *Jâmi' al-hikmatayn*, éd. Henry Corbin et Muhammad Mu'în, Téhéran, 1332/1953; traduit par Isabelle De Gastines dans *Le Livre réunissant les deux sagesses*, Paris, Fayard, 1990.

Nâsir-i Khusraw, *Shish fasl*, éd. Wladimir Ivanow dans *Six Chapters of Shish Fasl*, Leiden, E.J. Brill, 1949.

Al-Nu'mân (*al-qâdî*), *Da'â'im al-islâm*, éd. Asaf 'Alî Fyzee, Le Caire, 1951.

Al-Pazdawî Abû al-Yusr, *Usûl al-dîn*, éd. Hans Peter Linss, Le Caire, 1383/1963.

Plotin, *Les Ennéades*, 7 vol.; édités et traduits par Émile Bréhier, Paris, Les Belles Lettres, 1923-1938.

Qur'ân, texte arabe, Karachi, The Taj Co. Ltd, s.d.; traduit par Denise Masson dans *Le Coran*, 2 vol., Paris, Gallimard, 1967.

Rasâ'il ikhwân al-safâ', éd. Butrus al-Bustânî, 4 vol., Beyrouth, 1376-1377/1957.

Rûmî Jalâl al-dîn, *Mathnawî ma'nawî*, éd. Reynold A. Nicholson, Leyde, Gibb Memorial Series, 1925-1940.

Rûmî Jalâl al-dîn, *Rubâ'iyyât*, éd. Badî' al-Zamân Furûzânfar; traduit par Éva De Vitray-Meyerovitch et Djamchid Mortazavi, Paris, Albin Michel, 1987.

The Sayings of Muhammad, choix de traditions traduites par 'Abd Allâh al-Ma'mûn al-Suhrawardî, New York, Carol Publishing Group, 1990.

Al-Shahrastânî Abû al-Fath Muhammad b. 'Abd al-Karîm, *Majlis-i maktûb-i Shahrastânî-i mun'aqid dar Khwârazm,* éd. Jalâlî Nâ'înî dans *Majlis-i maktûb,* Téhéran, 1378HS/ 1990; traduit et commenté par Diane Steigerwald dans *Majlis: Discours sur l'Ordre et la création,* Sainte-Foy (Québec), Les Presses de l'Université Laval, 1998.

Al-Shahrastânî Abû al-Fath Muhammad Ibn 'Abd al-Karîm, *Al-milal wa al-nihal,* éd. Muhammad Fath Allâh Badrân, 2 vol., Le Caire, 1366-1375/1947-1955.

Al-Shahrastânî Abû al-Fath Muhammad Ibn 'Abd al-Karîm, *Nihâya al-aqdâm fî 'ilm al-kalâm,* éd. Alfred Guillaume dans *The Summa Philosophiae of al-Shahrastânî,* Oxford, Oxford University Press, 1934.

Shihâb al-dîn Shâh al-Husaynî, *Risâla dar haqîqat-i dîn,* éd. Wladimir Ivanow dans *The True Meaning of Religion,* Bombay, 1947.

Al-Sijistânî Abû Ya'qûb, *Kitâb al-iftikhâr,* éd. Mustafâ Ghâlib, Beyrouth, 1980.

Al-Sijistânî Abû Ya'qûb, *Kitâb ithbât al-nubû'ât,* éd. 'Ârif Tâmir, Beyrouth, 1966.

Al-Sijistânî Abû Ya'qûb, *Kitâb al-yanâbî',* éd. Henry Corbin dans *Trilogie ismaélienne,* Paris, Adrien Maisonneuve, 1961.

Al-Tabarî Abû Ja'far, *Ta'rîkh al-rusul wa al-mulûk (Annales),* éd. Michael Jan de Goeje, Leyde, 1879-1901.

Tadhkirat al-khawâss wa 'aqîdat ahl al-ikhtisâs, édition critique du texte arabe de Roger Deladrière dans sa thèse de doctorat d'État présentée à la Sorbonne en 1974; traduit par Roger Deladrière dans *La profession de foi,* Paris, Éditions Orientales, 1978; voir le compte rendu de Denis Gril dans *Bulletin critique des annales islamologiques*, vol. 20 (1984), pp. 337-339.

Thomas d'Aquin (saint), *Summa theologiae*, éditée et traduite partiellement par Antonin-Dalmace Sertillanges dans *Somme théologique — Dieu*, Paris, Desclée & Cie, 1925; traduit par R. Bernard dans *Somme théologique — La foi*, Paris, Desclée & Cie, 1963.

Thomas d'Aquin (saint), *Summa contra gentiles*, texte de l'édition de Leonina Manualis, Besançon, P. Léthielleux, 1991.

Tûsî Nasîr al-dîn, *Aklâq-i Nâsirî*, Téhéran, 1356/1979; traduit du persan par G.M. Wickens dans *The Nasirean Ethics*, Londres, George Allen & Unwin, 1964.

Tûsî Nasîr al-dîn, *Tasawwurât*, édité et traduit par Wladimir Ivanow dans *The Rawdatu't Taslîm commonly called Tasawwurât*, Leiden, E.J. Brill, 1950.

Zayn al-'Âbidîn 'Alî, *Al-sahîfa al-kâmila al-sajjâdiyya*, édité et traduit par William Chittick dans *The Psalms of Islam*, Londres, Muhammadi Trust, 1988.

Sources secondaires

'Abd el-Jalîl, Jean, *Aspects intérieurs de l'islam*, Paris, Seuil, 1949.

'Abd el-Jalîl, Jean, *Marie et l'islam*, Paris, 1949.

Ali, Maulana, *Muhammad and Christ*, Madras, SPCK, 1921.

Alibhai Abualy Aziz, *Ismaili Tariqah*, Toronto, Islamic Literary and Cultural Association, 1985.

Allard, Michel, *Le problème des attributs divins dans la doctrine d'al-Ash'arî et de ses premiers disciples*, Beyrouth, Imprimerie catholique, 1965.

Amir-Moezzi Mohammed Ali, *Le guide divin dans le shî'isme originel*, Lagrasse, Verdier, 1992.

Andrae Tor, «*Der Ursprung des Islams und das Christentum*», Dans *Kyrkohistorik Azsskrift*, 1923-1925; traduit par J. Roche dans *Les origines de l'islam et le christianisme*, Paris, 1955.

Andrae Tor, *In the Garden of Myrtles: Studies in Early Islamic Mysticism*; traduit du suédois en anglais par Birgitta Sharpe, New York, State University of New York Press, 1987.

Andrae Tor, *Mohammed, sein Leben und sein Glaube*, Göttingen, 1932; traduit par J. Gaudefroy-Demombynes dans *Mahomet, sa vie et sa doctrine*, Paris, 1945.

Arberry, Arthur John, *Avicenna on Theology*, Westport, Hyperion Press, 1992.

Arberry, Arthur John, *Revelation and Reason in Islam*, Londres, George Allen & Unwin, 1957.

Arkoun, Mohammed, *L'islam, morale et politique*, Paris, Desclée de Brouwer, 1986.

Arnaldez, Roger, *Jésus dans la pensée musulmane*, Paris, Desclée, 1988.

Arnaldez, Roger, *Trois messagers pour un seul Dieu*, Paris, Albin Michel, 1991.

Arnaldez, Roger, *Mahomet*, Paris, Seghers, 1975.

Asín-Palacios, Miguel, *L'islam christianisé: étude sur le soufisme d'Ibn 'Arabî de Murcie*; traduit de l'espagnol par B. Dubant, Paris, Éditions de la Maisnie, 1982.

Asín-Palacios, Miguel, «*Logia et Agrapha Domini Jesu apud Moslemicos scriptores*», *Patrologia Orientalis,* vol. 13, fasc. 3, 1916 et vol. 19, fasc. 4, 1920.

Badawî 'Abdurrahmân, *Histoire de la philosophie en islam*, 2 vol., Paris, Librairie Philosophique J. Vrin, 1972.

Basetti-Sani, Giulio, ofm, *Mohammed et Saint François*, Ottawa, Commissariat de Terre-Sainte, 1959.

Basetti-Sani, Giulio, *The Koran in the Light of Christ*, Chicago, Franciscan Herald Press, 1977.

Behechti Muhammad Hosayni et Bâhonar Javad, *Philosophy of Islâm*, Salt Lake City, Islamic publications, 1982.

Bell, Richard, *Introdution to the Qur'ân*, Edinburgh, Edinburgh University Press, 1958.

Bell, Richard, *The Origin of Islam in Its Christian Environment*, London, Cass, 1968.

La Bible apocryphe, Textes choisis et traduits par J. Bonsirven, Paris, Cerf-Fayard, 1953.

Blachère, Régis, *Le Coran*, Paris, PUF, 1980.

Blochet, Edgar, «La pensée grecque dans le mysticisme oriental», *R. Orient Chrét.* (1931-1932), pp. 225-288.

Bonaud, Christian, *Le soufisme*, Paris, Maisonneuve & Larose, 1991.

Bréhier, Émile, *Histoire de la philosophie*, 3 vol., Paris, PUF, 1985-1988.

Brokelmann, Carl, «Allâh und die Götzen, der Ursprung des islamichen Monotheismus», *Archiv für Religionswissenschaft*, vol. 21 (1922), pp. 99-121.

Brunschvig, Robert, «*Fiqh* fatimide et histoire de l'Ifriqiya» dans *Études d'islamologie*, pp. 66-69, Paris, Maisonneuve et Larose, 1976.

Bryant, M. Darrol et Ali, S.A. éds, *Muslim-Christian Dialogue: Promise and Problems*, St. Paul (Minnesota), Paragon House, 1998; compte rendu de Diane Steigerwald dans *Religiologiques*, vol. 19 (1999), 214-218.

Burckhardt, Titus, *Introduction aux doctrines ésotériques de l'islam*, Paris, Dervy-Livres, 1969.

Butterworth, Charles E., «Ethics and Classical Islamic Philosophy a Study of Averroes' Commentary on Plato's Republic», éd. Richard G. Hovannisian dans *Ethics in Islâm*, Malibu (Californie), Undena Publications, 1983.

Caspar, Robert, «La religion musulmane» dans *Vatican II les relations de l'Église avec les religions non chrétiennes*, sous la direction de A.-M. Henry, Paris, Cerf, 1966.

Charlesworth, James, *Jesus' Jewishness*, New York, Crossroad, 1991.

Chodkiewicz, Michel, *Le sceau des saints, prophétie et sainteté dans la doctrine d'Ibn 'Arabî*, Paris, Gallimard, 1986.

Corbin, Henry, *Histoire de la philosophie islamique*, Paris, Gallimard, 1986.

Corbin, Henry, *En Islam iranien*, 4 vol., Paris, Gallimard, 1971.

Corbin, Henry, *Temps cyclique et gnose ismaélienne,* Paris, Berg internationale, 1982.

Corbin, Henry, *Trilogie ismaélienne*, Paris, Adrien Maisonneuve, 1961.

Comte, Auguste, *Cours de philosophie*, Paris, Garnier Frères, 1949.

Cuttat, Jacques-Albert, *La rencontre des religions*, Paris, Éditions Montaigne, 1957.

Daftary, Farhad, *The Ismâ'îlîs*, Cambridge, Cambridge University Press, 1990.

Daniélou, Jean, *Les manuscrits de la mer Morte et les origines du christianisme*, Paris, Éditions de l'Orante, 1974.

Durand, Gilbert, *L'imagination symbolique*, Paris, PUF, 1964.

Donaldson, Dwight, *Studies in Muslim Ethics*, London, SPCK, 1953.

Denny, Frederick M., *The Holy Book in Comparative Perspective*, Columbia, University of South Carolina, 1985.

Elamrani-Jamal, Abdelali, «De la multiplicité des modes de la prophétie chez Ibn Sînâ» dans *Études sur Avicenne*, Paris, Les Belles Lettres, 1984.

Eliade, Mircea, *Histoire des croyances et des idées religieuses*, 3 vol., Paris, Payot, 1984.

Eliade, Mircea, *Le sacré et le profane*, Paris, Gallimard, 1946.

Fakry Majid, *Ethical Series in Islam*, Leiden, E.J. Brill, 1991.

Fakhry Majid, *A History of Islamic Philosophy*, New York, Columbia University Press, 1983.

Fakhry Majid, *Philosophy, Dogma, and the Impact of Greek Thought in Islam*, Brookfied (USA), Variorum, 1994.

Fakhry Majid, *A Short Introduction to Islamic Philosophy, Theology and Mysticism*, Oxford, Oneworld Publications, 1997.

Fédou, Michel, *Les religions selon la foi chrétienne*, Paris, Médiaspaul, 1996.

Fyzee Asaf 'Alî, *Ismaili Law of Wills*, Oxford, 1933.

Fyzee Asaf 'Alî, «The Religion of the Ismailis» dans *India and Contemporary Islam*, Simla, Indian Institute of Advanced Study, 1971.

Gardet, Louis, *La cité musulmane: vie sociale et politique*, Paris, Librairie Philosophique J. Vrin, 1981.

Gardet, Louis, *Dieu et la destinée de l'homme*, Paris, Librairie Philosophique J. Vrin, 1967.

Gardet, Louis, «Îmân», *Encyclopédie de l'islam*, vol. 3 (1971), pp. 1199-1202.

Gardet, Louis, «Du'â'», *Encyclopédie de l'islam*, vol. 2 (1965), pp. 632-634.

Gardet, Louis, *L'islam*, Paris, Desclée de Brouwer, 1982.

Gardet, Louis, *L'islam: religion et communauté*, Paris, Desclée de Brouwer, 1967.

Gardet, Louis, «Les noms et les statuts. Le problème de la foi et des œuvres en islam», *Studia Islamica*, vol. 5 (1956), pp. 61-123.

Gardet, Louis, *La pensée religieuse d'Avicenne*, Paris, J. Vrin, 1951.

Gardet, Louis, *Mystique musulmane*, Paris, J. Vrin, 1986.

Gaudefroy-Demombynes, Maurice, *Mahomet*, Paris, Éditions Albin Michel, 1957.

Gillièron, Bernard, *Dictionnaire biblique*, Paris, Éditions du Moulin, 1985.

Gimaret, Daniel, *La doctrine d'al-Ash'arî*, Paris, Cerf, 1990; compte rendu de Diane Steigerwald dans *Religiologiques*, vol. 19 (1999), 232-235.

Gil Moshe, «The Constitution of Medina: A reconsideration», *Israel Oriental Studies*, vol. 4 (1974), pp. 49-50.

Gilson, Étienne, *La philosophie au Moyen Âge*, Paris, Payot, 1986.

Goldziher, Ignáz, *Introduction to Islamic Theology and Law*; traduit de l'allemand par Andras et Ruth Hamori, New Jersey, Princeton University of New York Press, 1981.

Grose, George and Hubbard, J. eds, *The Abraham Connection: A Jew, Christian, and Muslim in Dialogue*, Notre-Dame (Ind.), CrossRoads Books, 1994.

Guénon, René, *La crise du monde moderne*, Paris, Gallimard, 1946.

Guillaume, Alfred, *Islam*, New York, Penguin Books, 1982.

Haddad, Yvonne and Smith, Jane, *The Islamic Understanding of Death and Resurrection*, Albany, State University of New York Press, 1981.

Harris, Rendel, «Sayings of Jesus from Moslem Sources», *The Expositor*, vol. 16 (1918), pp. 151-160.

Hayek, Michel, *Les arabes ou le baptême des larmes*, Paris, Gallimard, 1972.

Hayek, Michel, *Le Christ de l'Islam*, Paris, 1959.

Hayek, Michel, *Le Mystère d'Ismaël*, Paris, 1964.

Hitti, Philip K., *History of the Arabs*, Londres, McMillan Education, 1985.

Hodgson, Marshall G.S., *The Venture of Islam*, 3 vol., Chicago, The University of Chicago Press, 1974.

Hourani, George, *Reason & tradition in Islamic Ethics*, Cambridge, Cambridge University Press, 1985.

The International Standard Bible Encyclopaedia, 5 vol., éd. James Orr, Grand Rapids (Mich.) Eerdmans Publishing Co, 1978.

Idel, Moshe et McGinn, Bernard, *Mystical Union in Judaism, Christianity and Islam: An Ecumenical Dialogue*, New York, Continuum, 1996.

Ivanow, Wladimir, «Noms bibliques dans la mythologie ismaé-lienne», *Journal Asiatique*, vol. 236 (1948), pp. 249-255.

Izutsu, Toshihiko, *Ethico-Religious Concepts in the Qur'an*, Montreal, McGill University, 1966.

Jafri Syed Husain Muhammad, *The Origins and Early Development of Shi'a Islam*, New York, Longman, 1979.

Jomier, Jacques, *Pour connaître l'Islam*, Paris, Éditions du Cerf, 1988; traduit par John Bowden dans *How to Understand Islam*, London, SCM Press Ltd., 1993.

Küng, Hans, Van Ess, J., Von Stietencron H. et Bechert H., *Le christianisme et les religions du monde: islam, hindouisme, bouddhisme*; traduit de l'allemand par Joseph Feisthauer, Paris, Seuil, 1986.

Landolt, Hermann, «Der Briefwechsel zwischan Kâšânî und Simnânî über Wahdat al-Wuǧûd», *Der Islam*, vol. 50 (1973), pp. 53-56.

Landolt, Hermann, «La prière et la vie mystique» dans *Le grand atlas des religions*, Malesherbes, Encyclopédie Universalis, 1990.

Landolt, Hermann, *Le révélateur des mystères*, Lagrasse, Verdier, 1986.

Laoust, Henri, *Essai sur les doctrines sociales et politiques de Takî-d-dîn Ahmad b. Taimîya*, Le Caire, Imprimerie de l'Institut français d'archéologie orientale, 1939.

Laoust, Henri, *Les schismes dans l'islam,* Paris, Payot, 1977.

Littérature religieuse, histoire et textes choisis publiés sous la direction de Joseph Chaine et René Grousset, Paris, Armand Colin, 1949.

Madelung, Wilferd, «Ismâ'îliyya», *Encyclopédie de l'islam*, vol. 4 (1978), pp. 190-192.

Madelung, Wilferd, «Nasîr al-dîn Tûsî's Ethics between Philosophy, Shî'ism and Sûfism», éd. Richard G. Hovannisian dans *Ethics in Islam*, Malibu (Californie), Undena Publications, 1983.

Makdisi, George, «Ethics in Islamic Traditionalist Doctrine», éd. Richard G. Hovannisian dans *Ethics in Islam*, Malibu (Californie), Undena Publications, 1983.

Marcel, Gabriel, *Être et avoir: réflexions sur l'irréligion et la foi*, Vienne, Éditions Aubier-Montaigne, 1968.

De Marquette, Jacques, *Introduction à la mystique comparée*, Neuilly, Panharmonie, 1967.

Massé, Henri, *L'islâm*, Paris, Armand Colin, 1930.

Massignon, Louis, *La passion de Hallâj*, 4 vol., Paris, Gallimard, 1975.

Massignon, Louis, *Les trois prières d'Abraham*, Paris, 1935.

Masson, Denise, *Les trois voies de l'unique*, Paris, Desclée de Brouwer, 1983.

Mawdûdî Abû al-A'lâ, *Risâla-i dîniyât*; traduit de l'urdu par Khurshid Ahmad dans *Toward Undestanding Islam*, Salimia (Kuwait), IIFSO, 1986.

McDermott, Martin J., *The Theology of Shaikh al-Mufid (d. 413/1022)*, Beyrouth, 1978.

Mensching, Gustav, *Histoire de la science des religions*, Paris, Lamarre, 1955.

Milot, Jean-René, *L'islâm et les musulmans*, Montréal, Fides, 1993.

Milot, Jean-René, *Musulmans et chrétiens: des frères ennemis?* Paris, Médiaspaul, 1995.

Minorsky, Vladimir, «'Omar Khaiyâm», *Encyclopedia of Islam*, vol. 3 (1913), pp. 985-989.

Molé, Marijan, *Les mystiques musulmans*, Paris, Les Deux Océans, 1982.

Momen, Moojan, *An Introduction to Shi'i Islam*, New Haven, Yale University Press, 1985.

Monnot, Guy, «Sirât», *Encyclopédie de l'islam*, vol. 9 (1997), 697-698.

Monteil, Vincent, *Clefs pour la pensée arabe*, Paris, Éditions Seghers, 1974.

Monteil, Vincent, *Les arabes*, Paris, PUF, 1964.

Morris, James Winston, *The Wisdom of the Throne: an Introduction to the Philosophy of Mulla Sadra*, Princeton, Princeton University Press, 1981.

Moubarak, Youakim, *Abram dans le Coran*, Paris, 1958.

Muzaffar, Muhammad Ridâ, *'Aqâ'id al-imâmiyya*, Najaf, 1408/1987.

Nasr Seyyed Hossein, *Ideals and Realities of Islam*, Londres, Unwin Paperbacks, 1979.

Nasr Seyyed Hossein, *Living Sufism*, Londres, Unwin Paperbacks, 1980.

McKain, David ed., *Christianity: Some Non-Christian Appraisals*, New York, McGraw-Hill, 1964.

Nicholson, Reynold A., «An Early Arabic Version of *Mi 'râj* of Abû al-Bistâmî», *Islamica*, vol. 2 (1926), pp. 402-415.

Nicholson, Reynold A., «The Goal of Muhammadan Mysticism», *Journal of the Royal Asiatic Society*, vol. 38 (1906), pp. 303-348.

Nicholson, Reynold A., «A Historical Enquiry concerning the Origin and Development of Sufism», *Journal of Royal Asiatic Society*, vol. 38 (1913), pp. 55-68.

Nicholson, Reynold A., *The Mystics of Islam*, Londres, Arkana, 1989.

Nicholson, Reynold A., *Rûmî Poet and Mystic*, Londres, Unwin Paperbacks, 1978.

Nigosian, Solomon, *Islam: The Way of Submission*, Wellingborough (Angleterre), Aquarian Press, 1987.

Nöldeke, Theodore, *Geschichte des Korans*, 3 vol., Leipzig, 1907-1938.

North, C. R., *An Outline of Islâm*, Londres, The Epworth Press, 1934.

Nwyia, Paul, *Exégèse coranique et langage mystique, nouvel essai sur le lexique technique des mystiques musulmans*, Beyrouth, 1970.

Nwyia, Paul, «Mystique Musulmane», *Annuaire de l'École Pratique des Hautes Études*, vol. 87 (1978-1979), pp. 267-280.

Nwyia, Paul, «Le *tafsîr* mystique attribué à a'far al-Sâdiq», *Mélanges de l'université de Saint-Joseph*, vol. 43, (1962), pp. 181-230.

Padwick, Constance E., *Muslims Devotion*, Londres, 1960.

Paret, Rudi, «*Al-a'râf*», *Encyclopédie de l'islam*, vol. 1 (1960), p. 623.

Parrinder, Geoffrey, *Jesus in the Qur'ân*, Oxford, Oneworld Publications, 1995, 1965c.

Peters, Francis, *Children of Abraham*, Princeton, Princeton University Press, 1982.

Philippe, Paul, *Les fins de la vie religieuse selon saint Thomas d'Aquin*, Rome, Édition de la Fraternité de la Très Sainte Vierge Marie, 1962.

Platon, *Œuvres complètes de Platon*; traduites et annotées par Léon Robin, Paris, Gallimard, 1950.

Pseudo-Matthieu, éd. C. Michel, d'après Hemmer et Lejay textes et documents, *Évangiles apocryphes*, Paris, 1911.

Rahman Fazlur, *Prophecy in islam*, Chicago, University of Chicago Press, 1958.

Rahman Fazlur, «Law and Ethics in Islam», éd. Richard G. Hovannisian dans *Ethics in Islam*, Malibu (Californie), Undena Publications, 1983.

Reynold, Frank et Waugh, Earle, *Religious Encounters with Death: Insights from the History and Anthropology of Religions*, University Park, Pennsylvania State University Press, 1977.

Ries, Julien, *Les chrétiens parmi les religions: Des Actes des Apôtres à Vatican II*, Paris, Desclée, 1987.

Robin, Léon, *La pensée grecque et les origines de l'esprit scientifique*, Paris, Albin Michel, 1973.

Rodinson, Maxime, *Mahomet*, Paris, Seuil, 1961.

Roux, Jean-Paul, *L'islam en Asie*, Paris, Payot, 1958.

Sadr (Banî), Abû al-Hasan, *Le Coran et les droits de l'homme*, Paris, Maisonneuve & Larose, 1989.

Samir, Khalil, «L'unicité absolue de Dieu», *Lumière & vie*, vol. 163 (1983), pp. 35-48.

Sanders, E.P., *Jesus and Judaism*, Philadelphia, Fortress, 1992.

Schedl, Claus, *Muhammad und Jesus*, Wien, Herder, 1978.

Schimmel, Annemarie, *Islam: an Introduction*, New York, State University Press, 1992.

Schimmel, Annemarie, *Mystical Dimensions of Islam*, Chaptel Hill, The University of North Carolina Press, 1975.

Schouppe, Père F.X., *Cours abrégé de religion*, Paris, Delhomme et Briguer, 1875.

Sérouya, Henri, *Les Esséniens*, Paris, Calmann-Lévy, 1959.

Siddiqi, Muzammil H., «Salât», *Encyclopaedia of Religions*, vol. 13 (1987), pp. 20-23.

Smith, Margaret, *Studies in Early Mysticism in the Near and Middle East*, Oxford, Oneworld, 1995.

Smith, Wilfred Cantwell, *What is scripture? A Comparative Approach*, Minneapolis, Fortress Press, 1993.

Smith, Wilfred Cantwell, *On Understanding Islam: Selected Studies*, Berlin & New York, Mouton de Gruyter, 1981.

Sontag, Frederick, «Moon, Mohammad and Jesus», *Asian Journal of Theology*, vol. 3 (1989), pp. 420-430.

Sourdel, Dominique, «L'imamisme vu par le Cheikh al-Mufîd», *Revue des Études Islamiques*, vol. 40 (1972), pp. 5-97.

Sourdel, Dominique, *L'islam*, Paris, PUF, 1990.

Spirago, Francis, *The Catechism Explained*, New York, Benziger Brothers Inc., 1960.

Steigerwald, Diane, «L'apport avicennien à la cosmologie à la lumière de la critique d'al-Shahrastânî et d'Averroès», *Laval Théologique et Philosophique*, vol. 52.3 (1996), pp. 735-759 (voir le rectificatif du résumé vol. 53.1 (1997), p. 4).

Steigerwald, Diane, «La dissimulation (*taqiyya*) de la foi dans le shî'isme ismaélien», *Studies in Religion/Sciences Religieuses*, vol. 27.1 (1998), pp. 39-59.

Steigerwald, Diane, «The divine Word (*Kalima*) in Shahrastânî's *Majlis*», *Studies in Religion/Sciences Religieuses*, vol. 25.3 (1996), pp. 335-352.

Steigerwald, Diane, «La foi dans quelques branches de l'islâm», *Revue Scriptura*, vol. 24 (1996), pp. 55-77.

Steigerwald, Diane, «La foi: source de paix éternelle», Liminaire du volume 24 de la *Revue Scriptura* consacré à la foi.

Steigerwald, Diane, «L'imâmologie dans la doctrine ismaélienne nizârienne», Montréal, Mémoire de maîtrise, Université McGill, 1986.

Steigerwald, Diane, «Jérusalem: ville de l'ascension du Prophète Muhammad», *Studies in Religion/Sciences Religieuses*, vol. 26.1 (1997), pp. 95-109.

Steigerwald, Diane, «La justice chez différents penseurs musulmans», *Revue Scriptura*, vol. 23 (1996), pp. 35-55.

Steigerwald, Diane, «Le Logos: clef de l'ascension spirituelle dans l'ismaélisme», *Studies in Religion/Sciences Religieuses*, vol. 28.2 (1999), (à paraître).

Steigerwald, Diane, «La mort et l'au-delà dans l'islâm», *Revue Scriptura*, vol. 25 (1997), pp. 61-86.

Steigerwald, Diane, «La mystique de Jalâl al-dîn Rûmî (m. 672/1273) par la danse cosmique des derviches tourneurs», *Folia Orientalia*, vol. 35 (1999) (à paraître).

Steigerwald, Diane, «L'Ordre (*Amr*) et la création (*khalq*) chez Shahrastânî», *Folia Orientalia,* vol. 31 (1995), pp. 163-175.

Steigerwald, Diane, *La pensée philosophique et théologique de Shahrastânî*, Sainte-Foy (Québec), Les Presses de l'Université Laval, 1997; compte rendu de Guy Monnot dans

Bulletin critique des annales islamologiques, vol. 15 (1999), pp. 79-81.

Steigerwald, Diane, *Rapport de la rencontre et du dialogue «Franc-Islam» sur les thèmes de la prière et l'intégrisme du 12 avril 1997 à Montréal*, présenté par l'Ordre des frères franciscains au Congrès international sur les relations islamo-chrétiennes des frères franciscains à Rome.

Steigerwald, Diane, «The Contribution of al-Shahrastânî to islamic Mediaeval Thought», éd. Parviz Morewedge dans *Festschrift dedicated to Professor Hermann Landolt* (à paraître en 1999).

Steigerwald, Diane et Alibay Ali «La phénoménologie herméneutique d'un "philosophe de la métahistoire" Henry Corbin (1903-1978)», dans *The Qur'ân and Philosophical Reflections*, pp. 77-96, Jakarta, Indonesian Academic Society XXI, 1998.

Steigerwald, Diane, «Le rôle de la logique dans la réconciliation de la philosophie et dc la religion chez Averroès», *Studies in Religion/Sciences Religieuses*, vol. 24 (1995), pp. 441-455.

Steigerwald, Diane, «La signification et la symbolique de la prière dans quelques branches de l'islâm», *Revue Scriptura*, vol. 20 (1995), pp. 113-133.

Steigerwald, Diane, «La tolérance de l'islâm face au polythéisme et aux autres religions monothéistes?» *Cahiers des Études anciennes*, vol. 33. (1997), pp. 23-30.

Stillman, Norman A., *The Jews of Arab Lands*, Philadelphie, The Jewish Publication Society of America, 1979.

Talbi, Mohamed et Clément, Olivier, *Un respect têtu*, Paris, Nouvelle Cité, 1989.

Trimingham, John, *Christianity among the Arabs in Pre-Islamic Times*, London, Longman, 1979.

Urbach, Ephraim E., *The Sages: Their Concepts and Beliefs*; traduit de l'hébreu par Israel Abrahams, Cambridge, Harvard University Press, 1979.

Vajda, Georges, «Melchisédec dans la mythologie ismaélienne», article n° I, pp. 173-183, dans *Études de théologie et de philosophie arabo-islamiques à l'époque classique*, Londres, Variorum Reprints, 1986.

Van Der Leeuw, Gerardius, *La religion dans son essence et ses manifestations*, Paris, Payot, 1970.

Van Riet, Simone, «Averroès et le problème de l'imagination prophétique» dans *Multiple Averroès*, Paris, Les Belles Lettres, 1976.

Van Steenberghen, Fernand, *Dieu caché*, Louvain, Publications Universitaires de Louvain, 1966.

Van Steenberghen, Fernand, *Le problème de l'existence de Dieu dans les écrits de saint Thomas d'Aquin*, Louvain-la-Neuve, 1980.

Vatican II, les relations de l'Église avec les religions non chrétiennes, éd. A.-M. Henry, Paris, Cerf, 1966.

De Vitray-Meyerovitch, Éva, *Anthologie du soufisme*, Paris, Albin Michel, 1995.

De Vitray-Meyerovitch, Éva, *Mystiques et poésie en islam: Djalâl-ud-dîn Rûmî et l'ordre des derviches tourneurs*, Paris, Desclée de Brouwer, 1972.

De Vitray-Meyerovitch, Éva, *Rûmî et le soufisme*, Paris, Seuil, 1977.

Waldman, Marilyn Robinson ed., *Muslims and Christians, Muslims and Jews: A Common Past, A Hopeful Future*, Ohio, The Islamic Foundation of Central Ohio, 1992.

Walker, Paul Ernest, «Abû Ya'qûb al-Sijistânî and the Development of Ismâ'îlî neoplatonism», Thèse de doctorat, Chicago, University of Chicago, 1974.

Walker, Paul Ernest, *Early philosophical shiism: the Ismaili Neoplatonism of Abû Ya 'qûb al-Sijistânî,* Cambridge, Cambridge University, 1993.

Waltz, James, «Muhammad and the Muslims in St. Thomas Aquinas», *The Muslim World,* vol. 66 (1976), pp. 85-95.

Watt, William Montgomery, *Mahomet*; traduit de l'anglais par F. Dourveil, S.-M. Guillemin et F. Vaudou, Paris, Éditions Payot, 1959.

Watt, William Montgomery, *Islam and Christianity Today,* London, Routledge and Kegan Paul, 1983.

Weil, Éric, «Religion et politique» dans *Le temps de la réflexion,* Paris, Gallimard, 1981.

Wensinck, Arend Jan, *La pensée de Ghazzâlî,* Paris, Adrien-Maisonneuve, 1940.

Wensinck, Arend Jan, «Salât», *Encyclopaedia of Islam,* vol. 4 (1934), pp. 103-104.

Wickens, George Michael, *The Nasirean Ethics,* Londres, 1964.

Wust, Peter, *Naivität und Pietät,* Türbingen, Mohr, 1925.

Yahia, Osman, «La condition humaine en islam» dans *Normes et valeurs dans l'islam contemporain,* pp. 48-67, Paris, Payot, 1966.

Zaehner, Robert C., *Hindu & Muslim Mysticism,* Oxford, Oneworld, 1994.

Zeller, Eduard, *Outlines of the History of Greek Philosophy*; traduit par L.R. Palmer, New York, Dover Publications, 1980.

INDEX

Abû Tâlib (oncle du Prophète, m. 619): 28; 132.

Abû Tâlib al-Makkî (sûfî, m. 386/996): 132.

Abyssinie: 47.

Achard, Brigitte (rédactrice en chef de la revue *Scriptura*): 19.

acte: 88-91; 98; 101; 121; 155; 178.

actes: 13; 23; 44; 45; 80; 96; 123; 129; 150; 176; 178; 180; 181; 190; 246.

Actes des Apôtres: 45.

Adam (1er Prophète biblique): 80; 142; 153; 159; 160; 162; 163; 165; 166; 193; 248.

Âdam (ar.): 165.

'Adâla (ar., Justice): 173; 182; 187.

'Adl (ar., Justice): 171-173; 177; 182; 183; 189.

Afghanistan: 7; 29.

Afrique: 30-32.

Âghâ Khân (titre de l'Imâm des Ismaéliens nizâriens): 38.

ahâdîth (ar., traditions): 66; 92; 121; 205; 206; 212.

ahl al-'Adl (ar., les tenants de la Justice): 177.

ahl al-a'râf (ar., gens des crêtes): 215.

ahl al-bayt (ar., membres de la maison du Prophète): 76; 105; 221.

ahl al-dhikr (ar., gens de la réminiscence): 80; 101; 130.

ahl al-hall wa al-'aqd (ar., les gens qui délient et lient): 173.

ahl al-inqitâ' (ar., ascètes): 215.

ahl al-Kitâb (ar., gens du Livre): 25.

ahl al-Ma'rifa (ar., gens de la Gnose): 215.

Ahkam al-hâkimûn (ar., le plus Juste des juges): 175.

Ahmad (autre nom de Muhammad): 151.

Akbar (sultân mongol m. 1014/1605): 31.

al-Akbar (ar., le plus Grand): 207; 216; 246.

Akhira (ar., dernier Jour): 211.

akmal (ar., le plus parfait): 153.

akwâr (ar., cycles): 160.

Âl (ar., Famille; = *Ahl*): 76; 80; 104; 129.

'alaqa (ar., embryon): 165.

'Alawîte: 31.

Alexandre: 147.

Allâh: 31; 35; 36; 38; 44; 47; 48; 51; 52; 66; 75; 83; 84; 92-95; 98; 118; 121; 123; 124; 126-129; 133; 134; 137; 138; 156; 159; 161; 170; 175; 190; 194; 200; 205-207; 212; 214; 216; 218; 230; 249.

Allâh Akbar (ar., Allâh le plus Grand): 207; 216.

Allemagne: 32.

'Alî ibn Abî Tâlib (4ᵉ Calife et premier Imâm des shî'ites, m. 40/661): 29; 34-36; 38; 54; 68; 73; 74; 80; 99-101; 106; 107; 126; 127; 159; 193; 197; 218-219; 248. *Nahj al-balâgha* (?): 74; 126.

'amal (ar., action): 98; 101; 113; 129; 172.

a'mâl (ar., actions): 96.

âmana (croire): 98; 125.

amâna (dépôt): 98; 125.

âme: 11; 12; 71-73; 75; 77-79; 104; 109; 111; 114; 127; 184; 188; 209; 215, 221; 222; 227; 230-236.

âmes: 75; 77-79; 161; 214; 231; 232; 234.

Amis de Dieu: 35; 83; 158; 163; 171; 220, voir aussi *Awliyâ' Allâh*.

Amîr al-mu'minîn (ar., Prince des croyants, titre donné à 'Alî ibn Abî Tâlib): 99; 126.

amour: 185.

Amour: 62; 63; 72; 74; 76; 81; 83; 185; 232; 234.

amn (ar., sécurité): 114.

Amr (ar., Ordre): 83; 168; 172; 189; 217; 219.

Anâ al-Haqq (ar., je suis la Vérité): 107; 108.

Anatolie: 30.

'ănâw (hb., pauvre): 71.

'anâwâh (hb., humilité): 71.

Ancien Testament: voir Bible.

anges: 80; 92; 148; 153; 156; 160; 164-166; 174; 175; 208; 211; 216; 231.

Angleterre: 31; 65; 174.

Annonciateur: 139; 141; 152.

ansâr (ar., auxiliaires de Médine): 28.

apocryphes: 42; 149.

'aqd (ar., engagement): 173.

'aql (ar., intellect): 36; 100; 106; 107; 113; 155; 156; 158; 161; 167.

'Aql (ar., Intellect): 100; 161.

al-'Aql al-fa"âl (ar., Intellect agent): 155.

al-'Aql al-kullî (ar., Intellect universel): 156.

'Aql-i kullî (p., Intellect universel): 167.

al-'aql al-mustafâd (ar., intellect acquis): 155.

Arabie: 28.

'arafa (ar., connaître): 214.

a'râf (ar., crêtes): 213-215.

'ârif (ar., gnostique): 156; 162; 223.

Aristote (philosophe de stagire, m. circa 322 av. J.-C.): 15; 157; 184.
Éthique de Nicomaque: 184-185.

Arménie: 30.

'Arsh (ar., Trône): 93; 216.

'arrafa (ar., donne la connaissance): 100.

arz (ar., cèdre): 94.

arzâq (ar., gains): 204.

Asâmî (ar., Noms): 165; 166.

Asâs (ar., Fondement de l'Imâma): 160.

ascèse: 22; 88; 109; 155.

Asie: 31; 33.

Asín Palacios, Miguel (islamologue, 1871-1944): 214.

al-Ash'arî, Abû al-Hasan (théologien fondateur de l'école ash'arite, m. 324/935): 96-99; 152-154; 159; 179-181; 209; 213.

ash'arisme: 152-155.

ash'arite: 124; 142; 153; 154; 181; 212.

asl (ar., fondement): 106.

al-aslah (ar., le meilleur): 178.

Asmâ' (Noms ou Logoi): 133.

associateurs: 41; 52.

athées: 12; 13.

Athéisme (= irréligion): 26; 87.

atqâ (ar., celui qui craint le plus): 64; 174.

'Attâr, Farîd al-dîn (sûfî, m. circa 627/1229): 69; 111; 112.
Asrâr Nâma: 111; 112.
Mantiq al-tayr: 111.

Attributs: 71; 113; 181; 246.

(saint) Augustin (m. 430): 90-91.

Averroès (philosophe musulman m. 595/1198): 158; 186; 187, voir aussi sous son nom arabe Ibn Rushd.

Avertisseur: 139; 141; 151; 152.

Avicenne (philosophe musulman, m. 428/1037): 157; 188; 217, voir aussi sous son nom arabe Ibn Sînâ.

avicennisme: 156-158.

Awliyâ' Allâh (ar., Amis de Dieu): 35.

Âyat Allâh Khumaynî, Rûh Allâh (1902-1989): 31.

'Ayn al-Qudât al-Hamadhânî (sûfî, m. 525/1131): 70; 109.

'azm (ar., résolution): 162; 163; 167.

B

Badr: 29.

Baghdâd: 30.

Balfour: 32.

Balkans: 31.

Balkh: 69.

baqâ' (ar., subsistance): 70.

barzakh (ar., barrière): 203; 207; 209; 210.

basâ'ir (ar., regards intérieurs): 114.

bâtin (ar., ésotérique, intérieur): 35; 115; 193; 195-197.

bayyinât (ar., preuves): 176.

Bell, Richard (islamologue, né en 1876): 44.

Ben Gourion, David (politicien israélien 1886-1973): 32.

berbère: 32.

Bible: 17; 18; 20; 26; 42; 53; 63; 66; 69; 76; 142; 143; 146; 212; 213; 216; 217; 249.

Bien-Aimé: 72; 231.

Bienfaiteur: 28; 124.

bilâ kayf (ar., sans savoir comment): 217.

birr (ar., piété): 132.

Blachère, Régis (islamologue, 1900-1973): 6; 214.

Bonté: 73; 119; 128; 176; 181.

bouddhisme: 27.

britannique: 31.

britanniques: 31.

Buisson ardent: 234.

al-Bukhârî, Abû 'Abd Allâh Muhammad (compilateur de traditions musulmanes, m. 256/870): 66; 94; 121; 148; 205; 206; 212; 216; 218.

Bulgarie: 30.

Byzance: 228.

C

Caire: 30; 98; 100; 108; 109; 125; 129; 135; 157; 173; 177; 180-183; 189; 208; 209; 214; 215; 217.

Calife: 54; 108; 172.

Califes: 29; 35; 168.

Catholicisme: 23-24.

Chine: 30; 34.

Chrétien: 17; 20; 50; 52; 53; 76; 150; 186; 205; 210; 225; 241.

Chrétiens: 18; 22-25; 39; 48-58; 61; 87; 150; 151; 203; 240-243; 247; 249-251.

Christ: 20; 53; 54; 64; 74; 149; 165; 242; 249-251.

christianisme: 16; 17; 23; 27; 28; 33; 43; 49; 50; 55-57; 62; 91; 93; 116; 119; 195; 202; 215; 240; 242; 246; 249-252.

cœur: 16; 17; 22; 23; 39; 43; 46; 57; 63; 64; 67; 71; 93-95; 98; 100; 101; 103; 106; 108; 111-114; 116; 132-135; 137; 184; 185; 216; 224-226; 233; 235; 246.

commandements: 63; 95; 147; 212.

Comte, Auguste (père du positivisme, 1798-1857): 13; 14.

connaissance: 22; 23; 26; 51; 64; 71; 76; 82; 83; 88; 89; 96; 100-102; 104; 108; 113; 116; 117; 130; 139; 149; 155; 156; 159-161; 166; 185; 186; 191; 195-197; 221; 223; 236; 244.

Constantinople: 30.

Corbin, Henry (spécialiste du shî'isme, 1903-1978): 5;

34; 36; 51; 52; 76; 103; 105; 126; 159; 161; 163; 164; 167; 191; 192; 196; 215; 222.

Cordoue: 30.

corps: 11; 12; 75; 77-79; 108; 109; 134; 185; 202; 203; 207; 209; 210; 217; 222; 226; 228; 230; 231.

courage: 8; 39; 96; 174; 185-187; 240.

Créateur: 23; 68; 101; 108; 111; 127; 129; 180; 246; 247; 250.

création: 16; 45; 46; 57; 89; 107; 110; 117; 119; 131; 149; 156; 164-166; 170; 190; 192; 196; 197; 204; 211; 236; 247.

Crimée: 31.

croyant: 22; 23; 29; 52; 64; 65; 75; 76; 83-85; 91; 92; 94-97; 99; 100; 102-104; 110; 111; 115-117; 119; 121; 122; 126; 127; 130-137; 143; 145; 173; 182; 197; 205; 209; 214; 219-221; 225; 231; 237; 246; 247.

croyants: 7; 15; 18; 21; 25; 26; 28; 39; 48; 56; 62; 73; 75; 80; 81; 83-85; 89-91; 93; 97; 99; 100; 104; 105; 114; 122; 126; 143; 173; 174; 179; 182; 189; 198; 206;

207; 213-217; 219; 221; 229; 240; 248.

crucifixion de Jésus: 250.

D

dâ'î (ar., prédicateur): 166.

Damas: 30; 32; 93; 159.

Damascène, Jean (m. circa 749): 90.

dâr al-'Adl (ar., monde de Justice): 172.

dâr al-islâm (ar., monde de l'islâm ou maison de paix): 172.

dâr al-muqâma (ar., maison du séjour durable): 216.

dâr al-muttaqîn (ar., maison des craignants-Dieu): 216.

dâr al-qarâr (ar., maison du bien): 216.

darajât (ar., échelons): 102.

darwish (p., pauvre): 69.

David (Prophète qui succède à Saul dont le règne dura approximativement de 1020 à 1000 av. J.-C.): 141; 191.

dayn (ar., dette): 69.

déesses: 44; 45.

Déité: 16; 26; 27; 50; 53; 71; 77; 83; 85; 109; 116; 117; 119; 121; 126; 129; 131; 132; 134; 168; 223; 226; 230; 232; 236; 251.

(saint) Denys (m. circa 258): 90.

dhawq (ar., connaissance intime): 108.

dhikr (ar., réminiscence): 67; 80; 101; 121; 122; 125; 130; 133; 134; 206; 223.

dhimmiyyûn (sujets protégés suivant une religion tolérée par l'islâm): 56.

Dhû al-Nûn al-Misrî (sûfî, m. 245/860): 135.

dhû al-wajhayn (ar., Celui qui a deux visages): 112.

Dieu: 8; 12; 13; 16; 22; 23; 25; 26; 28; 29; 35; 41; 43-46; 48-56; 62-73; 75; 76; 78-87; 89; 91-96; 98; 100-103; 105; 107; 109-112; 114-116; 119; 121; 122; 124; 126; 127; 129; 130; 132-136; 139-156; 158-163; 168; 171-176; 178-182; 187-192; 194; 195; 197; 199; 204-209; 211; 212; 214-222; 225-230; 232-235; 237; 246-251.

Dîn al-haqq (ar., Religion vraie): 248.

docétisme: 52.

dû'â' (ar., invocation): 122; 124-126; 130; 132; 133.

dû'â' Kumayl (prière attribuée à 'Alî ibn Abî Tâlib): 126.

duodécimain: 30; 103; 104.

duodécimains: 35; 38; 125; 128; 159; 160; 163; 169; 189-191; 208.

E

Eau de vie (= vin): 225.

Écritures: 17; 55; 92; 252.

égalité: 199.

église: 49; 61; 117; 122; 150; 250.

église catholique: 250.

Égypte: 29-31.

égyptiens: 147.

(*Rabbi*) Éléazar (IIIe siècle avant J.-C.?): 176.

Élie (Prophète hébreu, IXe siècle avant J.-C.): 11; 147; 225; 234.

Élixir: 233.

'ĕmûnâh (hb., foi): 92.

Énonciateurs: 140; 160; 162; 193.

Éon (gr., cycle): 212; 217.

Ephrem: 148.

Épître aux Romains: 43; 45.

Équité: 26; 198.

'erez (hb., cèdre): 94.

esclave: 64; 236.

Espagne: 30.

Esprit: 16; 24-26; 41; 72; 75; 83; 85; 93; 108; 132; 185; 217; 227; 250.

États-Unis: 31.

étoile: 44; 110; 114; 144.

étoiles: 144; 177.

ethos: 185.

Être: 7; 8; 11; 12; 16; 21; 22; 36; 40; 42-44; 46; 49; 50; 53-55; 57; 58; 61; 64; 65; 68; 71; 73-75; 77; 78; 81; 84; 87-89; 94; 97; 101; 102; 108; 128; 130; 134; 141; 145-148; 154; 159; 161; 165; 172; 174; 179; 180; 184; 186; 188-190; 199; 201; 205; 208; 210; 218; 224-226; 233-235; 240; 241; 245; 247; 249; 251.

Évangile: 150.

Ève (épouse d'Adam): 142.

Ezéchiel (Prophète hébreu, VIe siècle avant J.-C.): 177.

F

Face: 25; 41; 48; 70; 93; 94; 96; 112; 116; 119; 211; 217; 223; 228.

faculté: 22; 157; 186.

facultés: 157; 168.

falâsifa (philosophes musulmans): 36; 155; 157; 208; 217.

falsafa (ar., philosophie hellénistique de l'islâm): 155; 172; 183.

Famille: 17; 18; 25; 52; 65; 75; 76; 79; 80; 85; 104; 129; 146; 191; 215; 246.

fanâ' (ar., anéantissement): 70; 100; 132; 211; 230.

faqîr (ar., pauvre): 68; 69.

faqr (ar., pauvreté): 69.

al-Fârâbî, Muhammad (philosophe musulman m. 339/950): 155; 185.

fâsiq (ar., pécheur): 97; 214.

Fâtima (fille du Prophète, m. 11/633): 80; 216.

fâtimide: 30; 35; 80; 105; 129; 192; 221.

Faveur: 128; 153; 154; 160; 168; 179; 190; 219; 248.

Faysal 1er (fils de Husayn, 1883-1933): 32.

Ferry, Jules (1832-1893): 14.

fétichisme: 13.

fidèle: 17; 23; 26; 49; 93; 94; 124; 129; 135; 145; 153; 173; 224; 249.

fidèles: 25; 28; 65; 73; 83; 93; 99; 100; 122; 129; 213; 219.

Fils: 32; 50-53; 76; 82; 91; 93; 136; 142; 143; 145; 146; 148; 149; 151; 177; 246; 247; 250; 251.

firaq (ar., écoles): 18; 120.

fitna (ar., épreuves): 47.

fitra (ar., nature originelle): 119; 247.

fœtus: 165; 204.

foi: 17; 22-26; 29; 33; 49; 52; 61; 62; 65; 67; 75; 79; 84-117; 119; 121; 125; 127; 129; 130; 132; 133; 136; 143; 159; 190; 197; 207; 211; 212; 221; 222; 239; 241; 247; 249-251.

français: 20; 31; 125; 159.

fraternité: 8; 17; 19; 25; 61-63; 65; 70; 72; 73; 76; 81-85; 119; 174; 252.

fudalâ' (ar., amis vertueux): 78.

fuqahâ' (ar., juristes): 122.

fuqarâ' (ar., pauvres): 68.

al-Furqân (ar., la Distinction): 171.

G

Gabriel (ange): 29; 87-89; 92; 211.

Gardet, Louis (islamologue, 1905-1987): 5; 34; 64; 68; 91; 122; 124; 135; 153; 157; 172-174; 209; 214; 215; 217.

Gaule: 30.

Généreux: 74; 190; 200; 205.

générosité: 26; 42-44; 69; 84; 119; 168; 185; 186; 189; 198; 240.

Genèse: 93; 142-146; 194.

Ghanîy (Celui qui se suffit à Lui-même): 68.

gharad (ar., but): 178.

Ghassân (disciple murji'ite d'Abû Hanîfa qui se sépare par la suite): 97.

ghayb (ar., mystère): 113; 128.

Ghaylân b. Muslim (qadarite murji'ite condamné à être crucifié par Hishâm b. 'Abd al-Malik m. 125/743): 97.

al-Ghazzâlî, Abû Hâmid (théologien ash'arite m. 505/1111) : 68; 108; 109; 134; 135; 154; 157; 206; 208; 223; 224.

Tahâfut al-falâsifa: 157.

Gibran, Kahlil (1883-1931): 61.

Gilgamesh (poème épique de la Mésopotamie du IIIe millénaire avant J.-C.): 147.

gnâns (sk., de *jñâna* chants religieux, = connaissance contemplative): 130.

de Gœje, Michael Jan (islamologue): 47 n. 6.

Grâce: 11; 22; 24; 26; 40; 66; 68; 73; 79; 89; 96; 100; 108; 111; 114; 116; 117; 136; 151; 154-156; 161; 167; 179; 188; 198; 208; 244; 251.

Guénon, René (spécialiste de l'hindouisme, 1886-1951): 14; 15 n. 5.

guidance: 12; 76; 80; 83; 114; 158; 164; 190; 191; 198; 219; 248.

Guide (divin): 8; 12; 34; 75; 100-102; 111; 122; 127; 143; 158; 159; 161; 172; 183; 191; 225; 248.

Guides: 11; 34; 99; 141; 197; 198.

Guillaume, Alfred (islamologue): 47 n. 5.

H

Hadîth (ar., tradition): 172; 206; 229.

Hadîth qudsî (ar., tradition sainte): 206; 229.

al-hads (ar., l'intuition): 158.

Haft bâb-i Sayyidnâ (p., ouvrage ismaélien): 193.

Hâgar (mère d'Ismaël et épouse d'Abraham): 145.

Haggâdah: 147.

hai'atî nafsânî (p., état d'âme): 187.

hajj (ar., pèlerinage): 93; 121.

I

'ibâd mukramûn (ar., serviteurs honorés): 212.

Ibn 'Abbâs: 30.

Ibn Adham, Ibrâhîm (sûfî, m. 166/783): 69; 70.

Ibn al-'Amâd: 66.

Ibn al-Anbârî, Abû al-Barakât (m. 577/1181): 215.

Ibn 'Arabî, Muhyî al-dîn (sûfî, m. 638/1240): 113; 228; 229.
Al-futûhât al-makkiyya: 113; 228; 229.

Ibn Babawayh, Muhammad b. 'Alî (shî'ite duodécimain, m. 381/991): 100; 103; 160; 208; 219; 220.

Ibn Hishâm, Abû Muhammad (éditeur de l'ouvrage d'Ibn Ishâq, m. 219/834): 47.

Ibn Ishâq, Muhammad (premier biographe de la vie du Prophète, m. 151/768): 47.

Ibn Khaldûn, 'Abd al-Rahmân (qâdî mâlikite, m. 784/1382).
Muqadimma: 36.

Ibn al-Muqaffa', Sawîrîs (historien et écrivain copte du Xᵉ siècle): 54.

Ibn Rushd, Abû al-Walîd (philosophe musulman, m. 595/1198): 158; 186; 187.

Ibn Sînâ, Abû 'Alî (philosophe mystique musulman, m. 428/1037): 156-158; 217.
Ishârât: 188.
Al-risâla al-adhawiyya fî amr al-ma'âd: 214.

Ibn Taymiyya, Taqî al-dîn (théologien hanbalite, m. 728/1328): 124; 125; 173; 181-183; 189; 191.
Kitâb al-siyâsa al-shar 'iyya: 173.

Ibrâhîm (Abraham): 69; 165; 215, voir aussi Abraham.

ibtidâ' Fadl (ar., pure Faveur spontanée): 153.

Idolâtre: 143.

Idolâtres: 43; 45; 48; 143; 144.

Idoles: 44; 45; 143; 144.

ifâda (ar., effusion): 156.

Ignace d'Antioche (IIᵉ siècle): 150.

ihsân (ar., bienfaisance): 107; 128; 171.

ijmâ'iyya (ar., faculté de consentement): 157.

ikhwân al-safâ' (ar., frère de la pureté): 76-80; 209; 220; 221.

ikrâh (ar., contrainte): 91.

'illa (ar., motif): 178.

'Ilm (ar., Connaissance divine): 99; 105; 107; 108; 113; 115; 147; 150; 164; 191; 194-197; 214; 223; 225.

al-'ilm bi-llâh (science qui concerne Dieu): 115.

'Ilm ladunî (ar., Science infuse): 99; 147; 194; 225.

'ilm al-yaqîn (ar., science de la certitude): 113.

imâm (guide): 122.

Imâm (Guide divin): 34; 36; 38; 54; 68; 81; 99; 100; 103; 105; 107; 126; 130; 143; 159; 160; 167; 169; 172; 191; 193; 194; 196; 197; 218; 248.

Imâms: 34; 35; 76; 80; 99; 101; 102; 106; 126; 128; 130; 136; 158; 159; 161; 168; 189; 191; 193; 194; 215; 219.

Imâma (ar., Institution spirituelle des Guides divins): 34-35; 103-104.

Imâm al-zamân (ar., Imâm du temps présent): 130.

îmân (ar., foi): 91; 92; 95; 97; 98; 100; 102; 103; 105; 107; 108; 113; 114; 222.

Inde: 30.

Indus: 30.

infidèle: 220.

intellect: 100; 155.

intellectu (intelligence): 91.

intellectu speculativo (intellect spéculatif): 91.

Intelligence: 16; 161; 163; 185.

Interlocuteur de Dieu (= Moïse): 147.

iqrâr (ar., profession): 96; 100.

Irân: 7; 30.

Irâq: 32.

'Irfân (Gnose): 108.

'Îsâ (Jésus): 166.

Isaac (fils d'Abraham): 145; 146.

isfâr subh al-kashf (ar., lever de l'aurore du dévoilement): 114.

islâm: 7-9; 16; 33-36; 41; 48; 51; 65; 73; 75; 76; 83; 91; 100-102; 107; 121; 125; 126; 128-130; 132; 135; 153; 154; 157; 159; 163; 164; 172-174; 180; 182; 186; 187; 189; 191; 192; 215; 224; 239; 249; 250.

'Isma (ar., Impeccabilité): 154; 164.

Ismâ'îl (Imâm ismaélien, m. circa 158/775): 38; 76; 179; 180.

Ismaël (Ismâ'îl, fils d'Abraham): 93; 145; 193.

Ismaélien: 30; 35; 80; 102; 106; 143; 192; 193; 195; 221.

Ismaéliens: 9; 35; 38; 76; 81; 83; 105; 106; 109; 129-131; 143; 159; 162; 169; 194; 209; 248.

ismaélisme: 76-84.
    fraternité: 129-131.
    justice: 192-197.
    mort: 220-223.
    prière: 160-167.

isrâ' (ar., voyage nocturne de la Mecque à Jérusalem): 68; 123; 141.

Israël: 49; 56.

israélites: 147.

Isrâfîl (ange de la trompette): 211; 229.

Isrâ'îl (ange de la mort): 204.

istiqrâr al-qalb (ar., stabilité du cœur): 114.

i'tidâl (ar., équilibre): 187.

ittisâl (ar., jonction): 155.

J

jabarût (ar., monde des chérubins porteurs du trône): 224.

Ja'far al-Sâdiq (Imâm shî'ite, m. 147/765): 35; 38; 75; 80; 101; 102; 113; 129; 189; 220.

janissaires: 32.

jannat al-khuld (ar., jardin de l'éternité): 216.

jannat al-na'im (ar., jardin du bonheur): 215-216.

jannat al-mawâ (ar., jardin du dernier séjour): 216.

jawânmard (p., chevalier): 83.

Jérusalem: 20; 68; 141; 212; 252.

(saint) Jean Baptiste: 11; 229.

Jésus ('Îsâ): 26; 27; 49-53; 62; 64; 68; 89; 102; 103; 111; 112; 132; 133; 141; 148-151; 160; 162; 166; 193; 195; 242; 249-251.

Jésus Christ: 249-251.

jinns (ar., genre): 125.

jiziya (ar., impôt particulier): 56.

Joseph: 62; 149.

Joshua ben Lévi (*Rabbin* du IIIe siècle): 147.

Jour de la Résurrection: 27; 209; 210; 217; 218.

Jour du jugement: 27; 44; 95; 153; 167; 175-177; 197; 204; 208; 211-215; 229; 246; 252, voir aussi *Yawm al-dîn*.

al-Jubbâ'î, Abû Hâshîm (théologien mu'tazilite, m. 321/933): 154.

al-Kindî, Abû Yusûf (philosophe musulman m. 257/870): 155.

Kitâb (ar., Livre): 25; 47; 67; 81; 93; 98; 100-103; 161-163; 173; 176; 182; 183; 191; 199; 206; 209; 219; 223.

kufr (ar., infidélité): 96; 97; 102.

Kumayl b. Ziyâd (disciple de l'Imâm 'Alî b. Abî Tâlib): 126.

L

Lâ ilâha illâ Allâh (ar., Point de divinité si ce n'est Dieu): 95; 118; 133.

al-Lât: 44.

Lawh-i mahfûz (p., Table préservée): 167.

libre-arbitre: 178.

limbes: 210; 215.

limbus (limbe): 214.

Livre: 8; 9; 16; 17; 25; 48; 49; 55; 82; 88; 105; 106; 111; 112; 137; 161; 164; 171; 174; 176; 177; 184; 185; 187; 194; 199; 203; 213; 222; 223; 248.

Livre de Daniel: 176.

Livre de Michée: 176.

Logos: 22; 26; 106.

loi: 7; 11; 13; 34; 36; 43; 49; 50; 74; 78; 96; 107; 145; 156; 162; 163; 166; 167; 175; 178; 179; 182; 187; 188; 195-197.

longanimité: 26; 84.

Loth (personnage biblique, neveu d'Abraham, XIXᵉ siècle avant J.-C.): 146; 213.

loyauté: 77; 174; 240.

Lumière: 17; 24; 54; 55; 75; 91; 92; 100; 103-105; 110; 111; 114-116; 122; 159; 188; 194; 212-214; 221; 225; 231; 234; 249; 251.

Lune: 110; 114; 134; 144; 154; 217.

Lutf (ar., Bonté divine): 181.

M

ma'ânî (ar., significations): 165.

Ma'bûd (ar., Objet de l'adoration): 72.

Macias, Enrico: 57 n. 15.

ma'din (ar., origine): 114.

mafrûgh (ar., monde achevé): 195.

magnanimité: 185; 242.

mahabba (ar., amour): 107.

mahabbat (p., amour): 83.

Mahdî (le Bien guidé): 38; 103; 159; 183; 191.

Mahmûd Shabistarî (sûfî, m. 720/1320): 130.

Maître de Justice: 194; 195.

Majesté: 65; 69.

majnûn (ar., fou): 46.

Al-Makkî (m. 386/996): voir Abû Tâlib al-Makkî.

malak (ar., ange): 156; 204.

malak al-mawt (ar., ange de la mort): 204.

malakût (ar., monde angélique): 224.

Malik al-Salâm: 193; 194.

Malik al-Sidq (Roi de la Véracité): 194.

Malik Shōlēm: 193; 194.

Malik Yazdâz: 193.

mâlikite: 34; 38; 120.

Malkî Sedheq: 194, voir aussi Melchisédeq.

Mamlûk: 30.

mâmôn (araméen, argent): 112.

manâra (ar., minaret): 122.

Manât: 44.

manâzil (ar., degrés): 102.

manba' (ar., source): 187.

mann (ar., bienfait): 100; 101.

manzila bayna manzilatayn (ar., position intermédiaire): 97.

maqâm 'ayn al-yaqîn (ar., station de la vision de la certitude): 114.

maqbara (ar., cimetière): 208.

Marcel, Gabriel (1889-1973): 87-89.

marhûm (ar., celui qui reçoit la Grâce): 208.

Marie (épouse de Joseph et mère de Jésus): 5; 26; 51; 53; 61; 63; 148; 149; 151; 250.

Ma'rifa (ar., Gnose): 96; 100; 102; 107; 114; 215.

Ma'rifat Allâh (ar., Connaissance mystique de Dieu): 156.

Maroc: 31.

ma'rûf (ar., convenable): 172.

marxisme: 13.

mashâyikh (ar., pl. de *shaykh*): 36; 67; 107; 136; 160.

Mashî'a (ar., Volonté): 128.

Mashiyyat (p., Volonté foncière): 196; 197.

Masîh (ar., Messie): 148.

masjid (ar., mosquée): 122.

maskanat (ar., pauvreté): 70.

ma'sûm (ar., impeccable): 158; 196.

Massignon, Louis (islamologue, 1883-1962): 6; 23; 107; 119; 151; 209; 215.

mondes: 124; 148; 195; 224; 229; 232.

monde matériel: 29; 112; 205; 210; 226; 231; 237; 252.

monde spirituel: 29; 72; 161; 210; 231.

mongoles: 30.

monothéisme: 13; 48-50; 54.

monothéiste: 47; 49; 53; 129.

monothéistes: 25; 48; 248; 251.

Moreh Sedheq (Maître de Justice): 194.

mort: 12; 16-18; 27; 29; 34; 45; 51; 52; 64; 73; 79; 105; 107; 110; 149; 183; 201-211; 216-237; 250.

Moyen Âge: 88; 89; 91; 147.

mu'adhdhin (muezzin): 122.

mu'ayyad (ar., inspiré): 161.

mudgha (ar., fœtus): 165, voir aussi fœtus.

al-Mufîd, Muhammad (*shaykh* shî'ite duodécimain, m. 413/1022): 103; 104; 160; 190; 191; 219.

Muhammad (Prophète de l'islâm, m. 11/632): 18; 26; 28; 29; 34; 38; 41; 42; 44-53; 55; 57; 65; 66; 68; 83-84; 86; 91; 102; 104; 110; 118; 120; 121 n. 4; 123; 129; 137-139; 141; 145; 150-152; 153; 154; 159;

160; 162 n. 34; 165-168; 182; 183; 191; 193; 204; 205; 207; 210; 212; 216; 217; 235; 242; 248; 250; 252.

Muhammad al-Bâqir (Imâm shî'ite, m. 114/732): 100; 101; 129.

Muhammad b. Ismâ'îl (Imâm ismaélien né en 120/738): 76.

Muhammad al-Mahdî (12ᵉ Imâm des shi'ites duodécimains): 38; 191.

Muhammad Sharîf al-Radî (compilateur de traditions attribuées à 'Alî, m. 406/1016): 126.

mu'jizât (ar., miracles): 158.

mu'min (ar., croyant): 91; 93; 96; 97; 99; 100; 130.

mu'minûn (ar., croyants): 80.

munâfiqûn (ar., hypocrites): 99.

munkar (ar., blâmable): 172.

Munkar (ange): 172; 208.

al-Muqtadir, Abû Fadl Ja'far (Calife 'abbâside, m. 320/932): 108.

muraille: 212; 214.

murji'ite: 96; 97.

Mursalîn (ar., Messagers): 211.

murûwa (ar., virilité, maîtrise de soi et dignité): 43; 44.

Mûsâ (Moïse): 35; 38; 165.

Mûsâ al-Kâzim (m. Imâm des shî'ites duodécimains, m. 183/799): 35; 38.

mushâhada (ar., contemplation): 116.

mushrikîn (ar., associateurs): 52.

muslim (ar., musulman): 92; 99; 109; 130; 153; 240.

muslimûn (ar., musulmans): 120.

al-Musta'lî (Abû al-Qâsim, Imâm des Ismaéliens occidentaux m. 495/1101): 38.

Musta'liens: 35.

musta'naf (ar., monde en devenir): 195.

Mustansir bi-Allâh I (Imâm ismaélien fâtimide, m. 487/1094): 38.

Mustansir bi-Allâh II (Imâm ismaélien nizârien, m. 885/1480): 83; 84 n. 52.

mutakallimûn (théologiens musulmans): 36; 68; 91.

mu'tazilite: 97; 154; 178; 179; 181; 190; 209; 215.

mu'tazilites: 36; 97; 104; 177; 178; 190; 208; 209; 212; 214.

N

Nâbhî' (hb., Prophète): 141.

Nabî (ar., Prophète): 100; 141; 142; 152; 163; 164; 167.

Nabî al-ta'rîf (ar., Prophète qui initie à la gnose): 163.

Nabî al-tashrî' (ar., Prophète qui apporte une nouvelle révélation): 163.

nafs (ar., âme): 72; 114; 150; 158; 167; 210; 232.

al-nafs al-'amaliyya (ar., la puissance pratique de l'âme): 158.

Nafs-i kullî (p., Âme universelle): 72; 167; 232.

al-na'im (ar., jardin d'Éden): 216.

al-Najjâr, al-Husayn (théologien murji'ite jabrite de l'époque d'al-Ma'mûn, m. 218/833): 97.

Najrân: 29.

Nakîr (ange): 208.

nâmûs ilahî (p., loi divine): 187.

nâqis (ar., déficient, imparfait): 97; 102.

nâr (ar., enfer): 127.

al-Nasafî, Najm al-dîn (juriste et théologien mâturidite, m. 537/1142): 153; 163.

Nâsir-i Khusraw (Ismaélien fâtimide, m. après 465/1072): 105; 106; 130; 192; 221-223.

nasl (ar., lignée): 162.

Nasr, Seyyed Hossein (islamologue): 36.

nass jalî (ar., désignation explicite): 34.

Nâtiq (ar., Prophète-Énonciateur): 160; 166; 167; 196.

Nature divine: 116; 196.

Al-Nawawî, Abû Zakariyyâ' Yahyâ (compilateur de traditions, m. 676/1277): 95 n. 20-21.

nazar (ar., contemplation): 127.

nestoriens: 29.

Nicholson, Reynold Allen (islamologue): 72 n. 22.

Nietzsche, Friedrich Wilhem (1844-1900): 13.

Ni'ma (ar., Grâce): 100.

nisbat ma'nawiyya (ar., filiation spirituelle): 76.

niyya (ar., intention): 101; 113; 114.

Nizâr I (Imâm ismaélien nizârien, m. 489/1096): 38.

nizârien: 82; 106; 159; 164; 193; 195.

nizâriens: 35; 83; 106; 130; 131; 159; 166; 169.

noblesse: 174.

Noé: 42; 142; 143; 160; 162; 165; 166; 193; 213; 223.

Nöldeke, Theodor (islamologue, 1836-1930): 44.

Nom: 13; 15; 20; 59; 62; 67; 77; 80; 103; 121; 124; 129; 133; 137; 145; 146; 148; 151; 166; 192; 194; 225; 229.

Noms: 67; 91; 133; 156; 165; 166; 175; 192; 193; 246.

Nouveau Testament: 42; 62; 74.

Nubuwwa (Prophétie): 35; 120; 157; 163; 189; 249.

Nûh (Noé): 165.

al-Nu'mân (*qâdî* ismaélien fâtimide, m. 363/974): 80; 81; 100; 101; 129; 130.

Nûr (ar., Lumière): 105; 114; 122; 249.

Nûr al-hidâya (ar., Lumière de la guidance): 114.

Nûr al-Nubuwwa (ar., Lumière de la Prophétie): 249.

nusâha' (ar., frères de bon conseil): 78.

Nutaqâ' (ar., Prophètes-Énonciateurs): 160; 162; 193.

nutfa (ar., sperme): 165.

O

Occident: 243.

ONU: 32.

Ordre: 16; 136; 149; 178-180; 188, voir aussi *Amr.*

ottoman: 31; 32.

ottomans: 30.

P

paix: 20; 25; 56; 62; 63; 84; 105; 107; 112; 137; 164; 194; 199; 216; 221; 252.

Pakistan: 31.

Palacios: voir Asín Palacios.

Palestine: 32.

Paquette, François ofm (frère franciscain): 19.

Paraclet: 151; 192.

paradis: 69; 137; 179; 210; 212-216; 219; 227; 251.

Paraklētos (gr., Paraclet ou Confortateur): 151.

pardon: 26; 81; 84; 95; 119; 174; 175; 207; 220; 240; 251.

Parole: 51-54; 62; 82; 83; 98; 101; 113; 114; 127; 139; 140; 189; 210; 230; 243; 249.

Parousie: 192.

Paul (disciple de Jésus, m. 67 ou 68): 43; 45.

Paul VI (Pape Giovani Battista Montini, 1897-1978): 23.

Payghambar (p., Prophète): 166.

Père: 23; 53; 62; 82; 111; 143; 144; 151; 166; 177; 192; 203; 246; 250; 251.

Periklutos (gr., le Loué): 151.

Perse: 147.

phèmi (gr., parler): 140.

philosophie: 14; 36; 77-80; 113; 142; 156; 158; 163; 164; 167; 180; 183; 193; 210; 220; 221; 228.

Pie XI (Pape): 120.

(saint) Pierre (m. 64): 193.

pîr (p., sage, vieil homme): 68.

Pîr (Sage): 106, voir aussi *Pîrân.*

Pîrân (p., Sages): 159.

Platon (m. 348 av. J.-C.): 11, 184-185, 187.
  Gorgias: 184.
  Ménon: 184.
  Phédon: 11.
  Protagoras: 184.
  République: 184; 186.

Poitiers: 30.

polygamie: 28.

polythéisme: 13; 25; 41; 44; 47; 48.

polythéistes: 25; 28; 41; 110; 145.

portugais: 32.

positivisme: 14.

religions: 11; 12; 14-16; 21; 23-27; 33; 41; 48; 56; 67; 119; 123; 130; 132; 136; 192; 197; 198; 202; 239-241; 244; 245; 248-252.

Résurrection: 27; 45; 46; 103; 159; 192; 193; 195-197; 202-204; 206; 209-211; 217; 218; 222; 235-237; 250.

révélation: 12; 17; 18; 28; 29; 36; 37; 45; 46; 49; 50; 54; 141; 156; 162; 163; 165; 166; 176; 195; 196; 199; 248; 249.

risâla (ar., message): 34; 106; 142; 152; 157; 160; 180; 217.

Rodinson, Maxime (islamologue): 42 n. 2.

Roi-Philosophe: 185.

Rûh (ar., Esprit): 131; 150; 158; 209; 212.

Rûmî, Jalâl al-dîn (sûfî, m. 672/1273): 71; 72; 93; 130; 136; 229-235.

Russie: 31; 32.

Rusul (ar., Messagers): 47; 176.

S

sabéens: 25; 55; 56; 87.

Sâbiq (ar., Celui qui devance ou précède, qualificatif de l'Intellect): 161.

saddaqa (ar., tenir pour véridique): 98.

safâ' (ar., pureté): 67; 76-80; 209; 220; 221.

sagacité: 26; 84.

Sagesse: 5; 28; 46; 61; 67; 100; 117; 127; 131; 175; 185-187; 189; 225.

saghâ'ir (ar., petits péchés): 214.

Sâhib al-Qiyâma (ar., Imâm de la Résurrection): 103.

Sâhib al-zamân (ar., le Seigneur du temps): 162.

sâhir (ar., sorcier-magicien): 46.

(*al-qâdî*) Sa'îd Qummî (sûfî shî'ite, m. 1103/1691-2): 132.

Saint-Esprit: 250.

Salâh al-dîn al-Ayyûbî (fondateur de la dynastie ayyûbide, m. 589/1193): 30.

salâm 'alaykum (ar., que la paix soit sur vous): 216.

salât (ar., prière): 67; 121-123; 125.

al-Sâlihî, Abû al-Husayn (théologien murji'ite): 97.

Salmân le Perse (Salmân-i Farsî Compagnon du Prophète): 76.

Salomon: 65; 141.

163; 189-192; 208; 209; 248.

shirk (ar., impiété consistant à donner à Dieu des associés): 107; 111.

shukr (ar., remercier): 69.

Sidq (ar., Véracité): 189; 194.

Signes divins: 45; 46.

al-Sijistânî, Abû Ya'qûb (Ismaélien fâtimide, m. *circa* 390/1000): 103; 161-163. *Kitâb ithbât al-nubû'ât:* 161-162.

Silsila (ar., chaîne): 68.

Simon: 61; 150; 193, voir aussi Pierre.

Simon-Pierre: 193, voir aussi Pierre.

Simon de Cyrène: 150.

Sîmurgh: 111.

sirât (ar., pont): 47; 213; 214; 250.

sirât al-mustaqîm (ar., voie droite): 213; 250.

Socrate (m. 400 av. J.-C.): 11; 12; 184; 186.

Sodome: 146.

Soleil: 75; 110; 114; 134; 144; 169; 217; 225.

Source de vie: 104; 214; 221; 223; 225; 234.

Subhân Allâh (ar., Gloire Allâh): 216.

sûf (ar., laine): 67.

suffa (ar., sofa): 67.

sûfî: 67; 70; 107; 109; 111; 113; 132; 134; 136; 151; 215; 228; 229.

sûfîs: 8; 9; 33; 35; 36; 67; 68; 91; 107; 114; 120; 132-136; 147; 150; 210; 212.

sûfisme: 36; 61; 67; 68; 107; 108; 131; 223.

al-Suhrawardî, Shihâb al-dîn (philosophe et *sûfî*, m. 587/1191): 188; 205.

sui generis: 22.

suicide: 27; 205.

sujûd (ar., prosternation): 122; 124.

Sulâmî, Abû 'Abd Rahmân Muhammad b. Husayn (sûfî): 107 n. 54.

Sulaymân le Magnifique (Calife ottoman, m. 974/1566): 31.

sultân: 31.

Sun' (ar., Acte créateur): 101.

sunnisme: 38; 109; 120; 168; 223.

sunnite: 9; 29-31; 35; 36; 122; 125; 152; 179; 181; 183; 209-211.

sunnites: 30; 34-36; 105; 120; 123; 125; 136; 155; 168; 172; 208; 247.

sûra (ar., chapitre): 44; 45; 54; 68; 84; 102; 124; 130; 146.

sûrat al-fâtiha (ar., liminaire du Qur'ân): 124; 207.

surat al-ikhlâs (ar., chapitre du culte pur): 124.

Sykes-Picot-Sazonov: 32.

Syrie: 29; 30; 32; 130.

T

tâ'ât (ar., actes d'obéissance): 96.

tabaqât (ar., niveaux): 98; 102.

al-Tabarî, Abû Ja'far (juriste et historien, m. 310/923): 47.

tabula rasa (la., table rase): 24.

Tadhkira (ar., Profession de foi, ouvrage sûfî): 113.

Tafaddul (ar., Faveur divine): 160; 179.

al-Taftazânî, Sa'd al-dîn (théologien ash'arite, m. 792/1390): 153; 154; 163.

tâharîn (ar., ceux qui sont purifiés): 129.

Talmud: 63.

Talmuds: 176.

tâmâr (hb., dattier): 94.

tâmm (ar., parfait): 102.

tanzîl (ar., révélation exotérique): 165; 166; 196.

taoïsme: 16.

taqâ (ar., craindre Dieu): 64.

Taqî Muhammad (Imâm ismaélien de la période de clandestinité (dawr al-satr) avant la fondation de la dynastie fâtimide en 297/909): 76.

taqlîd (ar., imitation): 105; 106; 108.

taqwâ (ar., crainte révérencielle): 64; 94; 132; 171; 174.

tarâ'iq (pl. de tarîqa, voies): 36; 67.

tarîqa (ar., voie): 67; 79.

tasdîq (ar., jugement de véracité): 98; 113.

tasdîq al-qalb (ar., conviction intime): 98.

tawakkul (ar., abandon à la Volonté divine): 70.

Tawhîd (Unicité divine): 28; 101; 103; 111; 132; 189; 246.

Tawhîd al-dhât (ar., Unicité d'essence): 132.

ta'wîl (ar., exégèse spirituelle): 103; 165; 166; 196.

Ta'yîd (ar., Confortation): 161; 197.

Témoin: 141; 151; 196; 211.

tempérance: 39; 58; 174; 184-187; 240.

(saint) Thomas d'Aquin (philosophe et théologien, m. *circa* 1274): 13; 23; 63; 81; 82; 89; 90; 173; 203.
Somme théologique: 13; 89; 90.

timar (ar., concessions d'impôt): 31.

tolérance: 8; 17; 18; 24; 25; 39-41; 43; 45; 50; 55-58; 202; 239; 245; 252.

Tora: 49; 50; 63; 151; 175; 194; 249.

Tout-puissant: 101; 179; 246; 250.

traditions: 8; 16; 25; 26; 61; 66; 91; 93-95; 121; 123; 126; 136; 158; 159; 191; 198; 203-206; 210; 212; 216; 218-220; 225; 243-245.

Transoxiane: 30.

Trinité: 49; 50; 54.

tuhfa (ar., don): 205.

tuhûr (ar., pureté): 95.

tumâ'nina (ar., quiétude): 79; 220.

tuma'nînat al-nafs (ar., quiétude de l'âme): 114.

turcs: 30; 32.

Tûsî, Nasîr al-dîn (philosophe shî'ite, m. 673/1274): 181, 187-188.

Tustârî, Sahl (sûfî, m. *circa* 283/898): 215.

U

Uhud: 29.

Ûlû al-Amr (ar., Ceux qui détiennent l'autorité): 189.

Ûlû al-'azm (ar., Détenteurs de la décision): 162; 163; 167.

'Umar (2ᵉ Calife, m. 23/644): 29; 38.

'Umar Khayyâm (sûfî m. circa 519/1125): 137; 224-228.

umayyade: 30.

Umm al-Kitâb (ar., Mère du Livre): 199.

umma (ar., communauté): 34.

Unité (divine): 72; 192.

'urf (ar., élévation du sol): 214.

URSS: 34.

usûl al-dîn (ar., principes de la religion): 97-99; 183; 189.

'Uthmân Ibn 'Affân (3ᵉ Calife, m. 35/656): 29; 38.

'Uzayr (père d'Abraham): 53; 247.

al-'Uzzâ: 44.

V

Van Steenberghen, Fernand (philosophe chrétien): 12 n. 2.

Vatican II: 23; 24; 202.

véracité: 26; 47; 50; 82; 98; 113; 129; 154; 168; 189; 194; 198; 249.

Vérité: 18; 22; 39-41; 45; 51; 55; 57; 70; 71; 88-90; 92; 106; 107; 132; 133; 135; 139; 141; 148; 151; 155; 167; 176; 185; 222; 233; 235; 242; 245; 251.

vertu: 39; 43; 45; 57; 65; 85; 90; 132; 173; 184; 186; 187.

vertus: 25-27; 41; 43; 70; 71; 73; 81; 84; 88; 108; 119; 168; 185; 186; 198; 240.

Vierge: 26; 51; 63; 148; 224; 250.

vin: 194; 224-228.

Volonté (divine): 20; 25; 62; 63; 70; 71; 90; 91; 128; 178; 180; 196; 197; 247.

W

Wafî Ahmad (Imâm ismaélien de la période de clandestinité (dawr al-satr) avant la fondation de la dynastie fâtimide en 297/909): 76.

Wahdat (p., Unité): 132; 187.

wahy (ar., révélation): 156.

wajd (ar., extase): 135.

Wajh (ar., Face): 93; 217.

Walâya (ar., Institution spirituelle des Amis de Dieu): 158; 159; 163.

wârid haqq (ar., mention véridique): 135.

Watt, William Montgomery (islamologue): 43 n. 3; 48. *Mahomet à la Mecque:* 48.

Weil, Éric: 40.

Wensinck, Arend Jan (islamologue, 1882-1939): 121; 123; 152; 153.

wijdân (ar., conscience): 108.

Wust, Peter (philosophe allemand): 89.

Y

Yahvé: 49; 133; 140; 145; 175; 176.

Yahyâ (saint Jean Baptiste): 95; 186; 229.

Yahya b. 'Adî (Chrétien syriaque, m. 364/974): 186.

Yathrib: 49.

Yawm al-dîn (ar., Jour du jugement): 175; 204; 208.

Yawm al-hisâb (ar., Jour des comptes): 177.

Yawm al-wisâl (ar., Jour de l'union): 217.

Z

zâhir (ar., sens exotérique, extérieur): 102; 115; 195; 196.

zakât (ar., aumône): 56; 121.

zâkhar (hb., se rappeler): 121.

Zayn al-'Âbidîn (Imâm shî'ite, m. 94/713): 127; 128.

al-Sahîfa al-kâmila al-sajjâ-diyya: 127-128.

zill (ar., ombre): 187.

Zînat al-zamân (ar., le Modèle du temps): 162.

ziyârat (ar., visitation): 128.

TABLE DES MATIÈRES

Collection

NOTRE TEMPS

Achevé d'imprimer
en décembre 1999
sur les presses de
Imprimerie H.L.N.

Imprimé au Canada – Printed in Canada